文系でもできる！ ChatGPTで儲かるデータ分析

赤石雅典 著

日経BP

本書の
サポートサイト

本書で利用する実習用コンテンツの入手先

　本書のサポートサイト「https://github.com/makaishi2/profitable_data_analysis#readme」（短縮 URL：https://bit.ly/413smOw）において、Apache License 2.0 で公開しています。

訂正・補足情報について

　本書のサポートサイト「https://github.com/makaishi2/profitable_data_analysis#readme」（短縮 URL：https://bit.ly/413smOw）に掲載しています。

まえがき

本書のねらい

　本書を手に取っていただいたあなたが「データ分析を活用して業務で今まで以上の成果を出したい。しかし、前提知識である Python のハードルが高くて、なかなか最初の一歩を踏み出せない」とお考えだとします[1]。そのような方に対する筆者のアドバイスは次の通りです。

「今こそデータ分析を学ぶべきです。生成 AI の助けがあれば、今までより、はるかに早く成果を出せる分析が可能なので」

　本書は、このような方に向けた道しるべとなることを目標に執筆しました。筆者は、現在プロジェクトの中で AI・データ分析を自ら実施すること、および、AI・データ分析人材を育成することを仕事としています。仕事柄、生成 AI に接している時間は長いのですが、日々、生成 AI に触れて一番感じるのは、「**生成 AI 前と生成 AI 後でデータ分析の学習法が根底から変わった**」ということです。一番大きな変化点は、今までデータ分析学習の出発点だった「Python とデータ分析に関連するいくつかのライブラリ[2]を、自分でプログラムを一から組めるレベルで深く理解すること」が必ずしも必須でなくなった点です。

　これからの分析者は、**やりたい分析に向けた処理の概要が頭にあり、「プロンプト」と呼ばれる生成 AI への日本語の指示さえステップごとに的確にできれば**、細かい Python コーディングに関しては、生成 AI にお任せで分析を進められるのです。データ分析で必須の「軸に関する考え方」を理解し、「目的に応じた可視化手法を使い分ける」ことさえできれば、今日からでもデータ分析の成果を、自分の持っている業務課題に対して出せるといって過言ではありません。

---

[1] 厳密にいうと、Excelだけでできるデータ分析もあります。しかし、例えば「クラスタリング」のような分析をExcelだけで実施するのは無理なため、「そのようなレベルのデータ分析をする場合」という文脈だと考えてください。
[2] 特定の機能を実装したソフトウェア群を指します。

筆者は、このようなパラダイムシフトのまっただ中に立ちながら、「**どういうスキルがこの状況下で本質的に重要なのか、そのスキルを最短時間で身に付けるにはどうしたらいいか**」をずっと考えてきました。ようやく自分の考えがまとまったので、生成 AI ブームもやや落ち着きかけてきているこのタイミングで本書の執筆に至った次第です。

実習の前提となる生成 AI については、**AI 内部に Python 環境を持っていて初級者に使いやすいことを一番の理由に**、有償ではありますが ChatGPT Plus **を選定**しました。このサービスを選定したことにより、「**分析対象のデータを生成 AI にアップロードし、日本語で順番に指示（プロンプト）を与えるだけで目指す分析結果が得られる**」という、筆者が長年夢に思い描いていたシナリオを実現できたかと思っています。

各章の説明の中では、**データ分析を進めるための本質的なポイント**を随所に織り込みました。「データ分析をなんとか業務に活用したい」とお考えの読者は、大船に乗った気持ちで本書を読み進めていただければと思います。

本書の想定読者

本書の第 1 の想定読者は、冒頭で示したような方です。もう少し具体的にブレークダウンすると、**普段の業務で課題感を持っているが、それをどう解決したらいいかわからない**、あるいは**やるべきことはわかっているが、データ分析の技術的なハードルが高くて先に進めない**という方になるかと思います。そのような方は、まず序章から 3 章までをお読みください。特に重要なのが 2 章です。本書の本質的な部分は 4 章から 8 章までの例題にあるのですが、それぞれの例題が、**どのような課題に活用できて、どんなビジネス上の効果があるのかを要約**しています。4 章から 8 章の内容は独立しているので、3 章までの内容を理解した読者は、自分が特に関心のある章に飛んでもらって、困ることはないはずです。

第 2 の想定読者は、「**これを機会に Python のデータ分析プログラミングも学びたい**」という方です。本書の各例題では、必ず ChatGPT の生成コードサンプルと、その中でポイントになる実装コードを解説しています。しかし、プログラミングを深く理解するためには、どうしても体系的な理解が必要です。そのため、本書では**巻末（第 4 部）に「講座」を用意**しました。ここでは、**デー

タ分析に必須のプログラミング知識をコンパクトにまとめています。「講座」については、実習の中で出てくる疑問点を解決するため都度辞書的に使う方法も、頭から読んで体系的に理解する方法もあると思います。読者の皆様のお好みに応じて使い分けてください。

　第3の想定読者もあります。あるある事例ですが、**「自分が会社の中でデータ分析・AIプロジェクト立ち上げのリーダーに指名されてしまった。しかし、勝手がわからず、どこから手を付けたらいいかわからない」**という方です。このような方には、序章から2章まで読んだ後で、9章を読んでいただくことをお勧めします。9章には、筆者の今までの実プロジェクトの経験に基づき、データ分析・AIプロジェクト固有の落とし穴や、解決のポイントをまとめています。今後のデータ分析・AIプロジェクトの推進を考える際に、参考にできるところが多いはずです。

本書の構成

　本書は「序章」「第1部　基礎編（1章から3章）」「第2部　応用編（4章から8章）」「第3部　プロジェクト編（9章）」「第4部　リファレンス編（講座1と講座2）」という構成になっています。それぞれの概要を簡単に説明します。

▶序章

　序章ではいきなり、データ分析の練習によく用いられる「タイタニック・データセット」を使って実習を始めます。元データと簡単な数個のプロンプトで、グラフが描画できたり、あるいはそのグラフの「解釈」まで生成AIにやってもらったりすることが可能です。読者も**「今の生成AI（具体的にはChatGPT）でここまでできるのか」**ということに驚くはずです。

▶1章

　データ分析にはどんなタスクがあるのか、そのためにはどんなスキルが必要なのかを整理しました。さらに「生成AI後」に、それぞれのタスクで生成AIがどの程度活用できるのかについても言及しています。

v

▶2章

データ分析を**「分析手法」**と**「業務利用パターン」**の二つの観点で分類・整理しています。「分析手法」では、前提知識なしに始めることができ、最も活用範囲の広い「可視化」について力を入れて説明しました。「業務利用パターン」では、どのような業務のどのような課題に対してどういう分析手法が活用でき、どういう成果が得られるのかをまとめています。2章の内容を理解いただければ、「データ分析の活用イメージ」を持つことが可能です。

▶3章

データ分析の処理プロセスを実習を通じて解説します。この章はデータ分析の上流工程にあたる 3.3 節までと、具体的な分析工程にあたる 3.4 節以降にわかれていて、後者では例題データセットも入れ替えています。後者で取り上げる分析手法に関しては、**「教師あり学習」**を選定しました。「教師あり学習」と呼ばれる分析手法では、「学習データ」を用いて関数のような働きをする「モデル」を作り、この「モデル」を使って、新しいデータに対する「予測」をします。概念として理解しにくいところのある「教師あり学習モデル」がどういう振る舞いをするものなのか、実習を通じて理解します。

▶4〜8章

それぞれが独立した分析テーマです。**業務面での問題設定と、分析対象データの解説、そして、それに対してどのような分析シナリオを適用するのか**を冒頭で説明します。各分析タスクの説明の後で、データ分析で必須の、「分析結果の業務への活用」に関しても ChatGPT にヒントをもらうシナリオを含めています。具体的なシナリオを、実習を通じて体験してもらうことで、読者の皆様には、具体的な業務活用イメージを持っていただけます。

▶9章

8章までが「データ分析の中身」についての解説であるのに対して、9章はより俯瞰的に**「データ分析の外側」**を解説します。具体的には**「ソリューショニングの進め方」「データの収集方法」「AI プロジェクト推進のコツ」**そして**「データ分析人材の集め方」**などです。

データ分析・AI プロジェクトのリーダーになる方にとって有益な情報が数多く含まれています。

▶講座 1

要点をシンプルにまとめた Python の入門です。具体的な内容としては Google Colab、Python、NumPy、pandas、Matplotlib を一通り説明しています。**Python を深く理解するためには、ChatGPT の生成コードを別環境で改めて実行し、パラメータなどを変更して試行錯誤するのが一番**です。その具体的な実現方法も講座 1 で理解できます。

▶講座 2

業務オリジナルのデータに対してデータ分析を行う場合、最低限の統計知識と pandas や scikit-learn というデータ分析用のライブラリを使ったデータ加工方法、そして評価方法の理解が必要です。講座 2 では、データ分析固有の必須知識をシンプルにまとめました。必要に応じて活用してください。

最後に、前著「Python で儲かる AI をつくる」(2020 年 8 月、日経 BP) の読者向けのおまけ情報です。筆者が 5 年前に出版した前著の読者は、表紙のデザインが似ているので、この本と関係がありそうと想像されたのではないでしょうか。この想像は合っていて、本書は前著の改訂版という位置づけで企画しています。4 〜 8 章の例題のほとんどは、前著と同じデータ、同じ分析手法を用いて分析しています[3]。チューニングのところは落としましたが、**メインの分析シナリオは、プロンプトだけで前著の通りの分析結果を出すことに成功**しています。細かい記載内容に関しても微妙に取捨選択しています。具体的な方向性として、業務観点であった方が望ましいトピックを追記し、逆に技術よりのトピックで初級者に必須でないと考えた項目は意図的に落としています。前著を購入いただいた読者は、どこがどう変わったのか、読み比べていただけると面白いかと思います。

---

[3] 4 章だけが例外で、この章のテーマは筆者の別の書籍から取り上げています。

冒頭のメッセージの繰り返しですが、筆者は「**今こそデータ分析を学ぶとき**」と強く思っています。本書を道しるべに、その道を進んでもらう読者が 1 人でも多くなることを切に願って、まえがきのしめくくりとさせていただきます。

謝辞

本書の編集を担当いただいた日経 BP の安東一真氏とは、本書を含めてこれで 5 冊目のお付き合いです。よく言われる話ですが、「本は編集者との共同作業」であることを今回も改めて認識しました。全体構成を考えるにあたっては、筆者が気付かない観点で、書籍に含むべき項目の指摘をいただき、それを反映した結果、バランスの取れた全体構成になったと考えています。また、今回はChatGPT の解説書という本書固有の特性から、4 種類の異なる入力、出力をどう区別するか、書籍上のレイアウトに注力しました。安東氏には筆者のわがままを何度も聞き入れていただき、おかげで大変わかりやすいレイアウトになったと考えています。これ以外の点も含めて、安東氏には改めて感謝の意を表します。

筆者は、2021 年 3 月にアクセンチュアに転職し、本書執筆時点である 2025 年 2 月現在もアクセンチュアに勤務しています。

本書は、アクセンチュア入社前に執筆した書籍「Python で儲かる AI をつくる」の続編の位置づけであるため、個人の資格での執筆となっています。アクセンチュアで AI グループを統括している保科学世氏には、入社時から今に至るまでお世話になった上、今回の書籍に関しても業務外であるにもかかわらず細かくチェックをしていただきました。アクセンチュアの越中谷俊樹氏と竹前健太氏、熊川貴之氏には、読者目線での有益なコメントを数多くいただいています。また、前職である IBM 入社当時からの友人である清水照久氏には、企業における AI プロジェクト立ち上げに関する議論をさせていただき、その知見が 9 章に生かされました。それ以外にもアクセンチュア入社後の 4 年間で、仕事上接点を持ったクライアントの皆様や、社員の方々との議論を通じて、自分の考えがブラッシュアップされ、その成果が今回の本に数多く生かされていると感じています。これらの方々に対しても、改めて厚く御礼申し上げます。

サポートサイトについて

　過去の筆者の書籍同様に、今回も本書専用のサポートサイトをオープンしています。このサイトでは、実習で必要なコンテンツ（CSV ファイルやプロンプト、Notebook など）を公開しているのみならず、本書に関連する情報を一括して集約する予定です。本書をご購入いただいた読者はぜひ、サポートサイトにアクセスいただくよう、お願いいたします。サイトは一般公開していますので、本書購入をご検討中の方にもぜひ、アクセスしていただきたいです。

　リンク先は以下の URL になります。

https://github.com/makaishi2/profitable_data_analysis#readme
短縮 URL：https://bit.ly/413smOw
QR コード

CONTENTS

まえがき ・・・ iii

序章 ChatGPT によるデータ分析入門 ・・・・・・・・・・・・・ 1

0.1 データ分析機能を使うための手順 ・・・・・・・・・・・・・・・・・・・・・・・・・・・・ 2

0.2 実習に向けた準備 ・・・ 3

0.3 最初の実習 ・・ 5

0.4 データ分析実施時の ChatGPT アーキテクチャ ・・・・・・・・・・・・・・・ 16

0.5 ChatGPT の業務利用時の注意点 ・・・・・・・・・・・・・・・・・・・・・・・・・・・ 17

第 1 部 基礎編

1章 生成 AI とデータ分析 ・・・・・・・・・・・・・・・・・・・・・・・ 21

1.1 データ分析プロセスの全体像 ・・・・・・・・・・・・・・・・・・・・・・・・・・・・・・・ 22

1.2 データ分析プロセスと生成 AI の活用可能性 ・・・・・・・・・・・・・・・・・ 25

1.3 生成 AI 後のデータ分析スキル育成ロードマップ ・・・・・・・・・・・・・ 28

1.4 データ分析における生成 AI 活用のポイント ・・・・・・・・・・・・・・・・・ 31

1.5 Python をどこまで深く理解すればいいか ・・・・・・・・・・・・・・・・・・・ 43

2章 データ分析の処理パターン ・・・・・・・・・・・・・・・・・ 45

2.1 分析手法からの分類 ・・・・・・・・・・・・・・・・・・・・・・・・・・・・・・・・・・・・・・ 47

    2.1.1 可視化による分析 ・・・・・・・・・・・・・・・・・・・・・・・・・・・・・・・・・ 50

    2.1.2 教師なし学習モデルによる分析 ・・・・・・・・・・・・・・・・・・・・・ 59

    2.1.3 教師あり学習モデルによる分析 ・・・・・・・・・・・・・・・・・・・・・ 62

2.2 業務利用パターンからの分類 ・・・・・・・・・・・・・・・・・・・・・・・・・・・・・・ 63

    2.2.1 保全計画立案（可視化）・・・・・・・・・・・・・・・・・・・・・・・・・・・ 64

    2.2.2 顧客層分析（クラスタリング）・・・・・・・・・・・・・・・・・・・・・ 65

    2.2.3 推奨商品提案（アソシエーション分析）・・・・・・・・・・・・・・ 67

2.2.4	商品販売数予測（回帰モデル）	69
2.2.5	営業成約予測（分類モデル）	70

3章 データ分析プロセス 73

3.1	分析テーマ設定	74
3.2	分析対象データ確認・収集	77
3.3	分析手順策定	78
3.4	最初のデータ分析概要	80
3.5	データ読み込み	87
	3.5.1　事前準備ファイル	87
	3.5.2　データ読み込みと内容表示	88
3.6	統計分析・データ理解	92
	3.6.1　データ型の確認	93
	3.6.2　欠損値の確認	94
3.7	データ前処理	96
	3.7.1　目的変数の分離	96
	3.7.2　説明変数の分離	97
	3.7.3　訓練データとテストデータの分離	99
3.8	モデル構築	100
	3.8.1　モデル構築	100
3.9	結果分析	101
	3.9.1　予測結果の導出	102
	3.9.2　精度評価	103
	3.9.3　予測結果の可視化1	104
	3.9.4　予測結果の可視化2	107
	3.9.5　チューニング	109

第2部 応用編

4章 保全計画策定（可視化） 113

4.1	分析テーマと分析対象データ	114

xi

4.1.1 分析テーマ ··	114
4.1.2 分析対象データ説明 ··	114
4.1.3 分析プロセス ··	116

4.2 データ読み込み ··· 119
　　4.2.1 事前準備ファイル ·· 119
　　4.2.2 データ読み込み ·· 121
4.3 データ理解 ··· 122
　　4.3.1 欠損値確認 ·· 122
　　4.3.2 データの意味理解（clear-g） ····························· 123
　　4.3.3 データの意味理解（type） ································· 124
4.4 データ前処理 ··· 125
　　4.4.1 欠損値除去（material） ···································· 126
　　4.4.2 項目名日本語化 ·· 127
4.5 データ分析（可視化） ··· 128
　　4.5.1 可視化〜散布図表示 ··· 128
　　4.5.2 可視化〜箱ひげ図表示 ····································· 131
4.6 結果解釈 ··· 133
　　4.6.1 結果解釈 ·· 133
4.7 ビジネス施策立案 ··· 135
　　4.7.1 橋の改修計画立案 ·· 135

5章　顧客層分析（クラスタリング） ··············· 139

5.1 分析テーマと分析対象データ ·· 140
　　5.1.1 分析テーマ ·· 140
　　5.1.2 分析対象データ説明 ··· 140
　　5.1.3 分析プロセス ··· 141
5.2 データ読み込み ··· 145
　　5.2.1 事前準備ファイル ·· 145
　　5.2.2 データ読み込み ·· 146
5.3 データ理解 ··· 147
　　5.3.1 欠損値の確認 ··· 147
　　5.3.2 項目値の件数確認 ·· 147
　　5.3.3 項目値の意味推定 ·· 149

5.4	データ前処理	150
	5.4.1 項目名日本語化	150
5.5	データ分析	150
	5.5.1 可視化〜ヒストグラム表示	151
	5.5.2 クラスタリング実施	153
	5.5.3 クラスタ別の集計	154
	5.5.4 クラスタ別の可視化（数値データ）	155
	5.5.5 クラスタ別の可視化（チャネル）	157
	5.5.6 クラスタ別の可視化（地域）	159
	5.5.7 ヒートマップ表示	160
	5.5.8 PCA分析	161
5.6	結果解釈	162
	5.6.1 クラスタリング結果の解釈	162
5.7	ビジネス施策立案	164
	5.7.1 クラスタ別マーケティング戦略策定	164

6章 推奨商品提案（アソシエーション分析） 167

6.1	分析テーマと分析対象データ	168
	6.1.1 分析テーマ	168
	6.1.2 分析対象データ説明	169
	6.1.3 分析手法概要	170
	6.1.4 分析プロセス	173
6.2	データ読み込み	178
	6.2.1 事前準備ファイル	178
	6.2.2 データ読み込み	179
6.3	データ理解	180
	6.3.1 欠損値の確認	180
	6.3.2 国名別件数確認	181
6.4	データ前処理	181
	6.4.1 発注種別列の追加	182
	6.4.2 発注種別で絞り込み	183
	6.4.3 国名で絞り込み	184
	6.4.4 発注番号・商品番号別の集計	185

xiii

	6.4.5	横持ちデータに変換 ･･････････････････････	187
	6.4.6	各要素を True/False 値に変換 ････････････	189
6.5	商品番号辞書作成 ･･････････････････････････････		190
	6.5.1	商品説明一覧抽出 ････････････････････････	192
	6.5.2	商品説明詳細確認 ････････････････････････	193
	6.5.3	商品説明フィルタリング 1 ･･････････････	195
	6.5.4	商品説明フィルタリング 2 ･･････････････	196
	6.5.5	商品説明フィルタリング 3 ･･････････････	197
6.6	データ分析 ･･････････････････････････････････		199
	6.6.1	ライブラリインポート ･･･････････････････	199
	6.6.2	アプリオリ分析 ･･････････････････････････	201
	6.6.3	アソシエーションルール抽出 ････････････	203
	6.6.4	商品名との対応付け ･････････････････････	205
6.7	結果解釈 ･･････････････････････････････････････		206
	6.7.1	関係グラフ表示 ･･････････････････････････	206
6.8	ビジネス施策立案 ･･････････････････････････････		208
	6.8.1	商品販売促進の施策検討 ･････････････････	209

7章 販売量予測（回帰モデル） ･･･････････････ 211

7.1	分析テーマと分析対象データ ･･････････････････		212
	7.1.1	分析テーマ ････････････････････････････	213
	7.1.2	分析対象データ ･･････････････････････････	213
	7.1.3	分析プロセス ････････････････････････････	214
7.2	データ読み込み ･･････････････････････････････		218
	7.2.1	事前準備ファイル ････････････････････････	218
	7.2.2	データ読み込み ･･････････････････････････	219
7.3	データ理解 ･･････････････････････････････････		221
	7.3.1	欠損値の確認 ････････････････････････････	221
	7.3.2	数値項目のヒストグラム表示 ････････････	221
	7.3.3	登録ユーザー利用数の時系列グラフ表示 ･････	223
7.4	データ前処理 ･･･････････････････････････････		225
	7.4.1	カテゴリ変数化 ･･････････････････････････	225
	7.4.2	目的変数 y の設定 ･･････････････････････	227

xiv

	7.4.3	説明変数 X の設定 ··	227
	7.4.4	訓練データとテストデータへの分割 ·················	228
7.5	モデル構築 ···		230
	7.5.1	予測モデルの構築 ··	230
7.6	結果分析 ··		232
	7.6.1	予測結果の算出 ··	233
	7.6.2	予測結果の可視化 ··	234
	7.6.3	予測結果の精度評価 ·····································	235
	7.6.4	重要度分析 ··	237
7.7	結果解釈 ··		239
	7.7.1	重要度分析結果からの仮説立案 ·····················	239

8章 営業成約予測（分類モデル） ··············· 241

8.1	分析テーマと分析対象データ ·······························		242
	8.1.1	分析テーマ ··	242
	8.1.2	分析対象データ説明 ·····································	242
	8.1.3	分析プロセス ··	243
8.2	データ読み込み ····································		247
	8.2.1	事前準備ファイル ··	248
	8.2.2	データ読み込み ··	249
8.3	データ理解 ···		250
	8.3.1	数値項目の統計分析 ·····································	250
	8.3.2	カテゴリ項目の統計分析 ·································	252
	8.3.3	項目値ごとの件数調査 ···································	254
	8.3.4	「学歴」項目値の意味理解 ······························	255
8.4	データ前処理 ·······································		256
	8.4.1	特殊な値の処理 ··	256
	8.4.2	月名称の処理 ··	258
	8.4.3	データ型のカテゴリ型化 ·································	259
	8.4.4	ラベルエンコーディング ·································	261
	8.4.5	説明変数と目的変数の分離 ······························	264
	8.4.6	訓練データとテストデータの分離 ·····················	266
8.5	モデル構築 ···		267

XV

8.5.1	予測モデルの構築	267
8.6	結果分析	269
8.6.1	テストデータに対する予測	271
8.6.2	精度評価	272
8.6.3	混同行列表示	274
8.6.4	重要度分析	276
8.7	結果解釈	278
8.7.1	重要度分析結果の解釈	278

第3部 プロジェクト編

9章 データ分析・AIプロジェクトを成功させる 上流工程のツボ・・・・・・・・・・・・・・・・・・・・283

9.1	ソリューショニングのツボ	284
9.1.1	既存データから逆算してソリューショニングを検討	284
9.1.2	業務内容から必要データを導出	285
9.2	データ収集のツボ	288
9.2.1	データの存在確認	289
9.2.2	データの利用許可	289
9.2.3	データの意味理解	290
9.2.4	データの整備	290
9.2.5	データの質	291
9.2.6	データの量	291
9.3	AIプロジェクト成功のツボ	292
9.3.1	AIに100%を期待しない	293
9.3.2	客観的な精度評価がAI推進の要	293
9.3.3	正解ラベルは通常業務で作るのが理想	294
9.4	データ分析・AIタスクとプロジェクト推進人材の関係	295
9.4.1	はじめにソリューショニングありき	295
9.4.2	ソリューショニングの立ち位置を特定する	296
9.4.3	データ分析・AI人材を整理する	298
9.4.4	生成AIを活用したデータ分析育成アプローチ	299

9.5	従来 AI と生成 AI の関係 ···················· 301
	9.5.1 従来 AI と生成 AI の違い ·················· 301
	9.5.2 生成 AI の活用パターン ··················· 303
	9.5.3 生成 AI を活用したソリューショニング策定のポイント ······· 305

第4部　リファレンス編

講座1　データ分析のためのプログラミング入門 ····· 308

講座 1.1	Google Colab 入門 ························ 309
	L1.1.1 Google Colab とは ···················· 309
	L1.1.2 Google Colab の起動方法 ················· 310
	L1.1.3 はじめての Python プログラミング ············ 312
	L1.1.4 「Shift + Enter」と「Enter」の違い ·········· 314
	L1.1.5 Notebook ファイル名の変更方法 ············· 314
	L1.1.6 Notebook ファイルの読み込み ·············· 315
	L1.1.7 Colab へのファイルアップロード ············· 317
	L1.1.8 ChatGPT で生成した Python コード利用時の注意点 ········ 319
講座 1.2	Python 入門 ··························· 321
	L1.2.1 基本的なデータ型 ····················· 321
	L1.2.2 リスト ··························· 323
	L1.2.3 辞書 ···························· 329
	L1.2.4 制御構造 ·························· 330
	L1.2.5 その他の機能 ······················ 335
講座 1.3	NumPy 入門 ··························· 338
	L1.3.1 NumPy の定義 ······················ 338
	L1.3.2 NumPy の操作 ······················ 340
講座 1.4	pandas 入門 ·························· 346
	L1.4.1 実習用データ準備 ····················· 347
	L1.4.2 データフレーム定義 ···················· 347
	L1.4.3 Series 定義 ······················· 351
	L1.4.4 データフレームと NumPy の関係 ············· 353
	L1.4.5 データフレーム部分参照 ·················· 353

	L1.4.6	データフレームの列削除と列追加	356
	L1.4.7	データフレーム関数	358
講座 1.5	Matplotlib 入門		364
	L1.5.1	実習用データ準備	364
	L1.5.2	グラフ描画の方式	364
	L1.5.3	ライブラリの利用	365
	L1.5.4	関数方式	366
	L1.5.5	メソッド方式	372
	L1.5.6	データフレーム方式	375

講座2 データ分析のための統計処理入門 ・・・・・・・・・・ 379

講座 2.1	統計入門		379
	L2.1.1	データ尺度	379
	L2.1.2	統計値	381
講座 2.2	Python による統計処理（データ前処理・精度評価）		384
	L2.2.1	実習用データ準備	384
	L2.2.2	データ前処理	384
	L2.2.3	評価	394

索引 ・・・ 406

序章

ChatGPT による
データ分析入門

本書は、**生成 AI を活用してデータ分析を進める方法を解説**するための本です。「『データ分析』なんて Python プログラミングや数学がわかっていないとできないのではないか。いくら生成 AI がすごくても、前提知識が不十分な人間に本当にデータ分析ができるのか」――。本書を手に取った読者はこのような疑問を持っていると思います。本章は、その不安を解消するためのものです。読者の皆様はぜひ自分の手を動かして、この実習を体験してください。そうすることで、「こんなに簡単にデータ分析ができるのか」と驚くはずです。

生成 AI について改めて説明が必要な読者はほとんどいないと思いますが、ユーザー目線で大雑把な挙動を説明すると、「『プロンプト』と呼ばれる自然言語（日本語で OK）による指示や質問を出すと、それに対応した返事を返してくれるシステム」となります[1]。生成 AI 自体、各社が最新のものを競って出している状況です。代表的なものとして、Google 社が提供する Gemini や、Anthropic 社が提供する Claude などがあります。その中で、本書では**OpenAI 社**が提供する ChatGPT の有償版である **ChatGPT Plus の契約を前提**とした上で、**ChatGPT-4o を利用**します[2]。このサービスを選定した理由の一つとしては、最も歴史が長く、多くのユースケースでバランス良く高品質の機能を提供している OpenAI 社のサービスということがあります。より大きな理由として、**「仮想 Python 環境」を生成 AI の内部に持っている**ことが挙げられます。このおかげで、**データ分析をするにあたって非常に使い勝手がよい環境**が手に入るのです。このことは、序章でこれから説明する実習を通じて、読者の皆様も理解いただけるはずです。

0.1 データ分析機能を使うための手順

ChatGPT でデータ分析機能を使うために必要な唯一のアクションは、有償オプションである ChatGPT Plus（月額ライセンス 20 ドル＋消費税、約 3300 円）

---

[1] 本書の中では生成 AI 以前の AI を、現在の生成 AI と区別するために「従来 AI」と呼ぶことがあります。「生成 AI」と「従来 AI」の違いについては 9.5 節で詳しく解説しています。
[2] 本書で紹介する ChatGPT のデータ分析機能は「Advanced Data Analysis」あるいは「Data Analyst」と呼ばれていた ChatGPT の 1 機能でした。本稿を執筆した 2025 年 2 月 10 日時点で、デフォルトのチャット機能である ChatGPT-4o に含まれるようになっているので、上のような説明をしています。

の契約に入ることです[3]。

ChatGPT Plus の契約に関しては、ネットなどに情報が多く出ているので、そちらを参照してください。本章の実習全体を通じて、ChatGPT のモデルはデフォルトで選択されている GPT-4o を利用します[4]。

0.2 実習に向けた準備

本書サポートサイトから、序章向けコンテンツとして、次の三つのファイルをダウンロードしてください。それぞれのファイルの目的は以下になります。

表 0-1 本章で利用するファイル

No	ファイル名	利用目的
1	titanic-prompt.txt	プロンプト集
2	titanic-j.csv	分析対象データ
3	japanize_matplotlib-1.1.3-py3-none-any.whl	グラフ表示日本語化ライブラリ

1 はこれから利用するプロンプトをまとめて記載したテキストファイルです。テキストエディタ[5]で開いて、1 行ずつクリップボードにコピーして ChatGPT の入力用に使ってください。

2 は分析対象のデータです。下記のサイトにアップされているデータで、項目名を日本語に加工しています。

ダウンロード元サイト：https://hbiostat.org/data/repo/titanic3.csv

3 は Python で日本語情報をグラフに表示する場合に必要なライブラリ[6]です。次のサイトからダウンロードしています。

https://pypi.org/project/japanize-matplotlib/

---

[3] 厳密にいうと、原稿を執筆した 2025 年 2 月 10 日時点で、無料アカウントでも利用可能です。しかし、無償枠の制限が厳しく、本書の実習をそのまま動かすことはできません。そのため、執筆時点では有償オプションが必要です。
[4] 今後変更される可能性がありますが、その場合の対応方法はサポートサイトに掲載する予定です。
[5] Word よりもっと単純な、文字情報だけを表示・編集するソフトで Windows 標準のものとしてはメモ帳があります。
[6] 特定の機能を実装したソフトウエア群を指します。

これらのファイルは、次のサポートサイトからダウンロードしてください。
https://github.com/makaishi2/profitable_data_analysis/tree/main/ai_materials/CH00

短縮 URL：https://bit.ly/4fWrZuM

図 0-1　序章のサポートサイトの QR コード

具体的な手順についても説明します。
先に示したリンクをブラウザで開くと、次のような画面になります。

図 0-2　サポートサイトを開いたところ

入手したい三つのファイルは、画面右下に示されています。ここでダウンロードしたいファイルのアイコンをクリックすると、下のような画面になります。

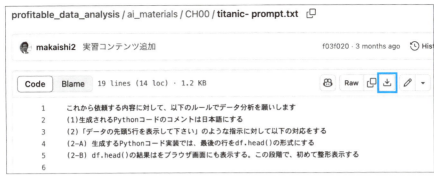

図 0-3　二つめのファイルを開いたところ

　右中程の青枠で囲んだアイコンがダウンロードアイコンです。こちらをクリックすると、ファイルをダウンロードできます。
　ファイルが三つあるので、都合 3 回、この操作を繰り返してください。

0.3　最初の実習

　これで実習に向けた準備はすべて整いました。早速最初のデータ分析実習を始めましょう。
　分析対象データとしては、データ分析で非常によく用いられる「**タイタニック・データセット**」を用います。最初の航海で沈没したタイタニック号の乗客名簿が、各乗客が救出されたかどうかを示すフラグも含めた形で整理されているものです。
　このデータセットを使っていろいろな分析ができるのですが、最も簡単に結論の出せる分析テーマとして**「性別により生存率は異なるか」という仮説**を調べてみることにします。
　実習の出発点は、読者もすでに使っているはずの、ChatGPT のプロンプト画面です。念のため URL を示すと下記になります。

　https://chatgpt.com/

　初期画面は以下の形になるはずです。

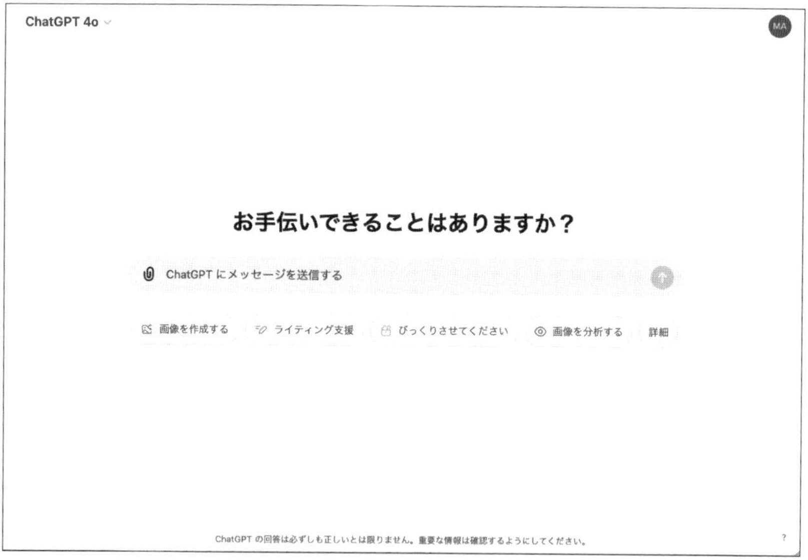

図 0-4　ChatGPT の初期画面

　中央の入力エリアの一番左にクリップのアイコンがあり、プロンプトにファイルを添付したいときに用います。本章の実習では 2 回使うことになります。

　最初にやや長いのですが次のようなプロンプトを与えます。(1) は ChatGPT が自動生成するプログラムが英語になってしまうのを防ぐもの、(2) はデータ内容を画面に表示する方法を細かく規定するものです。ChatGPT でデータ分析をする際のおまじないと考えてください。

プロンプト 0-1

これから依頼する内容に対して、以下のルールでデータ分析をお願いします
(1) 生成される Python コードのコメントは日本語にする
(2)「データの先頭 5 行を表示してください」のような指示に対して以下の対応をする
(2-A) 生成する Python コード実装では、最後の行を df.head() の形式にする
(2-B) df.head() の結果はをブラウザ画面にも表示する。この段階で、初めて整形表示する

レスポンス例 0-1

> 承知しました！これからの依頼に基づき、以下のルールでデータ分析を行います。
>
> 1. Pythonコードのコメントをすべて日本語で記述します。
> 2. データの先頭5行の表示に関して：
>   ● Pythonコードでは、最後の行にdf.head()を記述します。
>   ● 実行結果として、整形されたdf.head()の内容をブラウザに表示します。
>
> 具体的なご要望をお聞かせください。準備が整っています！

　本書では、今後、上記のように**プロンプトとして入力するテキストは黒色の丸い罫線で囲んで示す**こととします。

　また、**ChatGPTからのレスポンス（テキストの場合も、表やグラフ、あるいはこれらを複合した場合もあります）を青色の丸い罫線で囲む**ことで示します。

　読者はすでにご存じと思いますが、ChatGPTに代表される生成AIは同じ指示に対していつもまったく同じ返事を返すことはないです。相手が人間であればそういう動きをするので、それと同じという説明でご理解いただけると思います。そこで本書では、ChatGPTのレスポンスに関しては、必ず「**レスポンス例**」と表現するようにします。一方で指示内容が厳密で正確なプロンプトを与えれば、そんなに大きく挙動に違いはないです。今後、本書を読み進めるにあたって、「レスポンス例」に関しては、「だいたいこういう意味のことが返ってくる」という目安として見るようにしてください。

　次に分析対象データを読み込みます。具体的なプロンプトは次のようになります。今回は titanic-j.csv というファイルもセットでアップロードします。その場合のプロンプトは今後、次の形で表記することにします。

序章　ChatGPTによるデータ分析入門

プロンプト 0-2

 titanic-j.csv

添付のファイルを読み込んでデータフレーム変数dfに代入します
先頭5行を表示してください

レスポンス例 0-2

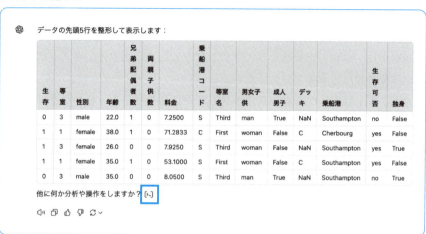

今回は、初めての結果なので、画面イメージをそのまま載せました。
1章以降では表を簡潔に見やすくするため、上の画面を次のように示します。

レスポンス例 0-2（表を簡潔に見やすく掲載）

生存	等室	性別	年齢	兄弟配偶者数	両親子供数	料金	乗船港コード	等室名
0	3	male	22.0	1	0	7.2500	S	Third
1	1	female	38.0	1	0	71.2833	C	First
1	3	female	26.0	0	0	7.9250	S	Third
1	1	female	35.0	1	0	53.1000	S	First
0	3	male	35.0	0	0	8.0500	S	Third

男女子供	成人男子	デッキ	乗船港	生存可否	独身
man	True	NaN	Southampton	no	False
woman	False	C	Cherbourg	yes	False
woman	False	NaN	Southampton	yes	True
woman	False	C	Southampton	yes	False
man	True	NaN	Southampton	no	True

他に何か分析や操作をしますか?

　レスポンス例 0-2 の画面で下に示された青枠で囲んだ部分をクリックしてください。すると、次の画面が表示されます。

図 0-5　Python プログラムとその実行結果

　画面前半の白背景の領域は、ChatGPT がプロンプトの指示を受けて生成した Python プログラムです。下半分のグレー背景の領域は、そのプログラムを実際に Python 環境で実行した実行結果です。**ChatGPT は自分で Python 実行環境を持っており**、その環境内で**生成したコードを実行できる**のです。

これが ChatGPT を利用してデータ分析を行う際の最大の特徴です。

Python 環境については、コードや実行結果が途中で切れて見えないと不便なので、今後は、画面コピーでなく、次のような形で表現することにします。紙面と実際画面の対応関係を理解するようにしてください。

Python 生成コード例 0-2

```
1   import pandas as pd
2
3   # ファイルを読み込んでデータフレームに代入
4   file_path = '/mnt/data/titanic_j.csv'
5   df = pd.read_csv(file_path)
6
7   # データの先頭5行を表示
8   df.head()
```

Python 実行結果例 0-2

	生存	等室	性別	年齢	兄弟配偶者数	両親子供数		料金	乗船↗
1	港コード	等室名	男女子供	成人男子	\				
2	0 0	3	male	22.0	1	0	7.2500	S	Third ↗
	man True								
3	1 1	1	female	38.0	1	0	71.2833	C	First wo↗
	man False								
4	2 1	3	female	26.0	0	0	7.9250	S	Third wo↗
	man False								
5	3 1	1	female	35.0	1	0	53.1000	S	First wo↗
	man False								
6	4 0	3	male	35.0	0	0	8.0500	S	Third ↗
	man True								
7	デッキ		乗船港	生存可否		独身			
8	0 NaN	Southampton	no	False					
9	1 C	Cherbourg	yes	False					

今回のプロンプトに対する ChatGPT の動きを詳しく説明すると、

（1）Python プログラム生成
（2）実行環境で Python 実行

（3） 実行結果に基づいて返答文の作成

を順番に実行し、（3）の結果をプロンプトへの回答として表示しています。

1回1回画面表示すると煩雑になるので、（1）（2）の過程は画面に表示されませんが、必要に応じて先ほどのアイコンをクリックすると、その過程も見られる形です。

ChatGPT の生成コードは、コメントの記載がとても丁寧です。特に日本語化の指示を出しておくと、プロンプトのどの部分がどういう Python コードになっているかの対応がひと目でわかります。これからの Python 学習はこの環境でするのがベストと筆者が考えている一番の理由がこの点にあります。

図 0-5 右上の青色の枠で囲まれたアイコンをクリックすると、この**コード全体がクリップボードにコピー**されます。ここでコピーされた Python コードは汎用的に動くものなので、そのまま Google Colab[7] などに貼り付けて実行すると動作します。プログラミングそのものの学習に注力したい場合は、Google Colab など手元の環境で動作を確認しながら学習を進めることも可能です。

話が脇にそれました。実習の本題に戻りましょう。

先ほどの先頭 5 行の表示結果を改めて見直してください。

一番左に**生存可否の結果を示す「生存」という項目**があり、この項目値が 1 の乗客は救助され、0 の乗客は亡くなったことを示しています。

二つ右に**男女の区別を示す「性別」という項目**があり、男性（male）か女性（female）かがわかるようになっています。この 2 項目を使うと、「男性の生存率」と「女性の生存率」を求められそうです。

このことを、ChatGPT にグラフ表示させて確認してみることにします。プロンプトは以下になります。whl ファイル（Python のライブラリファイル）をセットでアップロードすることに注意します。

---

[7] 事前セットアップ作業を一切なしに Python が利用できる、Google で提供されているクラウド上の Python 開発環境です。巻末の講座 1.1 で具体的な使い方を紹介します。コードを Google Colab に貼り付けて動かす場合は、何点か注意点があるのですが、それについても講座 1.1 の中で説明します。

プロンプト 0-3

📄 japanize_matplotlib-1.1.3-py3-none-any.whl

男女別の生存率を示すグラフを、女性：青、男性：水色で表示してください
文字化けしないよう、添付のライブラリを!pipコマンドで導入してからグラフ表示してください[8]

この簡単な指示で下のようなグラフが表示されたはずです。

レスポンス例 0-3

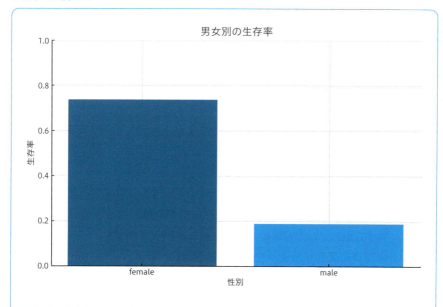

男女別の生存率を示すグラフを表示しました。女性は青、男性は水色で表しています。他に行いたい分析や操作がありますか？

---

[8]「!pipコマンド」はライブラリの導入で用いられるコマンドです。

便利な時代になったものです。先ほどと同様に、どのようなコードであったかも確認してみます。

Python 生成コード例 0-3

```
1   # 日本語の文字化け防止のために、日本語フォントを扱うためのライブラリをインストー
    ル
2   !pip install /mnt/data/japanize_matplotlib-1.1.3-py3-none-any.whl
3   import japanize_matplotlib
4   import matplotlib.pyplot as plt
5   # 男女別の生存率を計算
6   gender_survival_rate = df.groupby('性別')['生存'].mean()
7   # グラフを作成
8   plt.figure(figsize=(8, 6))
9   gender_survival_rate.plot(kind='bar', color=['blue', 'cyan'])
10  # グラフのタイトルとラベルを設定
11  plt.title('男女別の生存率')
12  plt.xlabel('性別')
13  plt.ylabel('生存率')
14  # グラフを表示
15  plt.show()
```

今回はやや長くて複雑ですが、本質的に重要なのは枠で囲んだ2行です。

6行目の「df.groupby(' 性別 ')[' 生存 '].mean()」というコードで男性・女性の性別に生存率の値が計算されています。

9行目の「gender_survival_rate.plot(kind='bar', color=['blue', 'cyan'])」で棒グラフを表示しています。他の行はグラフの見栄えをよくするためのものです。

もう一つプロンプトを与えてみましょう。今度は**「今の結果を ChatGPT がどう解釈するか」を質問**してみることにします。

プロンプト 0-4

> この生存率の違いを説明する仮説としてどのようなことが考えられますか

今回のプロンプトはコーディングを求めるものでなく、オープンな質問であるため、ChatGPT の回答も 1 回ごとに異なります。しかし、おおよそ、次のような返事が返ってくるはずです。

レスポンス例 0-4

この生存率の違いを説明するために考えられる仮説はいくつかあります。以下に代表的なものを挙げます。

1. **「女性と子供を先に」ルールの適用**：歴史的に、船の事故や災害時には「女性と子供を先に避難させる」という規則や慣習が存在していました。タイタニック号の事故でもこのルールがある程度適用されたため、女性の生存率が高くなった可能性があります。
2. **社会的・文化的要因**：当時の社会では、男性が女性や子供を守るべきであるという文化的期待が強かったため、男性が自らの命を犠牲にしてでも女性や子供を助ける行動を取った可能性があります。このような行動が女性の生存率の向上につながったと考えられます。
3. **船内の配置と避難経路**：船の構造や客室の配置が生存率に影響を与えた可能性もあります。例えば、上層階にいたファーストクラスの乗客は救命ボートにアクセスしやすかったかもしれません。女性がファーストクラスに多くいた場合、彼女たちがより迅速に避難できた可能性があります。
4. **避難時の身体的能力**：避難時には、物理的な力や機敏さが必要とされる場面も多かったと考えられます。男性はそのような状況で他の乗客を助けたり、救命ボートの準備を手伝ったりすることが多かったため、結果的に自分自身が避難する機会を逃した可能性があります。

これらの仮説を検証するためには、より詳細なデータや追加の歴史的情報を分析することが必要です。例えば、階級ごとの生存率や乗客の家族構成、避難時の行動に関する記録などが参考になるでしょう。

最後にもう一つ、やや長めのプロンプトを与えてみます。

プロンプト 0-5

「生存」を目的変数とし、深さ 2 の決定木分析し結果を可視化してください
前処理として、「性別」を数値に変換し、「等室」「年齢」も説明変数に含めた上で、欠損値を除去します

レスポンス例 0-5

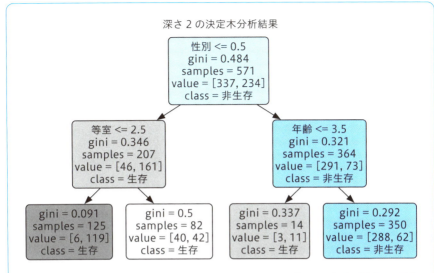

深さ2の決定木分析結果を可視化しました。この結果から、どの説明変数が生存の予測に重要な役割を果たしているのかを確認できます。さらに詳細な分析が必要な場合はお知らせください！

「決定木」という分析手法を用いるようにプロンプトを与えたところ、指示通りの結果を返してくれました。決定木は、**分析対象の特定の項目（今回の例では生存結果）に関して、どの項目が最も影響を与えたかを自動的に判別する分析手法**です。上の図は、グラフに表示した**「性別」が、乗客の生存結果に最も影響を与えた**ことを表しています[9]。

一つのデータセットに対して、たった5回プロンプトを与えただけで随分いろいろなことがわかりました。今回はデータ分析の中身自体、単純な平均計算が中心なので、データ分析の経験が少ない読者でも、最後の結果を除き、直感的にやっていることが理解できたと思います。

より複雑なデータ分析の場合、いくつか前提となる概念の理解も必要です。その具体的なところは、本書で一つひとつ学んでいくことになります。

---

[9] 決定木分析自体、非常に深く活用パターンの多い分析手法でもっと解説をしたいのですが、紙幅の関係で本書の実習ではここでしか登場しません。サポートサイト上に例題をアップする予定ですので、詳しく知りたい読者はそちらを参照してください。

0.4　データ分析実施時のChatGPTアーキテクチャ

前節の実習でChatGPTがデータ分析に関してすごい能力を持っていることをご理解いただけたかと思います。本節では、このサービスがどのような構造になっているのかを説明します。

次の図を見てください。この図がChatGPTを利用してデータ分析を行う際の、システムアーキテクチャを示しています。

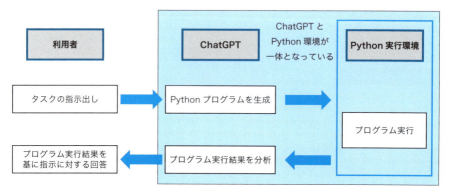

図0-6　ChatGPTのデータ分析用システムアーキテクチャ

利用者から見ると、普通のChatGPTと同じに見えますが、異なるのはその背後で**ChatGPTが自分のPython環境を持っている**点です。利用者からの指示を受けてChatGPTはPythonコードを生成し、そのコードはそのまま自分で持っているPython環境で実行されます。実行後の結果を解釈した上で、利用者に対して直接の答えを返しています。

Pythonでのやりとりは通常は見えない形になっていますが、レスポンス例0-2の下のアイコンをクリックすると、この中のやりとりが見えるようになっています。

必要に応じてPythonのやりとりを見る、見ないを使い分けられるようになっており、これが**初級者がPython学習に利用するのに適した環境**である理由にもなっています。

ChatGPT が、**利用者と Python 実行環境の間を取り持つ**構成になっていることが、**使い勝手のいいデータ分析環境を実現**している一番のポイントです。

読者の皆さんも、この環境であれば、今まで手の届かなかったデータ分析や Python の世界を理解できそうな気がしてきたのではないでしょうか。

そのように思った読者はぜひ、1 章から取り組んでください。**データ分析の世界はもう手の届くところにある**のです。

0.5　ChatGPT の業務利用時の注意点

序章の最後に、データ分析の実際の業務で ChatGPT を利用する際の注意点について説明します。業務データを ChatGPT で分析する際には、読者が所属する企業・組織が持つポリシーに沿った形で分析するよう注意が必要です（生成 AI 利用のポリシーの場合と、パブリッククラウド利用へのポリシーの場合があります）。

ChatGPT では、プロンプトやアップしたデータを他目的で使わせないためのオプションがあり、ここを図 0-7 のように設定しておけば、原理的にデータ漏洩のリスクはありません。

図 0-7　ChatGPT の「データ コントロール」の設定

しかし、企業・組織ごとにより厳密なデータセキュリティを管理していることは多いです。この規定を守らずに業務データを ChatGPT にアップすることはやめてください。基準を遵守しつつデータ分析をする方法は、企業・組織内の分析環境で同種のことができる場合や、サニタイズ（データの匿名化）したデータ使う場合などまちまちです。業務データを用いて分析したい場合は、必ず社内の専門部署に相談して、問題のない形で分析をするようにしてください。

第 1 部

基礎編

1章	生成 AI とデータ分析
2章	データ分析の処理パターン
3章	データ分析プロセス

1章

生成 AI とデータ分析

世の中のすべての領域がそうであるのと同様に、データ分析の世界も生成AIの出現で大きく変わりました。本章では従来のデータ分析に関わる立て付けを整理した上で、生成AIによって何がどう変わっていくのかを明らかにします。

1.1節ではデータ分析タスクの進め方の概要を紹介します。1.1節では「生成AI前」「生成AI後」のどちらでも汎用的に通用する話をするのに対して、1.2節・1.3節では、「生成AI後」に各タスクがどう変わるのかを話します。

1.4節は、「データ分析」に特化した形で、生成AI活用のポイントを説明します。

1.5節では、「生成AI後」にデータ分析におけるPython学習の立ち位置がどうなったかを説明します。

1.1　データ分析プロセスの全体像

本節ではデータ分析タスクの進め方の概要を紹介します。各タスクのより具体的なところは3章で改めて説明します。本節は全体像をつかむところまでが目標と考えてください。

本節では「生成AI前」「生成AI後」のどちらでも汎用的に通用する話をします。

図1-1にデータ分析の標準的なプロセスを示しました。

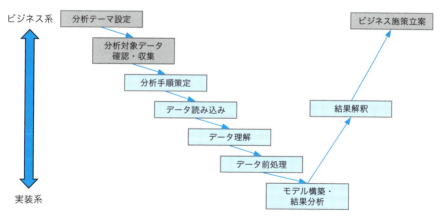

図1-1　データ分析の標準的プロセス

データ分析は、ITシステムの開発と似ています。「ビジネス系」「実装系」と

いう軸で整理すると、分析プロセス全体がV字構造になっているのです。このうち、グレー色の部分が特にビジネスとの関わりが深く「上流」にあたるところです。水色の部分が「実装」にあたる部分ですが、その中でも上部に位置しているタスクほど、ビジネスとの関わりが深いタスクとなります。

　一つひとつのタスクの内容について、簡単に説明します。

分析テーマ設定

　データ分析プロジェクトの企画立案にあたるところです。ほとんどの場合、対象業務の課題の裏返しがプロジェクトの目的になります。例えば、業務上の課題が「顧客の離反率が高い」であれば、データ分析テーマは「顧客離反率を低下させる施策を出す」になるなどです。

　ここで重要なのは、単にビジネス上の課題からテーマを持ってきても、いつもデータ分析で有効な結果が出せる訳ではないことです。データ分析でうまくいきそうなテーマ、うまくいかなそうなテーマというのは、有識者の目から見ると初期段階である程度見分けがつきます。勝算のあるなしを初期段階で有識者が判断することが、このタスクの最も重要なポイントです。

分析対象データ確認・収集

　実プロジェクトで最も手間のかかるタスクです。どこにデータがあるかを調べ、実際にそのデータが意図したタスクで利用できることを確認します。

分析手順策定

　データ分析は、細かいタスクの集合体です。**目的となる結果を得るために、具体的にどのような手順で分析を進めるのか**、この段階で検討します。

データ読み込み

　実際にデータを読み込み、データ分析可能な状態にします。読み込み元データとしてはExcelなど表形式のデータ[1]を通常は利用します。

---

[1]「構造化データ」と呼ぶことがあります。

データ理解

　データ理解は大きく二つのタスクに分けられます。一つめは、**実データとそのデータの業務上の意味の関係性を理解**することです。各データ項目のコード値（0、1、2…など）の意味を確認することも、このタスクに含まれます。

　もう一つは、**データそのものの性質を統計的に調べ、全体の傾向を押さえる**ことです。具体的には、データ件数、平均値、標準偏差などを調べます。

データ前処理

　データ分析を実施するために必要な加工を、読み込んだデータに対して行います。「欠損値の除去」や「正規化」などが典型的なタスクになります。

モデル構築・結果分析

　データ分析では通常、どのような手法で分析をするのか事前に定めた方針に従い、**モデル構築**というタスクを実施します。

　通常の結果分析タスクでは、**モデル構築の結果を受けた形で追加の分析**をします。典型的なものとしてクラスタリング[2]という手法でグループ分けをしたあとで、グループごとの集計処理をするタスクなどがあります。

　通常は、このようにモデル構築というプロセスがありますが、データ分析の種類によっては、「特定の軸による可視化分析」など、モデル構築なしに分析できる場合もあります。このパターンは4章で具体的なところを示します。

結果解釈

　分析結果を、ビジネス背景と紐付けて、ビジネス観点でどのようなことが言えるのかを調べます。**モデル構築・結果分析をビジネスと橋渡しする、重要なタスク**です。

ビジネス施策立案

　得られた分析結果から、**ビジネス上有益な施策案を立案**します。**データ分析タスクの最終目的**で、とても重要なタスクですが、有効な施策を立案するには

---

[2] クラスタリングの具体的内容は2章と5章で説明するので、今は流れだけ押さえてください。

通常、深い業務知識が必要です。

1.2 データ分析プロセスと生成AIの活用可能性

　1.1節で説明した個々のデータ分析タスクに対して、生成AI（ChatGPT）[3]はどこまで活用できるのでしょうか。図1-2ではその活用可能性を整理しました。

図1-2　データ分析の各プロセスへのChatGPT活用可能性

　それぞれの印の意味ですが、「無理」なものは×にしています。「任せるのは危険だが一定程度参考情報が得られる」タスクは△、「指示をうまくコントロールすれば任せることが可能と考えられる」タスクは○にしました。また、筆者の私見ではありますが「積極的な活用により該当タスクの生産性向上が大きく

---

[3] 本節以降では、「生成AI」と書いて、一般的な生成AIについて語っている箇所と、生成AIの具体的サービスであるChatGPTについて語っている箇所があります。一つひとつ区別するとかえってややこしくなるので、読者は両パターンあることを頭に置いて読み進めてください。

見込まれる」ものに関しては◎をつけました[4]。

「データ読み込み」「データ前処理」「モデル構築・結果分析」の各タスクは、タスク自体が Python のコーディングであり、ChatGPT の活用が有効そうなことは想像がつきます。ここではそれ以外のタスクでなぜ、活用可能性があるかについて説明していきます。

分析テーマ設定

分析テーマの設定は、最も重要な、また深い業務理解が必要なタスクであり、ChatGPT に任せ切りにはできないです。一方で ChatGPT は**「このような種類の業務課題に対して、こういうデータ分析アプローチがある」という一般論としての知識**は持っています。この典型的分析アプローチを ChatGPT に提示してもらうことは、分析テーマを検討するにあたって有用な参考情報になるという理由で△の印を付けました。

分析手順策定

分析手順の策定は、実装工程におけるデータ分析の最上流のタスクとなり、深い経験が必要です。しかし、この場合も一般論としての分析手順は ChatGPT が知識として持っていて、参考にできるところがあります。経験を持った人が、自分で考えた分析手順に対して第三者的な立場で意見をもらうという立ち位置でも、活用の余地はあると考えられます。

本書の実習では、混乱を避けるため、このタスクに ChatGPT 活用をすることまで踏み込みませんが、補助的な利用可能性がある点は押さえておいてください。

データ理解

前節でも説明した通り、データ理解では「データの業務観点理解」と「データそのものの統計的性質の理解」の二つに大きく分けられます。

このうち、後者は、Python のプログラムで分析するので、得意分野と考えら

---

[4] この印に関しては、あくまで筆者の主観に基づくものである点をお断りしておきます。また、現在△をつけた項目に関して、今後、生成 AI の技術進化により、○や◎になる可能性があります。

れます。筆者が本書の執筆過程で気づいたのは、どちらかというと苦手分野と想像される「データの業務観点理解」に関しても、ChatGPTの自然言語理解の能力を活用することで、絶大な力を発揮することです。その具体的なところは、本書の実習で経験してください。

結果解釈

データ分析の結果解釈に関しても、ChatGPTは最終成果のたたき台レベルの品質の結果を返してくれます。このことも本書の実習に含めています。

ビジネス施策立案

ビジネス施策立案は、データ分析結果を踏まえて具体的なビジネス施策を考えるという、データ分析で最も重要なタスクです。本来であれば、データ分析の世界と、業務ドメインの両方に関して深い知識を持ったデータ分析者のスキルが必要とされる領域です。しかし、このタスクに関しても、アウトプットのたたき台となる計画を、ChatGPTに出してもらうことが可能と考えられます。この点についても実習で確認してください。

データ分析の各ステップの中で、相当広い範囲を生成AIがカバーできることになります。ここで生成AIの利用時に注意すべき点をあげます。

それは**各タスクの主体はあくまで人間**であり、**生成AIは細かいタスクの補助として活用**するという考え方です。筆者はこの考え方を「**Augmented Intelligence**」（拡張知能）と呼んでいます[5]。

具体的な作業イメージまで落として、このことを説明します。読者が、経営者から重要な仕事を直接頼まれ、その一部を優秀な部下に任せたことを想像してください。部下から出てきたアウトプットは、どんなにもっともらしい結果であっても、必ず自分の目でチェックすると思います。そうしないと、万一のことが起きた場合の責任がとれないからです。

仕事において生成AIを活用する際には、必ずこの「チェックをする」という点を忘れないようにしてください。

---

[5] この概念を最初に提唱したのは、筆者の前職の勤務先であるIBMかと考えています。

逆にこの点を押さえておけば、**生成 AI はとても強力なツール・部下**になります。うまく活用することで、自分の生産性がはるかに上がることを、日々、体験できると思います。これからの社会において、**ビジネスパーソンが高い生産性を出すために生成 AI を活用することは必須**であると、筆者は考えています。

1.3　生成 AI 後のデータ分析スキル育成ロードマップ

筆者がよく受ける質問の一つとして「生成 AI の時代になったら Python の勉強は不要になったのか」というものがあります。これに対する筆者の答えは「不要ではない。しかし初期の段階で**注力すべき対象はビジネス寄りの領域にシフトした**」というものです。

従来のデータ分析学習の最大の課題は、ビジネス領域からデータ分析に進めるにあたって、最初に **Python プログラミング習得という高いハードルがあり、ここを乗り越えないと自力でデータ分析ができない**点にありました[6]。この状況を図 1-3 で表現しました。

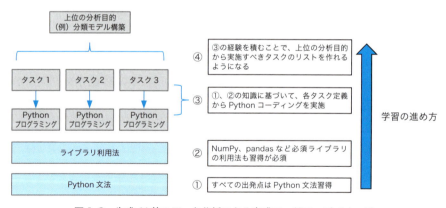

図 1-3　生成 AI 前のデータ分析スキル育成ロードマップイメージ

では、生成 AI 後のデータ分析においてそれに代わるものは何でしょうか。読

---

[6] SPSS モデラーなどの商用分析ツールを使ってこの課題を解決する方法もありますが、高価なソフトで誰でも利用可能なものではないため、いったんこの議論の対象外とします。

者もよくご存じの「**プロンプト**」を作成する能力がそれにあたります。「プロンプト」の与え方にはいろいろなレベルがあり、最も単純には、分析対象データとそれに対するハイレベルの指示、つまり「このデータを使って分類モデル[7]を構築してください」のようなアプローチもありえます。しかし、この方法は内部の処理をよくわかっていない初級者には危険で、生成 AI が間違った方針の分析をしてもそれをチェックする手立てがありません。

本書の実習はそれとは逆に、「**個別の Python プログラムとほぼ 1 対 1 対応する細かい粒度のプロンプト**」を与える方針で進めることとします。

この方針であれば、プロンプトは「Python プログラムでどういう処理をしているのか」をわかりやすい自然言語で表現しているので、Python 言語が主体だったときより、はるかにデータ分析の流れが理解しやすくなります。

そして、このような形で実習の経験を積むことにより、よりハイレベルの「高次の分析目的から処理の流れを作り出すこと」と「個別処理内容から該当する Python コードを理解すること」も同時に習得できるようになるのです[8]。

従来の方式と比較した際の、この方式の最大の特徴は、**学習の初期段階から目に見える結果が得られる**ことです。すぐに結果がわかることにより、**学習のモチベーションを維持することが容易になる**のです。

本書で提言するデータ分析学習アプローチを図 1-4 に示してみました。読者は今後の学習に向けて、図 1-3 との違いを意識するようにしてください。

---

[7] 2章で解説しますが、「顧客ごとに営業が成功するかしないか」などを予測してくれる仕組みのことです。
[8] 筆者は過去に出した自著に対して「データ分析学習の高速道路」という比喩を使ったことがありますが、生成 AI を活用したこの学習アプローチは「データ分析学習のリニアモーターカー」ではないかと、勝手に考えています。

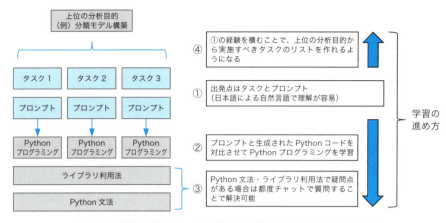

図1-4　生成AI後のデータ分析スキル育成ロードマップイメージ

　最後に今まで議論した「生成AI前」と「生成AI後」におけるデータ分析学習の特徴を図1-5にまとめました。このように整理すると、**今こそデータ分析学習を始めるべき**であることが理解できるはずです。

図1-5　生成AI前後のデータ分析学習アプローチの違い

1.4 データ分析における生成 AI 活用のポイント

　今や、世の中には非常に多くの生成 AI 活用本が出版されています[9]。そうした書籍のほとんどにおいて、俗に「**プロンプトエンジニアリング**」と呼ばれるプロンプトの与え方のコツの説明があります。今更、そこに付け加えるところはあるのだろうかという思いもあるのですが、一方で書籍執筆の過程で、データ分析というテーマで ChatGPT とじっくり付き合った結果、見えてきた部分もあります。

　本節では、そうした筆者の知見から、読者の皆様も活用できそうな点をまとめます。3 章以降の実習コードを例に紹介するので、用語などわかりづらいところもあるかもしれません。本節の目的はプロンプトの与え方のポイントを理解することです。用語がわからない場合もその点はいったんスルーしてもらい、プロンプトの書き方の粒度感のみ注目してください。

　まず、使い方の区別の考え方です。本書のプロンプトは次の二つに大きく区別できます。

（1）Python プログラムを求めるプロンプト
（2）Python プログラムなしの返事を求めるプロンプト

　読者が「ChatGPT をデータ分析に活用」という話を聞くと、（1）のイメージが強いかと思います。実際、（1）の領域において ChatGPT を活用すると圧倒的な効率アップが図れます。一方で、プログラミングを求めない（2）の領域においても、活用シーンを適切に選ぶことで相当な効率化が図れます。それぞれのケースで、プロンプトのコツも違ってくるので、ケース別に具体的なところを説明します。また、（1）（2）共通のポイントもあるので、そこも併せて説明します。

---

[9] ある人の調査によると 2023 年に日本国内でこのテーマで出版された書籍は 100 冊以上になるそうです。

（0）共通のポイント

コンテキストをしっかり説明する

　今回執筆時に遭遇した問題を具体例に説明します。今の ChatGPT では日本語で質問すると日本語で答えるということは、特別な指示なしに当たり前にやってくれます。本書を執筆した当初は、生成した Python コードの中のコメントも日本語だったのですが、途中から英語になってしまいました。「日本語で指示を出すからコメントも日本語にしてくれるよね」という部分が、まさに明記されていないコンテキストになっていたのです。

　そういう事情で、本書の実習コードの冒頭では、かならず次のプロンプトを含めています [10]。

プロンプト 1-4-1

> これから依頼する分析で生成される Python コードのコメントは日本語にしてください

　この指示があるかないかで、次のプロンプトに対する生成コード例がどう変化するか見てください。

プロンプト 1-4-2

> 添付ファイルを読み取り、データフレーム変数 df に代入してください

Python 生成コード例 1-4-2-1（日本語化指示あり）

```
1   import pandas as pd
2
3   # CSVファイルを読み込み、データフレームに代入
4   df = pd.read_csv('/mnt/data/bridge.csv')
5
6   # データフレームの最初の数行を表示して内容を確認
7   df.head()
```

---

[10] 序章でおわかりの通り、実習の冒頭のプロンプトはこれよりもっと複雑です。以下は、説明簡略化のため、一部を抽出していると考えてください。

Python 生成コード例 1-4-2-2（日本語化指示なし）

```
1   import pandas as pd
2
3   # Read the CSV file into a DataFrame
4   file_path = '/mnt/data/bridge.csv'
5   df = pd.read_csv(file_path)
6
7   # Display the first few rows of the DataFrame to understand its s
    tructure
8   df.head()
```

　ChatGPT の実装コードは、処理ごとに空行、コメント行、実際のプログラムがセットになっていて、非常に読みやすいです[11]。ただ、日本語化の指示がないと、コメントが英文になって、わかりにくくなります。日本語化の指示を 1 行出すだけで、以降の実装コードは全部このスタイルで出力してもらえます。コンテキストをしっかり説明するちょうどいいサンプル、かつ実用上有用な TIPS になっているので、この場でご紹介しました。

(1) Python プログラムを求めるプロンプトでのポイント

　Python プログラミングを指示するタスクに関しても、データ処理系のタスク、グラフ描画系のタスク、それからループ処理を含むやや複雑な処理で、プロンプトのポイントが違ってきます。それぞれのケースでのポイントを、具体例を含めて説明します。

データ処理系タスク〜細分化した指示を極力具体的に

　データ処理系のタスクの場合、例えば、学習データをアップして「XX の列を目的変数とした機械学習モデルを構築してください」といった大雑把なプロンプトでも、おそらく指示通りのプログラムを組んでくれます。しかし、この方法の問題点は途中で AI に間違いがあった場合にチェックするのが極めて困難である点です。

---

[11] 手前味噌なコメントで恐縮ですが、筆者が自分で記述する実習コードのスタイルに極めて近いかと思っています。

この現象を防ぐため、データ処理系タスクに関しては、**Python プログラムの 1 行に該当する処理をプロンプトにする方法を推奨**します。指示が曖昧で、意図したプログラミング結果にならない場合、**より具体的な指示を追加**することで、指示者の意図通りのプログラムにすることが可能です。

以下は、3 章の実習（3.8.1 項）の中から、具体的なデータ処理系タスクのプロンプトとそれに対する Python 生成コード例を示します。前提として、それまでにテストデータ X_test と、機械学習モデル model は作成済みで、この二つを使って予測結果を出す場面と考えてください[12]。

プロンプト 1-4-3

> 構築したモデルを用いて、テストデータ X_test に対して予測し、結果を y_pred に代入します

Python 生成コード例 1-4-3

```
1  # テストデータを用いて予測を行い、結果をy_predに代入
2  y_pred = model.predict(X_test)
3
4  # 予測結果の先頭5行を確認
5  y_pred[:5]
```

この Python 生成コード例で本質的なのは 2 行目の 1 行だけです。ここでは 1 行目のコメント文にある通り（= プロンプトの指示の通り）のプログラムが生成されています。ちなみに 5 行目は、結果を確認するためのコードで ChatGPT が気を利かせて付け加えています。

このような使い方を意識することで、ChatGPT が指示者の意図と違う処理を勝手に始めてしまう事象はほとんど防げます。

---

[12] まだ、意味を説明していない機械学習の用語が出てきていますが、その解説は 3 章でするので、現段階ではスルーしていただいて構わないです。ここでは、こういう詳細さのプロンプトを与えると、こういう実装コードが返ってくるという感覚だけつかんでください。

グラフ描画系タスク〜どのようなグラフにしたいか（アウトプット）を具体的に

Python ライブラリの Matplotlib を用いたグラフ描画では、例えばタイトルの追加など、細かい表現の一つひとつが実装コードでいうと1行に該当します。そのため、上で示した「Python プログラム1行に対応したプロンプト」の原則は適用できないです。この場合の原則は、「**描画したいグラフに対する指示を一つのプロンプトにまとめる**」ということになります。

こちらに関しても、3章の例題（3.9.3節）から具体例を見ていきます。

プロンプト 1-4-4（プロンプト 3-9-3 を一部省略）

> X_testの散布図を、y=1（良性）では黒の四角、y=0（悪性）はライトブルーの×で、seabornで表示してください
> マーカーは大きめにお願いします
> （一部省略）

レスポンス例 1-4-4

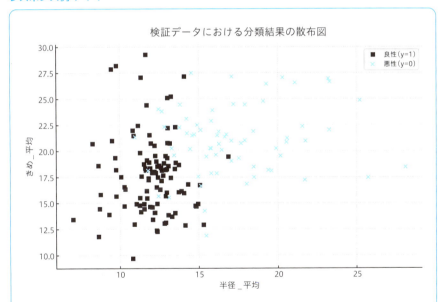

検証データ X_test に対して、以下の条件を満たす散布図を作成しました：

良性 (y=1) は黒の四角
悪性 (y=0) はライトブルーの×
散布図には、半径_平均 と きめ_平均 の関係が示されています。

Python 生成コード例 1-4-4

```
 1    import japanize_matplotlib
 2    import matplotlib.pyplot as plt
 3    import seaborn as sns
 4
 5    # X_testの散布図を作成
 6    plt.figure(figsize=(10, 6))
 7
 8    # y_testが1の場合(良性)のデータを黒の四角でプロット
 9    sns.scatterplot(x=X_test['半径_平均'], y=X_test['きめ_平均'], hue=y_
      test, style=y_test,
10                      markers={0: 'X', 1: 's'}, palette={0: 'lightblue',
      1: 'black'})
11
12    # グラフのタイトルと軸ラベルを設定
13    plt.title('X_testの散布図')
14    plt.xlabel('半径_平均')
15    plt.ylabel('きめ_平均')
16
17    # 凡例の設定
18    plt.legend(title='良性=1/悪性=0')
19
20    # グラフを表示
21    plt.show()
```

　今回の説明と関係ない一部のプロンプトは省略しています。ここで読者に理解していただきたいのは、上の**プロンプトの指示内容は、グラフで表現したいことの自然言語表現そのもの**になっている点です[13]。

　対応する Python 生成コードは相当複雑なコードになっています。従来は分析者がプロンプト 1-4-4 に書かれていることをやりたいと思った場合、自分でPython 生成コード例 1-4-4 に該当するコードを記述しないといけなかったのです。

　筆者が本書の執筆を通じて感じたところとして、**プロンプト 1-4-4 の詳細度でプロンプトを与えた場合、ChatGPT が実装コードを間違えることはほとん**

---

[13] 厳密にいうと「seaborn」というライブラリの名称と「マーカー」という用語は専門用語であり、ある程度の専門知識が必要になります。しかし、生成コード例1-4-4を自分で1から組むことに比べて、はるかに簡単になっていることは間違いないです。

ないと言えます。グラフ描画の領域は ChatGPT の活用により、最も生産性向上が図れる領域なのかもしれません。

プログラミング系タスク〜入力と出力を明確にした上で、やりたい処理を抽象的に指示

　最後に今まで説明してきたのと逆の方針に基づく事例を示します。データ分析の領域でも通常のプログラミングと同様にループ処理など、ロジック関係が複雑な処理があり得ます。次のプロンプトは 6 章の実習（6.7.1 項）の最後に、商品間の関係性が a_rule1 というデータフレーム（データ分析用のデータ構造）に得られたときに、そのデータを入力に「関係グラフ」と言われるものを作ってほしいという指示です。

プロンプト 1-4-5

📄 japanize_matplotlib-1.1.3-py3-none-any.whl

> a_rule1で示された関係のある商品間を関係グラフで図示してください
> 文字化けしないよう、添付のライブラリを!pipコマンドで導入してからグラフ表示してください

第1部 基礎編

レスポンス例 1-4-5

アソシエーションルールに基づく商品間の関係グラフ

KIDS CUTLERY SPACEBOY

KIDS CUTLERY DOLLY GIRL

ALARM CLOCK BAKELIKE PINK

ALARM CLOCK BAKELIKE GREEN

ALARM CLOCK BAKELIKE RED

POSTAGE

商品間の関係をグラフで図示しました。文字化けしないように日本語フォントも適用しています。さらに進めたい分析や処理がありましたら、お知らせください。

Python 生成コード例 1-4-5

```
1   # whlファイルをインストールし、japanize_matplotlibをインポート
2   whl_file_path_jp = '/mnt/data/japanize_matplotlib-1.1.3-py3-none-
    any.whl'
3
4   # whlファイルをインストール
5   subprocess.check_call([sys.executable, '-m', 'pip', 'install', wh
    l_file_path_jp])
6
7   # japanize_matplotlibをインポート
8   import japanize_matplotlib
9   import networkx as nx
10  import matplotlib.pyplot as plt
11
12  # グラフの構築
13  G = nx.DiGraph()
```

```
14
15    # a_rule1_sortedから関係を取得して、グラフに追加
16    for _, row in a_rule1_sorted.iterrows():
17        for ant in row['antecedents']:
18            for con in row['consequents']:
19                G.add_edge(item_dict[ant], item_dict[con], weight=row⬎
      ['lift'])
20
21    # グラフの描画
22    plt.figure(figsize=(12, 8))
23    pos = nx.spring_layout(G, k=0.5)
24    nx.draw(G, pos, with_labels=True, node_size=3000, node_color="sky⬎
      blue", font_size=10, font_family="IPAexGothic")
25    plt.title("商品間の関係グラフ")
26    plt.show()
```

かなり複雑な処理であるため、半分実験的に出したプロンプトだったのですが、複雑な3重ループを問題なく実装できていました。**入力と出力が明確である場合、計算過程がかなり複雑な場合も ChatGPT に任せることができるケースがある**というのが、この実験結果からの結論と考えています。

ハルシネーションの具体例と対策

「**ChatGPT はハルシネーションのリスクがあるので利用時は常に注意する必要がある**」というのは、読者も一度は聞いたことがある話と思います。ハルシネーションとは、生成 AI において、実際には存在しない情報を生成したり、不正確な事実を出力したりする現象を指します。本書の実習の中心的な部分である Python プログラミングにおいては、今まで説明した点に注意するとほとんどハルシネーションは起きないというのが、本書を執筆した経験から得られたところです。とはいえ、執筆時、時々はハルシネーションを目撃することがありました。筆者が体験したその具体例と、対策について簡単に説明します。

グラフで色の割り当てを逆にする

序章の実習で1度目撃した事象です。序章の実習でグラフ描画のプロンプトで「女性：青、男性：水色で表示してください」と指示をしているのですが、色

の対応が逆になったことがあります。その場合は、次のようなプロンプトで訂正を求めます。

プロンプト例

> 色の割り当てが逆です。改めて女性：青、男性：水色でグラフ描画をお願いします

結果表示で表示行数を間違える

6章の実習の一部プロンプトでは「結果の10行を表示してほしい」との指示があります。結果のサンプル表示でよく用いるhead関数では、デフォルト値である5行のまま使うことが多いために、指示を勘違いして、先頭5行しか表示しないことがありました。その場合は次のプロンプトで再表示の指示を出します。

プロンプト例

> 表示された行数が5行しかないです。改めて処理結果の先頭10行を表示してください

プロンプト例を見ればわかる通り、ハルシネーション発生時固有のプロンプトのコツは一切なく、人間が間違えた場合と同じような訂正の指示を出せばいいです。

今、説明した2例は、データ分析の専門知識がない人でも、簡単に間違いを見つけられた事例です。時々は、データ分析の専門知識がないと、間違いを発見できないこともあります。その**対策は、「生成したコードの意味を分析者が理解できるようにする」しかない**と考えられます。

「要件に対応したPythonプログラムをゼロから作れなくてもいい。しかし、生成したコードの意味を読み取ることはできる」（英語の能力に対比すると、「英作文」はできなくていいが「英文解釈」はできないといけない、1.5節で詳説）が、ChatGPT時代のデータ分析者のベースラインのPythonスキルであると筆者は考えています。

(2) Python プログラムなしの返事を求めるプロンプトでのポイント

1.2 節で示した通り、データ分析プロセスのうち、プログラミング以外の領域で ChatGPT が活用可能な領域は、「分析テーマ設定」「分析手順策定」「データ理解」「結果解釈」「ビジネス施策立案」です。

それぞれの領域における活用ポイントを簡単に示します。

「分析テーマ設定」「分析手順策定」

プロンプトを与えるとき、コンテキスト（背景）にあたる部分をできるだけ詳細に伝えることに注意してください。背景説明が不十分だと、もっともらしくはあるが、情報として必ずしも有用でない結果が返ってきがちです。

また、この領域は、まだ ChatGPT だけで十分な結果が得られるとは考えないでください。**あくまで参考情報の位置づけで利用**することに注意すべきです。

「データ理解」

「データ理解」の中でも「データの意味を業務観点で調べる」領域は、今回の執筆でいろいろ試して、非常に有用であると感じた領域です。ChatGPT の能力をプログラミング能力と自然言語理解能力に分けて考えるとすると、**後者の自然言語理解能力を活用するユースケースの一つ**と考えられます。通常業務における ChatGPT のユースケースと比較すると、「要約タスク」に近い利用形態です。

具体的なやりかたとして、データの意味に関する基礎情報を与えた上で、分析者が注目する領域の質問をピンポイントに出すと、的確な返事をしてくれます。

以下に、4 章の実習（4.3.2 項）での実例を示します。

プロンプト 1-4-6

 pitts.txt

> 添付はピッツバーグ・データセットの各項目の説明です
> この説明を元に、clear-g という項目がどういう意味なのか具体的に説明してください

レスポンス例 1-4-6

clear-gという項目は、橋の設計において垂直クリアランスの要件が適用されたかどうかを示しています。この項目には次の二つの値が含まれます。

- N: 垂直クリアランスの要件が適用されていない(Not Enforced)。
- G: 垂直クリアランスの要件が適用された(Enforced)。

垂直クリアランスとは、橋の下を通過する車両や物体が安全に通過できるように確保される必要がある空間の高さを指します。clear-gがGであれば、その橋は設計時にこの高さ要件を考慮して設計されており、Nであれば要件が考慮されていないことを示します。

　このデータ項目に対しては、公開元で簡単な解説はあったのですが、筆者はその説明だけでは何を意味しているのかはっきりしなく、モヤモヤした感じでした。上の説明を読んでそのモヤモヤが解決し、少し、橋の専門知識がついた気がします。

「結果解釈」「ビジネス施策立案」

　データ分析において最も重要な「結果解釈」「ビジネス施策立案」ですが、この領域もある程度有用な情報がChatGPTから得られます。

　「結果解釈」に関しては、「このグラフからどのようなことがわかるか」のようなオープンな質問もありですし、グラフからある特徴を見つけた場合、その特徴に特化した質問をプロンプトで出すことも可能です。次のプロンプト(4.6.1項の例)は後者のパターンの事例になっています。

プロンプト 1-4-7

先ほど描画した散布図によると、1900 年くらいに、4000m以上の橋がSTEELを材料に二つ建設されています
この点に関して、散布図を参考に、材料と関連した仮説が立てられますか

レスポンス例 1-4-7

散布図から読み取れるように、1900年頃に4000メートル以上の長さを持つ橋がSTEEL（鋼鉄）を材料にして二つ建設されているという点について、以下のような仮説を立てることができます。

● 仮説1: 鋼鉄の技術革新による長大橋の建設
■ 1900年頃は、鋼鉄の製造技術や構造設計技術が大きく進展した時期であると考えられます。この技術革新により、従来の材料（木材や鉄）では不可能だった長大なスパンを持つ橋を鋼鉄で建設できるようになった可能性があります。鋼鉄は高い強度と耐久性を持ち、長いスパンを支えるのに適しているため、4000メートルを超える橋を建設する際に選ばれたと考えられます。

（以下略）

「ビジネス施策立案」も「この分析結果からどのようなビジネス施策が考えられますか」といったシンプルなプロンプトであっても、なんらかの答えを返してもらえます。この結果は、そのまま業務で使う品質にまでは至っていませんが、分析者としての検討結果を出すときの、**ベースになるたたき台として活用することは可能**と考えられます。

1.5 Pythonをどこまで深く理解すればいいか

「データ分析学習におけるPython学習の比重が下がったのはわかるが、どのレベルまでわかっていればいいのかより具体的に知りたい」という点を疑問に思う読者もいると思います。この問いに対する筆者の見解を以下に示します。

Pythonプログラミングを仮に「日本人が英語の論文を扱う」というタスクに置き換えてみます。今までは自力でプログラミングができないとPythonを使ったデータ分析は一切できませんでした。つまり**「英語の論文を自力で書ける力が必要」**ということです。大変さのイメージが持てるかと思います。

それに対して生成AI後はどうなのかというと、生成AIが作ったプログラムを読んで、何をやっているか理解することだと思います。英語論文に置き換えると**「論文を読んで主張を理解できる」**ことに対応します。上で説明した「生成AI前」の「自分で論文を書く」に比べるとずいぶんハードルが下がります。Pythonをこれから学ぶ読者は、このレベル感を頭においてPythonの学習を進めるとよいでしょう。

このテーマと関連して、本書における Python 解説の立て付けについて説明します。

本書の Python 解説では、生成した Python コードを 100% 解説することは目的としていません。生成した Python コードの中で特にポイントになる行だけを説明して、**「この Python コードはおおよそこういう処理をしている」という感じをつかんでもらう**ことが目的です。

ただ、読者の中には「生成した Python コードの意味を 100% 理解したい」という方もいると思います。そうした方に向けて、巻末には「講座」という形で、Python 文法と、データ分析に最低限必要な NumPy、pandas、Matplotlib の簡単な解説を記載しました。まずは、この講座でわからない箇所を調べてもらい、それでもわからない場合は ChatGPT に質問してください。そのようなアプローチを取れば、短時間で Python 文法のポイントを理解し、生成したコードの意味がしっかりわかるようになるはずです。ぜひ、チャレンジしてみてください。

2章

データ分析の
処理パターン

本章では、データ分析の典型的な処理パターンを説明し、併せて、具体的にどのような活用シーンがあるのかを 4 章以降の例題を示しながら説明します。

従来、データ分析を新しく始める際に最もハードルが高かったタスクは、読者の皆様が日頃抱えている「業務上の課題」を、「データ分析の具体的プロセス」と対応付けてソリューションシナリオを考えることでした。しかし、3 章の実習で紹介する通り、今や、このタスクにおいても ChatGPT は有効なアドバイスが得られる相談相手となり得ます。

しかし、いくら ChatGPT を相手に相談できるといっても、そこで ChatGPT が提案しているソリューションシナリオで何をしようとしているのかが理解できないと、その案が正しいのか、実現可能性があるのかが判断できません。

ということで、本章の目標は、データ分析の処理パターンにはどのようなものがあり、どういうシーンで利用できるのか、その活用イメージを持てるようになることになります。本章を読み終えた段階で、ここで紹介している処理パターンの特徴と、どのようなユースケースがあるのかについて、自分で振り返ってみてください。これらの内容について、人に説明できるようになれれば、本章の目標は達成できたことになります。

分析手法に関して、体系的に、かつ漏れのない形で説明することは極めて難しいです。今回は、この点に関して、非常によく用いられる典型的な分析パターンについてピックアップした後、「データ分析者の視点」と「業務担当者の視点」の両方から整理してみました[1]。ここで紹介するほとんどのケースは 4 章以降の実習シナリオと紐付く形になっています。

本章の説明を初めて読んだときは、理解が難しい箇所もあるかと思います。その場合も無理にすべてを理解しようとせず、全体感を押さえる目的でいったん先に読み進めてください。そして、4 章以降の実習が一通り終わったときに、各章と本章との関係を改めて確認してみてください。そのような読み方をすることで、一つひとつの例題の内容をより深く理解できます。さらにそうやって得た知識は、自分の業務に即したソリューションシナリオを検討するときに活

---

[1] ただし、データ分析に必要十分な処理パターンを本章で網羅しているかというと、そうではないです。筆者として入れたかったにもかかわらず紙幅の都合で断念した処理パターンとして「決定木分析」があります。この処理パターンについては、本書のサポートサイトで紹介する予定です。

用できるはずです。ぜひ、お試しください。

　個別の説明に入る前に、本章で説明する内容の全体像を図2-1として示します。

図2-1　分析手法・業務シナリオに基づく分類

2.1 分析手法からの分類

　本節で紹介する分類方法のうち、次節（2.2節）で紹介する「業務シナリオ」は、読者の皆様の実業務に近い観点で書いているので、図2-1（の右端の列）を見ただけで何を示しているのか、おおよそのイメージを持てるはずです。

　逆に本節で説明していく「分析手法」はデータ分析・データサイエンスと呼ばれる技術領域の技術用語そのものであり、図2-1の言葉だけ見ても意味内容が想像できないことがあるはずです。本節の個別の説明を読んでも、まだよくわからないところがあるかもしれません。しかし、今の段階では、なんとなくのイメージだけ持てれば、先に進めてもらって問題ないです。次章以降の本書全体を使って、これらの手法をじっくり解説していきます。

　4章以降の五つの例題を分析手法で分類する場合、一番大きなくくりとして「機械学習を使うかどうか」という観点があります。図2-1の一番左の列が、その観点でのグループ分けの結果です。ここまでの説明をすると、一部の読者は「機械学習を使わないデータ分析・データサイエンスのケースはあるのか」とい

う疑問を持つかもしれません。その疑問点に関して、筆者の考えを示すと、「そのようなケースは実プロジェクトでは非常に多い」ということです。ビジネスで本当に役に立つ施策を出すための分析手法は、むしろ単純なものの方が多く、その典型例が「機械学習なし」パターンであると考えています。なので、本書の中では分析手法の1パターンとして示し、具体例としての実習も4章で説明することにしています。

「機械学習あり」の分析手法は学習方法により、大きく「教師なし学習」と「教師あり学習」に分類されます[2]。

「**教師なし学習**」を簡単に説明すると、「正解データがない状態で既存データ全体に対してある種の分析を行い、業務で有益な知見を導出すること」となります。**現状あるデータのみから成果を出す**ところがポイントです。

教師なし学習の中で最もよく利用される「クラスタリング[3]」の処理イメージについて、次の図2-2に示しました。

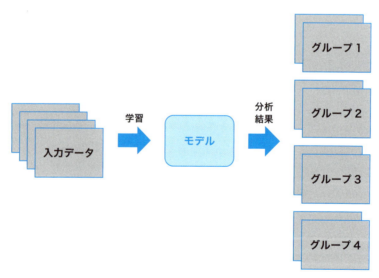

図2-2　クラスタリングの処理イメージ

---

[2] 細かくいうと「強化学習」という学習方法もありますが、実プロジェクトで利用されている事例はまだ少ないので、本書の対象からは外しています。
[3]「クラスタ分析」とも呼ばれますが、本書では「クラスタリング」と呼びます。

「教師あり学習」では、それとは逆に**未来に対する「予測」**というタスクに重きが置かれます。この学習方式の場合、**「学習フェーズ」**と**「予測フェーズ」**の二つのフェーズが存在します。「学習フェーズ」では、既存のデータのうち、予測したい特定の項目を「**目的変数**（正解データ）」として定義し、学習により、その他の項目（目的変数に対して**説明変数**[4]（入力データ）と呼ばれます）から目的変数を正しく求める「関数」のようなものを作ります。これが「**予測モデルの構築**」です。

　意図した形で予測モデルができた場合、新しく発生した「説明変数」をこの予測モデルに入れると、モデルとしての予測値が導出されます。これを実業務で活用するフェーズが「**予測フェーズ**」になります。今、説明したことの概要を図2-3に示しました。

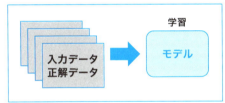

　　　図2-3　教師あり学習における学習フェーズと予測フェーズ

　図2-1に示した分類のうち、一番左の「機械学習の有無」とその右の「学習方法」については、以上で一通り説明しました。より、細かい「分析手法」の列については、次の2.1.1項から始まる各論で、説明していきます。

---

[4] 説明変数は「特徴量」と呼ばれることもあります。

2.1.1	可視化による分析

　機械学習を用いない分析手法としては大きく「可視化」による方法と、「統計分析」による方法があります。このうち、直感的にわかりやすく、かつ、実プロジェクトでもよく用いられる手法が「可視化」による分析です。そこで、本項ではこのテーマに特化して掘り下げて説明します。

グラフの種類

　可視化による分析をする場合、「そもそもどういう可視化手法があり、どういう場面でそれを用いるのか」を押さえることが重要です。本書の実習シナリオで出てくるグラフを題材にその点について説明します。

棒グラフ

　数値の比較に用いる、読者にも最もなじみの深いグラフです。データ分析でよく使われるパターンとしては、カテゴリ型変数（「男性」「女性」など特定の値のみを取る項目）の項目値ごとの**頻度を比べる**ケース（例えば男性と女性の人数を比べる）と、**比率を比べる**ケース（例えば男女間の生存率を比べる）が多いです。次の図は、序章の実習にあった、タイタニック号乗客の男性と女性の生存率を比較するケースです。

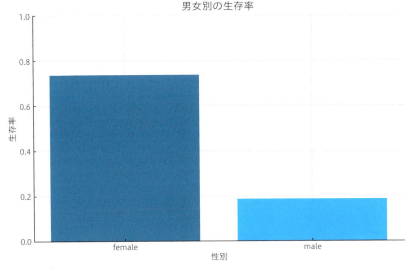

図 2-4　棒グラフのサンプル

単純に二つの比率を比較しているだけですが、棒の高さで値の大きさを示すことにより、数字だけで示されるのと比べて、大きさの違いのイメージが持ちやすくなっています。

積み上げ棒グラフ

棒グラフのバリエーションとして積み上げ棒グラフがあります。図 2-5 は、5 章の実習で利用する積み上げ棒グラフです。「クラスタ」と呼ばれるグループごとの顧客の購買特性の比較に用いています。

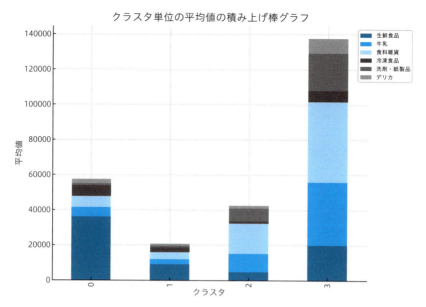

図2-5 積み上げ棒グラフサンプル

グラフの縦軸はグループごとの平均購買額です。合計金額が棒全体の高さで示されている上に、各グループでのカテゴリごとの内訳が色分けして示されており、積み上げ棒グラフが活用できる典型的な例となっています。

折れ線グラフ

棒グラフと並んでなじみの深いグラフだと思います。棒グラフが比較の目的でよく用いられるのに対して折れ線グラフは、横軸に時間をとって、**注目している項目の時間的推移を見る**のによく用いられます。図2-6に7章の実習で描画する折れ線グラフを示します。

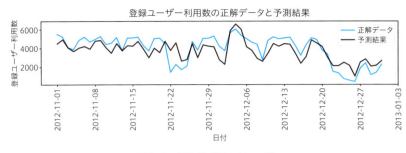

図 2-6　折れ線グラフサンプル

　縦軸は自転車の貸出数（実データとモデルの予測結果）です。特にグラフの後半部分に関しては週単位の周期性を持った変化がある（週単位の日付ラベルの中間に谷間がある）ことが読み取れます。

ヒストグラム

　例えば「年齢」のような数値項目を可視化したいとします。この場合、よく使われる手法が、「10 歳代」「20 歳代」のように、個別の数値がどこか一つに属するようなグループを定義し、グループごとの件数を棒グラフとして可視化する手法です。このようにして作られたグラフのことをヒストグラムと呼びます。図 2-7 は 7 章の実習で描画するヒストグラムの一部です。

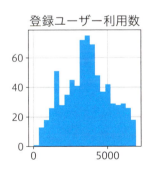

図 2-7　ヒストグラムサンプル

　横軸は、1 日の自転車の貸出数、縦軸は、その貸出数が何回あったかの回数を示しています。一つ上の折れ線グラフと同じデータを、時間軸の要素を取り

除いて可視化した結果となります。グラフからは、例えば4000件程度の貸し出しが最も多かったことが読み取れます。

散布図

　二つの数値項目の関係性を調べるのに用いるのが散布図です。図2-8は、4章の実習で描画するものですが、「橋の一覧」という分析対象データから、横軸の項目として建設年、縦軸の項目として橋の長さをとり、この二つの数値の関係を調べています。

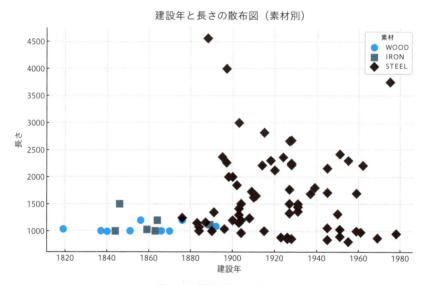

図2-8　散布図サンプル

　このグラフによって、1900年くらいに4000m以上の非常に長い橋が二つ建設されていることがわかります。散布図は、**二つの項目の全体的な関係を把握**できますが、このような**例外値を見つけるのにも活用可能**です。

箱ひげ図

　数値項目のデータ分布特性を調べるのによく用いられるのが箱ひげ図です。数値項目の値を小さい順に並べ替えて、最も小さい値、最も大きい値、ちょう

ど半分の順位の値、先頭から1/4の順位の値、先頭から3/4の順位の値という、五つの値を調べます。そして、先頭から1/4と3/4の範囲を矩形で示し、半分の順位の値（中央値）を横線で示します。また、最小値と最大値をひげのような線で示します。このような可視化を行うと、全体の半分のデータがどこからどこの範囲にあるかがわかり、データ分布を押さえやすくなるのです。

図2-9に4章の実習で描画することになる箱ひげ図（材料別に橋の建設年の分布を調べたもの）と示します。

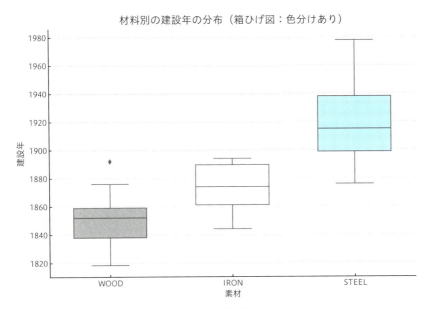

図2-9　箱ひげ図サンプル

横軸は橋の建設材料（木、鉄、鋼鉄）、縦軸は橋の建設年です。全体的なトレンドとして、木→鉄→鋼鉄と、主要な橋の材料が時代とともに変化してきたことが読み取れます。

ヒートマップ

高度な可視化手法としてヒートマップがあります。注目している特定の値が、二つの項目で2次元のグループに分けたときにどういう値になっているかを、色の濃淡で示します。言葉で説明するのは難しいので、実例で確認しましょう。

図2-10は5章の分析で出てくるヒートマップになります。

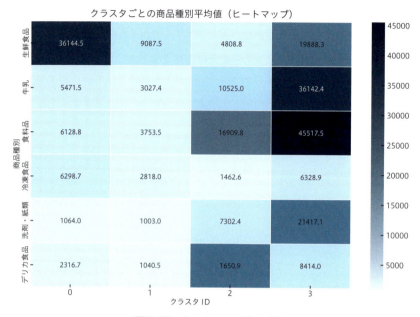

図2-10　ヒートマップサンプル

　これは、横軸を商品種別、縦軸をクラスタ（分析結果として得られたグループ）としてクラスタごとの購買特性をヒートマップ表示したものです。特によく購入されている商品とグループの組み合わせは濃い色で示されています。

　前に示した積み上げ棒グラフと同じ情報を使っているのですが、特定の商品の購買特性をクラスタごとに比較したい場合は、この方式の方が読み取りやすいことがわかると思います。

「軸」の考え方

　可視化分析において重要な「軸」の考え方について紹介します。あるデータ項目を分析するにあたって、「**その項目と異なる項目でグループ分けをして、グループ間でその項目がどう違っているか比較をする**」というのがデータ分析の王道です。そして、このとき、グループ分けの基準として用いる項目のことを「**軸**」と呼びます。

4章で取り上げるテーマを題材に具体例で説明します。ある都市の橋の各種属性情報を基に分析するときに、「**材料（木、鉄、鋼鉄）により建設年が異なるのではないか**」という仮説を立てることが可能です。この場合、**分析対象項目は「建設年」、軸となる項目は「材料」**ということになります。この仮説に基づいて可視化した結果が、前述の**箱ひげ図**であり、仮説が正しいことが示されています。

さらに高度な分析手法として「**2軸で分析する**」という方法があります。前述の散布図は、橋の建設年を対象に、橋の材料と橋の長さを区別できる形で可視化しています。この考え方を発展させると、**ヒートマップ**という可視化手法になります。

いずれにしても、「**業務知識に基づいた勝算のある仮説**」を出発点に、「**適切な軸**」と「**目的に応じた可視化手法**」を選択することが、データ分析において最重要なポイントであることを理解してください。

仮説検証型と発見型

機械学習モデルを用いない、可視化によるデータ分析においても、より細かくその目的まで掘り下げて考えると「仮説検証型」と「発見型」に分けることが可能です。

仮説検証型とは、事前に分析対象テーマに対して、ある「合理的な仮説」があり、その仮説の正しさをデータ分析で調べるアプローチです。具体例として4章で取り上げる分析テーマを紹介します。4章では、ある都市の橋に関する統計データを分析対象とします。橋の材料として木と鉄と鋼鉄がある場合、「技術の進歩の関係で建設年が古い橋は木で作られていることが多いのではないか」というのは、一般論として成り立つ合理的な仮説です。4章の実習では、可視化によりこの仮説が正しいことを確認することになります。

発見型は、より高度な分析手法です。ここでは、事前にはっきりした仮説はないです[5]。この状態で可視化をすると、その結果の特徴的な点を見つけられる場合があります。このような手法で知見を得る方法を「仮説検証型」と対比し

---

[5] とはいえ、仮説がない場合も「勝算のある分析観点」は業務知識から出てくる場合が大部分です。どんなデータ分析の画面においても、業務知識はあればあるだけよいと考えてください。

て「発見型」と呼びます。

「発見型」の手法により見いだされた知見から新たに仮説を立てられることがあります。**「可視化」→「発見」→「仮説立案」→「データによる検証」のサイクルを回すことにより、有益な知見が得られることが多い**のです。

「発見」の具体的な例は、図2-8で示した散布図からも得られます。改めて図2-11として示します。

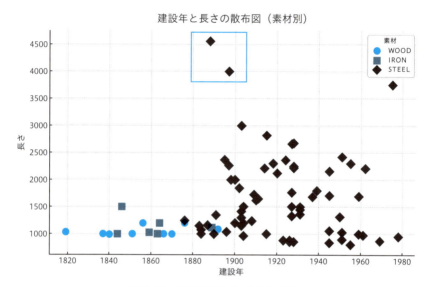

図2-11 可視化による「発見」の例

このグラフは、ある都市の橋のデータから、建設年を横軸、橋の長さを縦軸に散布図で可視化したものです。中央上部の青枠で囲んだ箇所がグラフで目立つ特徴的な箇所です。グラフでこの気付きが得られると、「なぜこのようなデータがあるのか」という仮説を考えるきっかけになります。この仮説をデータで確認できれば、上で説明したような分析サイクルを回すことが可能です。

本項では、「可視化」の考え方について、かなり踏み込んだ解説をしました。本項で紹介したグラフのうち、積み上げ棒グラフとヒートマップは5章でクラスタリングのデータ分析をした後の分析過程でできるグラフです。また折れ線グラフは7章で回帰モデル構築・予測を行った後の分析結果です。このように

機械学習モデルによるモデル構築を行う場合も、**モデル構築後の分析で可視化手法を用いる**ことは極めて多いです。読者も、本項で説明した中身を十分理解し、自分の分析事例でいろいろな可視化パターンを使いこなせるようになってください。

2.1.2 教師なし学習モデルによる分析

本項では、機械学習モデルのうち、教師なし学習と呼ばれる学習方式の代表的な分析手法を紹介します。具体的にはクラスタリング、次元圧縮、アソシエーション分析の三つの手法です。

クラスタリング

クラスタリングは、分析対象データを複数のグループに分ける分析手法です。顧客情報を対象によく使われます。具体的な処理イメージは図 2-2 で一度示していますが、改めて下に示しました。

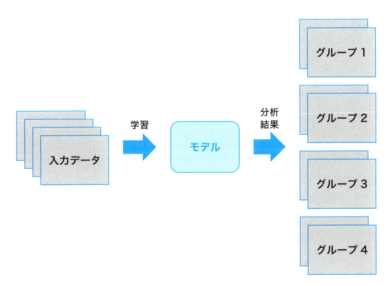

図 2-2　クラスタリングの処理イメージ（再掲）

数学的なイメージでいうと、近い点同士でグループを作る処理になります。2次元の点であれば、人間が目視でできる処理ですが、データが100次元、10000次元でも同じ形で対応できる点が、数学の凄いところです。一番よく用いられるのがK-meansというアルゴリズムです。K-meansは、数百万件レベルの大量データにも対応できるのが特徴ですが、最初に分割数をいくつにするのかを決める必要があります。その、最適な分割数を見つけるのが、データ分析者の腕の見せどころとなります。

本書では、5章の「顧客層分析」で扱う分析手法になります。

次元圧縮

もう一つ、よく用いられる教師なし学習モデルの分析手法として次元圧縮を取り上げます。

次元圧縮とは、数学的な処理なので、その意味を数式なしに厳密に説明することは難しいです。ここでは簡単なイメージを持つことを目標とします。

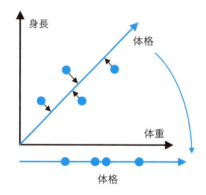

図 2-12　次元圧縮の処理イメージ

図2-12を見てください。この図は、何人かの人の「体重」をx軸に、「身長」をy軸に散布図としてプロットしたものです。情報量としては2次元なのですが、点をよく見ると、大体直線で近似できることがわかります。下の直線は、それぞれの点から直線に垂線を下ろして、その交点を水平に並べたものです。この直線で、元々2次元だった情報の大部分が1次元で表現できています。この1

次元の情報に名前をつけると「体格」のような呼び方になるでしょう。次元圧縮の大雑把なイメージは、今説明した通りです。

機械学習モデルの入力データは、通常数十、場合によっては数百や数千もの項目になる場合があります。このように次元数が多くなると、個々のデータがどのようなものなのかを判断しづらくなります。こうしたデータの主要な部分を2次元や3次元に減らせれば、散布図を作成できるので、個々のデータ間の関係性を視覚的に理解しやすくなります。

次元圧縮は、クラスタリングとセットで利用されることの多い分析手法です。本書でも、5章の「顧客層分析」の中で、クラスタリングの後で用います。

アソシエーション分析

顧客の商品購買行動の分析という形に目的を特化した分析がアソシエーション分析です。その分析結果例を、図2-13に示します。

図2-13　アソシエーション分析の結果サンプル

「商品23254を購入する顧客は同時に商品23256を購入することが多い」というのが、この分析手法を用いて得られる結果です。

アソシエーション分析で用いられる「計算」は四則演算だけです。クラスタリングのときと同様に、商品点数が10点程度と少ない場合は、人間の手計算で簡単に結果が求まってしまいます。しかし、例えば大規模なEコマース企業であれば、商品点数が何百万件になることもありえます。そのようなケースでアソシエーション分析は力を発揮することになります。

本書では、6章の「推奨商品提案」で取り上げます。

2.1.3 教師あり学習モデルによる分析

本節（2.1節）の冒頭で説明したように教師あり学習とは、「**学習フェーズ**」と「**予測フェーズ**」がある学習方法です。予測フェーズでは、入力データ（**説明変数**）の関数として学習済みモデルが動きます。このような機械学習モデルは**教師あり学習モデル**と呼ばれますが、その関数の出力（**目的変数**）がどういう種類のものかによって、回帰モデルと分類モデルに大別できます。

回帰モデル

教師あり学習モデルのうち、予測結果が数値であるモデルを**回帰モデル**と呼びます。図2-14に回帰モデルの動作イメージを示しました。

図2-14　回帰モデルの動作イメージ

本書では、7章の「商品販売量予測」で用いる分析手法です。この実習では、実際の出力情報（目的変数）は1日単位の自転車貸出数です[6]。

数値を予測することにビジネス上の価値があるなら、回帰モデルの適用を検討できる可能性があることになります。

---

[6] 厳密にいうと自転車貸出数は商品販売量ではないかもしれません。ここではより広義に「ビジネス成果に紐付く数量の予測」と考えてください。

分類モデル

教師あり学習モデルの出力が、数値でなく、分類結果（例えば営業が成功するか、失敗するか）なら、そのモデルを**分類モデル**と呼びます。図2-15に分類モデルの動作イメージを示します。

図2-15　分類モデルの動作イメージ

本書では8章の「営業成約予測」で用いる分析手法です。電話営業をする営業員にとって、営業が成約するかしないかは最大の関心事です。つまり、1（成約できる）か0（成約できない）かを事前に予測することができれば、大きなビジネス上の価値があるのです。

1か0かを予測できることにビジネス上の価値があるケースは、実業務で数多くあります。それらは、すべて分類モデル適用の可能性のある箇所といえます。

この他、教師あり学習モデルには、「時間」という説明変数のみを用いて数値を予測する**時系列分析モデル**もありますが、紙幅の都合で詳細な説明は省きます。

本書で対象としているような、構造化データと呼ばれる表形式のデータを入力とした教師あり学習のほとんどは「回帰モデル」「分類モデル」のどちらかです。データ分析の経験がまだ少ない読者は、「回帰」「分類」の2パターンを理解し、次のステップで時系列分析に学習対象を広げる形でいいかと思います。

2.2　業務利用パターンからの分類

前節では、データ分析の処理パターンという実装に近い観点で分類をしてきました。本節では、逆に業務観点での典型的処理パターンを紹介します。実装

観点からの処理パターンと違い、業務観点での処理パターンを網羅性のある形で示すのは難しいです。しかし、具体的な業務適用例を示すことで、まったく異なる業務領域でも、「このパターンが適用できるのではないか」という仮説を持つヒントにはなると思います。こうした点を意識しつつ、本節を読んでください。なお、本節は、4章以降の実習のハイライトシーンの紹介にあたります。各章の実習でどのような業務効果が得られるのか、確認するためのインデックスとしても活用できます。

2.2.1 保全計画立案（可視化）

4章の実習は、ピッツバーグ・ブリッジ・データセットと呼ばれる公開データセットを用います。主に可視化分析を用いて、ピッツバーグ市の橋それぞれの状況を分析し、橋の保全計画を立案するシナリオです。前節で紹介済みなので、ここでは図2-9の箱ひげ図の分析結果を受けて、どのような保全計画を立案できるか、ChatGPTに相談した結果例を紹介します。

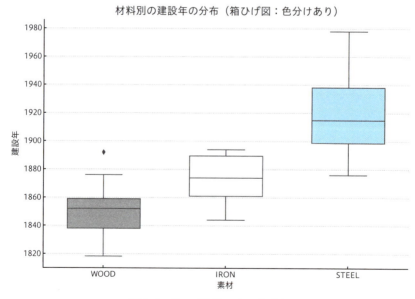

図2-9　箱ひげ図サンプル（再掲）

レスポンス例 4-7-1 の一部

改修計画の優先順位

- **WOOD（木材）を使用した橋**：建設年が古く、材料自体が脆弱であるため、最も優先的に改修が必要です。特に、長期間使用されている橋や重要な交通経路上にある橋は、早急な点検と補強が求められます。
- **IRON（鉄）を使用した橋**：建設年が古く、錆びや構造劣化のリスクがあるため、WOODの次に優先的に改修を検討すべきです。特に防錆処理が行われていない場合は、早急な対応が必要です。
- **STEEL（鋼鉄）を使用した橋**：鋼鉄の橋は比較的新しいですが、他の材料に比べて後回しにしてもよいかもしれません。ただし、重要なインフラである場合や、特定の劣化の兆候が見られる場合は、計画に組み込むことも検討すべきです。

結論

優先的に改修すべきは、**WOOD（木材）**を使用した橋です。その次に**IRON（鉄）**、そして最後に**STEEL（鋼鉄）**の橋を改修計画に組み込むとよいでしょう。この優先順位は、橋の構造的健全性を保つために合理的であり、限られた予算やリソースを最適に配分するために役立ちます。

可視化結果から、保全計画を策定するために参考となるような施策案が得られました。もちろん、この結果を業務でそのままでは使えませんが、担当者が施策を検討するときのたたき台としては、十分有用な情報であると考えられます。

2.2.2 顧客層分析（クラスタリング）

5章では、Wholesale customers dataset というスペインの食品・日用品などの卸売業者の購買履歴データによる公開データセットを分析対象とします。クラスタリングの分析手法を用いて、顧客を複数のグループ（クラスタ）に分割します。分割後の各グループの購買特性が次の図2-5で示されたものでした。

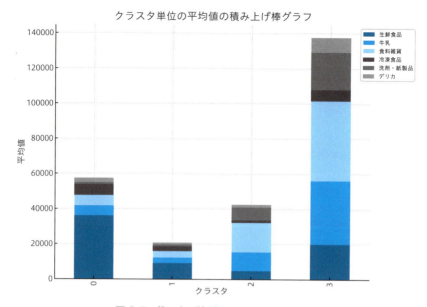

図2-5 積み上げ棒グラフサンプル（再掲）

　この分析結果をビジネスにつなげるための進め方として、各クラスタの特徴をまとめ、その特徴に応じたマーケティング施策を策定します。それぞれのステップにおいて、ChatGPTは、ひな型となる結果を示してくれます。以下では、クラスタ0に対するそれぞれの結果例を示します。

レスポンス例 5-6-1 の一部（各クラスタの特徴）

> 各クラスタの特徴を以下にまとめ、その特徴に基づいてニックネームを提案します。
>
> **クラスタ 0**
> - **生鮮**や**冷凍品**が非常に多い
> - **牛乳**や**食料品**も平均以上
> - **洗剤・紙製品**と**デリカッセン**の使用量は少ない
> - **チャネル**は主にHoreca
> - **地域**は「Other Region」が大半
>
> **ニックネーム**：「大規模食材需要クラスタ」

レスポンス例 5-7-1 の一部（各クラスタに対するマーケティング施策）

> **クラスタ 0:「大規模食材需要クラスタ」**
>
> **特徴:**
> - 生鮮食品や冷凍品の消費量が非常に多い
> - 主に Horeca チャネルを利用
> - 地域は「Other Region」が中心
>
> **マーケティング戦略:**
> - **大量仕入れ割引**：大量の生鮮食品や冷凍品を購入する傾向があるため、大口購入割引や特別価格を提供することでリピート購入を促進。
> - **サプライチェーン最適化**：このクラスタは、安定的な供給と新鮮さが重要であるため、地元生産者との提携や物流の最適化を提案し、迅速な配送を強調。
> - **サステナビリティ**：生鮮食品に対する高い需要に応じて、持続可能な調達やエコフレンドリーなパッケージングをアピール。

残り三つのグループ（クラスタ）の分析結果は省略しますが、このように各グループの特徴を把握し、その特徴に応じたマーケティング施策までChatGPTは提案してくれます。この施策案をブラッシュアップすることで、効果のあるマーケティング施策を検討することが可能です。

2.2.3 推奨商品提案（アソシエーション分析）

アソシエーション分析では、簡単にいうと顧客がセットで購入する特性のある商品を、数学的手法で調べます。このような商品のセットが明らかになり、かつその分析結果を含む商品を購入した顧客に対して、セットの相手側の商品を推奨したり、あるいは、二つの商品をセットで購入した場合に割り引きするキャンペーンを打ったりなど、マーケティング上、有効な施策が検討可能です。

6章では、Online Retail Dataset という、E コマース企業の購買履歴データの公開データセットを分析対象として、アソシエーション分析を行います。最終的な分析結果は次の図 2-16 のような関係グラフにまとめられます。

図 2-16　アソシエーション分析結果としての関係グラフ

　以下では、ここで導出した商品間の関係性から、考え得るマーケティング施策を ChatGPT に相談した結果例を示します。この結果例も、前項の結果と同様に、ブラッシュアップすることで、実業務で活用可能な施策とすることが可能です。

レスポンス例 6-8-1 の一部

> このデータに基づいて抽出された商品間の関係を活用したマーケティング施策として、以下の提案を考えました。
> 1. クロスセリングの促進
>   - 施策内容：データに基づき、頻繁に一緒に購入される商品をセットにして販売します。たとえば、アラームクロックシリーズやキッズカトラリーセットなど、関連性の高い商品を一緒に購入するインセンティブを提供します。
>   - 具体例：
>   - 「ALARM CLOCK BAKELIKE GREEN」を購入する顧客には、「ALARM CLOCK BAKELIKE RED」を割引価格で提供する。
>   - 「KIDS CUTLERY DOLLY GIRL」を購入する顧客に、「KIDS CUTLERY SPACE BOY」も合わせて購入することでセット割引を提供する。
> 2. 関連商品のおすすめ
>   - 施策内容：商品ページやカートページにおいて、他の顧客が一緒に購入した関連商品を「おすすめ商品」として表示します。これにより、顧客が関連商品を追加購入する可能性を高めます。
>   - 具体例：
>   - 「POSTAGE」を購入しようとする顧客には、関連する高頻度で一緒に購入される商品をレコメンドします。

2.2.4 商品販売数予測（回帰モデル）

　7章では、教師あり学習モデルのうち、値を予測するモデルである回帰モデルの事例を紹介します。分析対象となるデータはBike Sharing Datasetと呼ばれる、ワシントンD.C.にある「Capital Bikeshare」という自転車シェアリングサービスから取得されたものです。

　天気、曜日、季節、気温などの情報を入力に、その日の自転車貸出数を予測するモデルを構築します。その結果が折れ線グラフの例としてすでに示した図2-6になります。

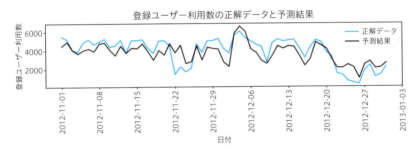

図2-6　折れ線グラフサンプル（再掲）

　このグラフで青線が正解データ（実績としての貸出件数）であるのに対して黒線が、モデルによる予測結果です。結果が実績とぴったり一致しているわけではありませんが、ある程度実貸出数の変化の状況に追従していることがわかります。当日の正確な貸出数を予測できるのであれば、貸出数が多そうな日にあらかじめ倉庫から予備自転車を補充して、販売機会の損失に備えたり、アルバイト店員の数を増やして営業体制を強化したりする施策が可能です。これがそのまま、ビジネス上の効果につながります。

　教師あり学習モデルでは、予測結果そのものにビジネス上の価値があるケースがほとんどですが、予測結果のモデルから、どの入力項目が予測に影響を与えたかを調べる「重要度分析」を行い、その分析結果から仮説を導出することも可能です。以下は、7章で実施した重要度分析に対する解釈をChatGPTに指示したときの結果例となります。

レスポンス例 7-7-1 の一部

重要度分析の結果から、各特徴量がモデルにどの程度影響を与えているかがわかります。これを基に、以下のような仮説を立てることができます。

仮説 1: 気温や体感温度がユーザー利用数に大きな影響を与えている
- 気温や体感温度が高い重要度を示している場合、気候が自転車の利用に大きな影響を与えていると考えられます。例えば、暑すぎたり寒すぎたりする日には、自転車の利用が減少し、快適な温度の日には利用が増加する可能性があります。
- 仮説:「気温が適切な範囲にある日は、自転車の利用者数が増える」

仮説 2: 曜日や勤務日が利用に影響する
- 曜日や勤務日の重要度が高い場合、特定の曜日や仕事の日(平日・休日)によって利用パターンが変化していると推測できます。平日は通勤通学で自転車がよく利用され、週末は利用が減少するか、逆にレジャー目的で増加することが考えられます。
- 仮説:「平日は登録ユーザーの利用が増加し、休日は臨時ユーザーが増える傾向がある」

2.2.5 営業成約予測(分類モデル)

8章では、教師あり学習モデルのうち、最も実業務で利用されることの多い分類モデルを紹介します。分析対象データは、公開データセットである、Bank Marketing Dataset で、ポルトガルのある銀行におけるマーケティングキャンペーンの結果を基にしています。このデータを用いて、顧客属性を基に、営業活動が成功するかどうかを予測するモデルを構築します。

モデルによる予測結果をまとめたのが、次の図 2-17 です。

図2-17 営業成約予測モデルの予測結果

　この表は「混同行列」と呼ばれるもので、モデルの予測結果と正解がどのような関係にあるのかを示しています。

　この混同行列の右側を見て、16 + 17 = 33 なので、「予測モデルは33名の顧客が成約すると予想したが実際に成約できたのはそのうちの17件だった」と読み取ります。一見すると、あまり高い精度ではないようにも思えますが、予測値0の場合の営業成功率（80 / (80 + 792) ≒ 9.2%）を見ることで、顧客全体で成約できる比率はおおよそ10件に1件であることがわかります。AIが「見込みあり」と予測した顧客に絞り込んでアプローチをかければ、成約率はかなり高まるので、ビジネス上の効果があることになります。

　回帰モデルと同様に、分類モデルの場合も「重要度分析」を行い、その結果を解釈することで、営業活動に有益な施策を導出することが可能です。下記は、重要度分析の結果を受けて、考え得る仮説の検討をAIに指示したときの結果例です。このケースも、この分析結果を出発点に、本当に有効な仮説を導出することが可能と考えられます。

レスポンス例 8-7-1 の一部

重要度分析の結果から考えられる仮説を以下にまとめます。これらの仮説は、重要度の高い特徴量がモデルの予測に強く影響していることを前提にしています。

仮説1：「残高」や「住宅ローン」が顧客の申込有無に大きな影響を与えている

- 「**残高**」が高いほど、顧客が金融商品の申し込みを行う余裕がある可能性があります。逆に、残高が低い場合、資金的な余裕がなく新たな金融商品の申し込みを避けるかもしれません。
- 「**住宅ローン**」の有無も影響が大きい場合、住宅ローンを抱える顧客は新たなローンを控える傾向があるか、またはローンのニーズが高いことが考えられます。

仮説2：「職業」や「学歴」が申込の意思決定に関与している

- 「**職業**」や「**学歴**」が高い重要度を持つ場合、特定の職業や学歴レベルの顧客が金融商品のターゲットになる可能性があります。例えば、管理職や高学歴の人は新しい金融商品に興味を持つ傾向があるかもしれません。
- 特に学歴は、金融リテラシーの高さと関連している可能性があり、学歴が高い人ほど金融商品に対する理解が深く、申込に積極的であると考えられます。

このような仮説が、本当に正しいものなのであれば（この確認は深掘りのデータ分析で実施する必要がある）、仮説が該当する顧客に電話する際、営業トークにその仮説の要素を織り込むことで、より成約率を高められる可能性があります。こうした手法も、予測モデルの構築ではよく用いられます。

3章

データ分析プロセス

1.1節でデータ分析プロセスの全体像を説明した図を図3-1に再掲します。本章では各ステップの具体的な内容を一つひとつ説明していきます。また、ChatGPTが活用可能なプロセスについては、どのようなプロンプトでどのような結果が得られるかについても説明を加えます。

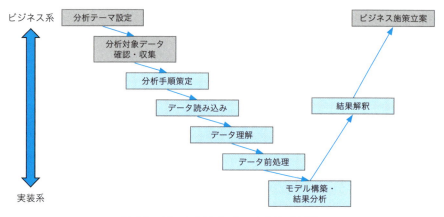

図3-1　データ分析プロセス全体像（再掲）

3.1　分析テーマ設定

　業務でデータ分析をするにあたって分析テーマの設定は最も重要、かつ難しいタスクです。1.1節で説明したように、あるべき論としては業務上の課題から設定するべきですが、それにこだわりすぎると、現実的にデータ分析ができないテーマになってしまうこともありえます。

　そのようなことを起こさないための現実解として、すでに分析対象データが入手できている場合には、データから逆算してテーマを設定するというアプローチがあります。複数のテーマ候補をリストアップできれば、その中で最もビジネス上有効と考えられるテーマを選定することで、「データ分析の実現可能性」と「ビジネス上の有効性」のバランスを取った現実的なテーマ設定ができる可能性があります。

　このような条件を満たす場合であれば、**分析テーマ候補の抽出にChatGPTが活用**できます。このことを実際に手を動かして確認してみましょう。

この後の実習では次の三つのファイルを利用します。

表 3-1　本章で利用するファイル

No	ファイル名	利用目的
1	prompt-31.txt	プロンプト集
2	bank-j.csv	分析対象データ
3	bank-names.txt	各項目の説明

prompt-31.txt は、3.1 ～ 3.3 節の実習で使うプロンプトテキストが入ったファイルです。テキストエディタで読み込んで、コピペしてそのままプロンプトとして使います。

bank-j.csv と bank-names.txt は、8 章で取り上げる公開データセットである Bank Marketing Dataset と、そのデータの項目説明情報です。

これらのファイルを次の本書サポートサイトからダウンロードしてください。

サポートサイトリンク：

https://github.com/makaishi2/profitable_data_analysis/tree/main/ai_materials/CH03.1

短縮 URL：https://bit.ly/49acNba

QR コード

表 3-1 の 2 と 3 のファイルを添付して、次のプロンプトを ChatGPT に与えます。

プロンプト 3-1-1

> 添付は銀行営業をテーマとした公開データセットと、そのデータの項目説明資料です
> このデータを使って実現できそうなデータ分析を提案してください
> 説明は日本語でお願いします

これに対する ChatGPT の答えは次のようなものでした。

レスポンス例 3-1-1

提案できるデータ分析の例

1. **分類モデルの構築**：
   - ロジスティック回帰、決定木、ランダムフォレスト、SVM、ニューラルネットワークなどを使用して、顧客が定期預金に申し込むかどうかを予測するモデルを構築します。
   - モデルの評価には、精度、再現率、F1スコア、ROC曲線などの評価指標を使用します。

2. **特徴量の重要度分析**：
   - モデルを用いて、どの特徴量が定期預金の申し込みに対して最も影響力があるかを特定します。これにより、マーケティングキャンペーンのターゲットを絞り込む際に有用な洞察が得られます。

3. **クラスタリング分析**：
   - K-meansクラスタリングや階層的クラスタリングを用いて、顧客を異なるセグメントに分類します。各クラスタの特性を分析し、それに基づいたマーケティング戦略を立案します。

4. **時系列分析**：
   - 月ごとの連絡回数や成功率を分析し、季節性やトレンドを特定します。これにより、キャンペーンの最適な実施時期を見つけることができます。

5. **アソシエーションルールマイニング**：
   - アソシエーションルールを用いて、特定の条件下での定期預金申し込みのパターンを発見します。例えば、特定の職種や教育レベルの顧客がどのような条件で申し込みやすいかを分析します。

6. **データの可視化**：
   - 特徴量ごとにデータを可視化し、分布や相関関係を把握します。ヒートマップ、散布図、箱ひげ図などを使用して、データの傾向や異常値を発見します。

後半の候補はともかく、前半の三つに関してはいずれも実現性のあるデータ分析テーマだといえそうです。ChatGPTはこのような最上位のテーマ設定についても、一定の条件を満たしていれば有効なアドバイスを出してくれると考えられます。

3.2 分析対象データ確認・収集

実際の分析業務では、前節で説明したように事前に分析対象データがそろっていることは非常にまれで、通常は「分析テーマ決定」→「分析対象データ確認」という流れになります。

ここは非常に泥臭いタスクです。欲しいデータがどの業務システムのどのテーブルのどの項目にあたるのか、一歩一歩調べていく必要があります。また、分析対象データが最初からきれいな一つのテーブルになっていることも通常はなく、複数のシステム・テーブルにまたがる情報を業務キーで結合して表形式のデータを作り上げていく形になります。

具体的な例として7章で例題として取り上げるBank Marketing Datasetのケースを考えてみます。

表3-2 Bank Marketing Dataset の項目の一部

No.	項目
1	年齢
2	職業
3	婚姻
4	学歴
5	過去接触回数

分析用の公開データセットとしては、このように**すべての項目が顧客の属性として定義**されていますが、ITシステム上のデータの持ち方まで考えると、業務データが最初からこのようにきれいになっていることはほぼないです。元の業務データは、例えば、図3-2のように「顧客マスター」と「通話記録」の二つのテーブルに入っていたと考えられます。

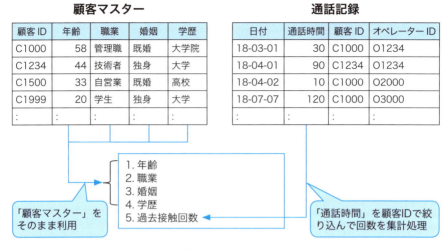

図 3-2　顧客マスターと通話記録の関係

　図 3-2 の右側に示した通り、分析対象のデータ項目のうち、「過去接触回数」に関しては、通話記録全体を顧客 ID 単位に集計して初めて項目値が得られることになります。これはほんの一例であり、分析対象の項目がもっと多岐にわたる場合、調査対象の業務システムも、テーブルもより多くなることが想定されます。

　一つ、はっきりしているのは、データの所在確認・収集・整形のような泥臭いタスクは、生成 AI では決してできないということです。**本節で説明したタスクは、生成 AI の時代になっても、最後まで人間が実施する必要がある**といえます。

3.3　分析手順策定

　図 3-1 を改めて見てください。この図で水色のタスクは実装工程を示していますが、その最上位のタスクが分析手順の策定です。本書の実習シナリオの中では、分析手順の策定は天下り的に与えています。実業務でデータ分析をする場合、経験・スキルを持った上位者の指示があることが必要でした。

　しかし、現在はこのタスクも、ある程度 ChatGPT からアドバイスをもらうことが可能です。以下のプロンプト例は、**3.1 節のプロンプトの結果を受けて**

予測モデル構築の分析手順を示すよう ChatGPT に指示をしたものです[1]。

プロンプト例 3-3-1

> 予測モデルを構築したい場合の概要手順を示してください

これに対して次のような結果が返ってきました。

レスポンス例 3-3-1

1. データの読み込みと前処理
- 必要なライブラリをインストールし、データを読み込みます。
- 欠損値や異常値がないかを確認し、前処理を行います。

2. データの探索と可視化
- 各特徴量の基本的な統計情報を確認します。
- データの分布や相関関係を可視化します。

3. データの分割
- データを訓練データとテストデータに分割します。

4. 特徴量のエンコーディング
- カテゴリ変数を数値に変換します。

5. モデルの選定と訓練
- 複数の分類モデルを選定し、訓練します。

6. モデルの評価
- モデルの性能を評価し、最適なモデルを選びます。

7. モデルの改善
- ハイパーパラメータのチューニングや特徴量の選択を行い、モデルの精度を向上させます。

---

[1] ここだけ「プロンプト例」としているのは、この質問が、レスポンス例 3-1-1 を受けて変化する可能性があるからです。ChatGPT によるレスポンス例 3-1-1 は都度変化しますが、候補の上位に「予測モデル」を意味する選択肢があるはずで、それが次のステップの深掘り質問の対象です。状況によっては「分析モデル」や「分類モデル」という用語になる場合もあります。できる限り ChatGPT のレスポンスに表現を合わせて次のプロンプトを与えてください。

第1部 基礎編

8. モデルの適用と予測
● テストデータを使って最終的な予測を行います。

　細かいところで何点か指摘事項はありますが、大筋は間違っておらず、この手順を出発点に有識者の意見ももらいながら分析することは可能でしょう。

3.4 最初のデータ分析概要

　次の3.5節「データ読み込み」から3.9節「結果分析」までは、ChatGPTを活用したデータ分析の核心部分です。できるだけ実装イメージを持ってもらうため、分析するデータを前節までとは違うものに変更します。さらに実データと実コードを含めた形で解説します。

　ちなみに、前節までで取り上げたBank Marketing Datasetについては、レスポンス例3-1-1で挙げられた分析テーマのうち、「1. 分類モデルの構築」というテーマに絞り込んだ上で、8章の実習として詳細に取り上げます[2]。

　分析テーマとしては教師あり学習モデルのうち、「2値分類モデル」と呼ばれるモデルを構築します。分析対象データとしては、Webサイト[3]で公開されているBreast Cancer Wisconsin Datasetを用います。このデータセットは次のようなものです。

　乳がんの症例から採取された細胞核の特徴を基に構築されている。
　具体的なデータ収集のプロセスは以下の通り：

　細胞サンプルの収集：

---

[2] 前節までのBank Marketing Datasetは業務とのつながりを理解しやすいデータですが、機械学習モデルを構築するのに多くの手間がかかります。一方、本節以降で用いるBreast Cancer Wisconsin Datasetは、業務利用のイメージは持ちにくいですが、機械学習モデル構築するための加工（前処理と呼びます）がほとんど不要です。そこで、章の途中で分析対象データを切り替えることにしました。
[3] https://archive.ics.uci.edu/dataset/17/breast+cancer+wisconsin+diagnostic

乳腺から細針吸引法（Fine Needle Aspiration, FNA）によって細胞サンプルを採取

顕微鏡による観察：
採取した細胞をスライドに載せ、顕微鏡で観察

計測：
表3-3のような特徴が計測された

表3-3　Breast Cancer Wisconsin Dataset の項目名

項目名	英文名称	意味
半径	radius	中心から周囲の点までの距離の平均
きめ	texture	濃淡を示す階調値の標準偏差
周長	perimeter	周囲の長さ
面積	area	面積
平滑度	smoothness	中心から周囲の点までの距離の変動幅
コンパクト度	compactness	形状の円への近さ　(周長)^2/(面積)
凹面	concavity	輪郭の凹面のきつさ
凹点	concave points	輪郭の凹部分の数
対称性	symmetry	形状の対称性
フラクタル度	fractal dimension	形状の複雑さ

各特徴量（計測結果の基礎データ）は、複数サンプルで計測後、統計処理してそれぞれの「平均」「標準偏差」「最大」を説明変数とした（10×3で合計30個の説明変数）
目的変数は、それぞれの分析対象の腫瘍が悪性（y=0）であるか、良性（y=1）であるか[4]

　より具体的な分析テーマは、上に示した説明変数を用いて腫瘍が「悪性」か「良性」かを区別する二値分類モデルを構築することです。このテーマを実現するための分析手順が次の表3-4になります。

----

[4]「説明変数」と「目的変数」については2.1節で説明しましたが、本節でもこのあと詳しく説明します。

表 3-4　3.5 節以降における分析手順

項	タスク名	処理内容	プロンプト
(共通)	(共通)	(共通)	これから依頼する内容に対して、以下のルールでデータ分析を願いします (1) 生成される Python コードのコメントは日本語にする (2)「データの先頭 5 行を表示してください」のような指示に対して以下の対応をする (2-A) 生成する Python コード実装では、最後の行を df.head() の形式にする (2-B) df.head() の結果はをブラウザ画面にも表示する。この段階で、初めて整形表示する
3-5-2	データ読み込み	データ読み込み	(brust_cancer.csv) データを読み込みデータフレーム変数 df に代入しますdf の先頭 5 行を表示してください
3-6-1	統計分析	データ型の確認	df の shape と型を調べてください
3-6-2	統計分析	欠損値の確認	df の欠損値を調べてください
3-7-1	データ前処理	目的変数の分離	項目 y を抽出し目的変数に代入します。Python の目的変数名も y としてください 次に df から項目 y を落としてください
3-7-2	データ前処理	説明変数の分離	df から「半径 _ 平均」と「きめ _ 平均」を抽出し、説明変数 X に代入します X の先頭 5 行を表示してください
3-7-3	データ前処理	訓練データとテストデータの分離	X と y を分割比 7:3、乱数シード =123 で訓練データとテストデータに分割します X の分割先は X_train と X_test に、y の分割先は y_train と y_test にしてください
3-8-1	モデル構築	ロジスティック回帰モデルの学習	訓練データ X_train, y_train を用いてロジスティック回帰モデルにより学習します
3-9-1	結果分析	予測結果の導出	構築したモデルを用いて、テストデータ X_test に対して予測し、結果を y_pred に代入します
3-9-2	結果分析	精度評価	y_test と y_pred を比較することで構築したモデルの精度を計算します
3-9-3	結果分析	予測結果の可視化 1	(japanize_matplotlib-1.1.3-py3-none-any.whl) X_test の散布図を、y=1 (良性) では黒の四角、y=0 (悪性) はライトブルーの × で、seaborn で表示してくださいマーカーは大きめにお願いします 文字化けしないよう、添付のライブラリを !pip コマンドで導入してからグラフ表示してください
3-9-4	結果分析	予測結果の可視化 2	この散布図に、先ほど構築したモデルの決定境界を重ね描きします 決定境界は青の直線で境界線のみ表示してください y 座標の範囲は決定境界の最大値最小値でなく、X_test のデータ範囲に合わせるようにしてください
3-9-5	結果分析	チューニング	X の代わりに、df 全体を説明変数とします 訓練データとテストデータの分割方法は先ほどと同じ方法とします こうして構築したモデルの精度を先ほどのモデルの精度と比較してください

まずは、表3-4の1行1行をじっくり読んでください。

データ分析経験のまったくない読者であっても、一番抽象度の高い「**タスク名**」については、実施する内容の想像がつくと思います。

より具体化した「**処理内容**」はいかがでしょうか。ここでは、「目的変数」「訓練データ」などの専門用語が含まれており、その部分の理解が難しいかと思います。本節の後半でこうした用語を説明するので、そこを読めば理解可能なはずです。

一番右の「**プロンプト**」では、プログラムの実装と直接関わる細かい指示の箇所はわからない点があると思います。しかし、本章の実習を一通り動かせば、それぞれの意味も理解できるはずです。本当にそうなのか、本章を読み終えた段階でもう一度この表を見て、確認してください。

従来のデータサイエンスの学習で一番ハードルが高かったのは、この**プロンプト（＝やりたいこと）と対応づいた Python コードを自分で考える必要がある点**でした。

しかし、今や、ここに示しているような**ある程度細かい粒度のプロンプト（指示）さえ出せば、コード生成は ChatGPT にほぼお任せで、やりたいことが実現できるようになった**のです。筆者はこの部分が、生成 AI の出現によって、データ分析の学習法が最も変わった点だと考えています。

それぞれのタスクの概要について簡単に説明します。

データ読み込み

分析対象の表形式データを Python に読み込みます。代表的なデータ形式として Excel 形式と CSV[5] 形式があります。

Python で読み込まれたデータはデータフレーム（DataFrame）と呼ばれる形式のデータとして取り扱われます。

---

[5] "Comma-Separated Values"の略で、日本語では「カンマ区切り値」となります。データの各項目がカンマによって区切られているファイル形式です。

データ理解

　データ理解には大きく2種類のタスクがあります。一つめのタスクは、**読み込んだデータそのものを対象に調べてわかることの調査**です。**平均**や**標準偏差**など統計的手法で調べる方法もありますし、**データ型や欠損値の確認**などを行う場合もあります。本章の例題では、データ型と、欠損値（データの一部が欠けていること）を確認することとします。

　もう一つ、まったく別のタスクが存在します。その代表的な内容として「**特定のデータ項目や項目値の意味を理解する**」ことがあります。実業務で、業務データを分析対象として利用する場合、**テーブル定義書や ER 図** [6] を入手してその内容を理解することにほぼ等しいです。テーブル定義書は、ほとんどの業務アプリケーションで存在するはずです。もちろん、この情報の入手はデータ分析に際して必須なのですが、ありがちな事例として、テーブル定義書に個別コード値の意味が書かれていないことがあります。この状態ではデータ分析はできません。業務アプリの担当者にヒアリングして、コード値の意味を知る必要がある場合もあり、ケースバイケースで柔軟に対応する必要があります。

　後者の具体例として4章では公開データセットのページにあった説明文を活用して項目値の意味を理解したケースを、5章は公開データセットの説明ページにあった件数情報から逆算してコード値の意味を推定したケースを、また6章では商品番号と商品名の対応表を元データから名寄せ [7] 的な手法を用いて作ったケースを実習に含めています。これらはほんの一例にすぎませんが、データ意味理解のタスクの一部として経験してください。

データ前処理

　データ分析の手法によっては、分析対象のデータが特定の条件を満たしている必要があります。例えば、データに欠損値があってはいけないとか、対象データがすべて数値形式でないといけないとかです。**このような条件を満たすために行う加工を**データ前処理**と呼びます。**

---

[6] Entity Relationship Diagram の略で、正規化されたテーブル間で主キーの関係を図で示した資料です。
[7] 例えば、顧客名簿で「渡辺二郎」と「渡邊二郎」の異なる表記の人が実は同一人物であるときに、どちらかの表記に統一して正しい管理形態にすることです。

分析手法が**教師あり学習モデルの構築**である場合、これ以外に**目的変数と説明変数の分離**、**訓練データとテストデータの分離**というタスクがあります。この二つについて簡単に説明します。

目的変数と説明変数の分離

　教師あり学習の結果できたモデルとは、簡単にいうと、**複数の項目を入力とする関数**のことです。表形式の学習データのうち、関数の出力に該当する列が一つあり、この列（項目）のことを**目的変数**と呼びます。表形式の学習データのうち、目的変数を除いた他の列は関数の入力です。これらの入力列（項目）を**説明変数**と呼びます。教師あり学習モデルにおける目的変数と説明変数の関係を図3-3に示しました。

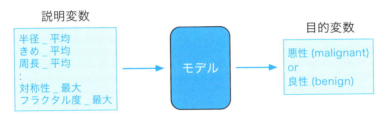

図3-3　目的変数と説明変数

訓練データとテストデータの分離

　教師あり学習モデルの構築では、手法（アルゴリズム）によっては学習データに対して、いくらでも正しく予測できるようにできます。例えばディープラーニングの手法が該当します。

　しかし、こうして構築したモデルには必ずしも汎用性があるわけでなく、学習に利用していないデータの予測は正しくできないケースが多いです。算数の問題の答えを丸暗記した子供が、ちょっとでも数値を変えられるとまったく正解できなくなるのと同じ現象で、専門用語で「**過学習**」と呼びます。

　過学習を防ぐために最もよく使われる手法が訓練データとテストデータの分離です。元の学習データのうち、一定の比率（3割とか4割が多いです）を**テストデータ**として保持しておき、学習はテストデータを除いた**訓練データ**のみで行います。出来上がったモデルに説明変数を入れると、それぞれの予測結果

が得られます。テストデータでは正解もわかっているので、予測結果と正解を比較することで**モデルの精度を「カンニング」にならない形で比べられる**のです。

元の表形式のデータが、上の二つのタスクでどのような形で分割されるのか、図 3-4 に示しました。

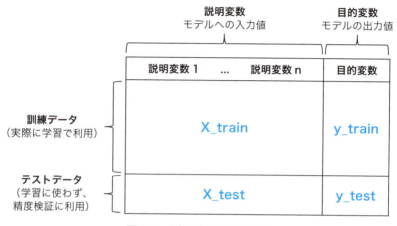

図 3-4　分析対象データの分離

モデル構築

機械学習では一つの目的に対して多くの分析手法（アルゴリズム）が存在します。各アルゴリズムは目的の案件に対して向き・不向きがあるため、**モデル構築においては、アルゴリズムの選定が重要**です。

通常、Python においては、モデル構築自体は scikit-learn（サイキット・ラーンと発音します）などのライブラリを利用します。scikit-learn を使ってモデルを構築する場合、アルゴリズムの選定さえできていれば、モデル構築自体は簡単で、**たった 1 行のプログラムで実現**できます。図 3-5 に、教師あり学習におけるモデル構築を示しました。

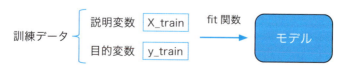

図 3-5　教師あり学習におけるモデル構築

結果分析

教師あり学習における結果分析の最初のステップは、前のプロセスでできたモデルを用いて、**テストデータの説明変数から予測値を導出**することです。**テストデータにおける目的変数とは、正解値に該当**します。**予測値と正解値を比較することで精度を検証できます**。これが、教師あり学習の結果分析で最初に実施するタスクです。

このタスクの概要について図 3-6 に示しました。

図 3-6　教師あり学習における精度検証の仕組み

教師あり学習の結果分析には、精度評価以外の様々なタスクがありますが、本章の例題では、予測結果の可視化やチューニングの事例を示すことにします。

3.5　データ読み込み

本節からは、実際のプロンプトも含めた形での実習が始まります。

3.5.1　事前準備ファイル

本節からは次の三つのファイルを利用します。

表 3-5　サポートサイトに用意した実習用ファイル

No	ファイル名	利用目的
1	brust_prompt.txt	プロンプト集
2	brust_cancer.csv	分析対象データ
3	japanize_matplotlib-1.1.3-py3-none-any.whl	グラフ表示日本語化

1はこの後の実習で使うプロンプト集です。テキストエディタで開いて、コピペして使います。

2はUCIサイトから取得しています。入手元を再掲します。
https://archive.ics.uci.edu/dataset/17/breast+cancer+wisconsin+diagnostic

3は、下記サイトが入手元です(pipコマンドでwhlファイルとしてダウンロード)。
https://pypi.org/project/japanize-matplotlib/

これらのファイルを次のリンクからダウンロードしてください。

サポートサイトリンク：
https://github.com/makaishi2/profitable_data_analysis/tree/main/ai_materials/CH03.4
短縮URL：https://bit.ly/3Za8WX8
QRコード

3.5.2　データ読み込みと内容表示

今後の実習シナリオすべてに共通ですが、表3-4に示したプロンプト一覧の一つめは、序章で紹介した実装コード中のコメント文日本語化などの細かい指示をまとめた「おまじない」です。こちらに関しては今後解説しませんが、常に最初に入力する必要があるので注意してください。

ここからChatGPTに作らせていくデータ分析用Pythonプログラムの出発点

は、データ読み込みです。次のプロンプトによりCSVデータをデータフレーム（後述）変数dfに読み込み、先頭5行の内容を確認します。

プロンプト 3-5-2

 brust_cancer.csv

> データを読み込みデータフレーム変数dfに代入します
> dfの先頭5行を表示してください

レスポンス例 3-5-2

半径_平均	きめ_平均	周長_平均	面積_平均	平滑度_平均	コンパクト度_平均	凹面_平均	凹点_平均	対称性_平均
17.99	10.38	122.80	1001.0	0.1184	0.2776	0.3001	0.1471	0.2419
20.57	17.77	132.90	1326.0	0.0847	0.0786	0.0869	0.0702	0.1812
19.69	21.25	130.00	1203.0	0.1096	0.1599	0.1974	0.1279	0.2069
11.42	20.38	77.58	386.1	0.1425	0.2839	0.2414	0.1052	0.2597
20.29	14.34	135.10	1297.0	0.1003	0.1328	0.1980	0.1043	0.1809

フラクタル度_平均	...
0.0787	...
0.0567	...
0.0600	...
0.0974	...
0.0588	...

> さらに分析が必要な場合はお知らせください！

序章で説明したように、実際の画面では右下に「[>_]」のリンクがあるのでそこをクリックしてください。次のような画面によりChatGPTの内部で持っているPython環境が表示されます。

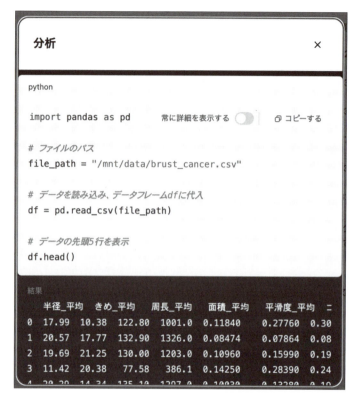

図 3-7　ChatGPT の Python 環境を確認する

　序章でも説明しましたが、大事な話なので改めて説明します。背景が白の前半部分は、ChatGPT が生成した Python コード、背景がグレーの後半部分は、その Python コードの実行結果です。

　本書では、今後、それぞれについて、次に示す 2 種類の書式で示します。紙面上のテキストが何を示しているのか区別できないと混乱しますので、書式の違いをしっかり理解するようにしてください。

　一つめの Python 生成コード例は次の書式で示します。

Python 生成コード例 3-5-2

```
1    import pandas as pd
2
3    # ファイルのパス
4    file_path = "/mnt/data/brust_cancer.csv"
5
6    # データを読み込み、データフレームdfに代入
7    df = pd.read_csv(file_path)
8
9    # データの先頭5行を表示
10   df.head()
```

Python 生成コード例 3-5-2 で押さえるべき点は以下になります。

4 行目：ファイルアップロード機能でアップロードしたファイルは、Python 実行用仮想 OS では /mnt/data というパスに配置されます。

7 行目：read_csv 関数は CSV ファイルを読み取って、データフレームを生成します。データフレーム（DataFrame）は CSV や Excel など表形式のデータを Python で扱うためのクラス（データ構造）です。集計、データ処理、グラフ表示など様々な機能（関数）を持っています。

10 行目：head 関数はデータフレームの関数の一つで、表データの先頭 5 行を返します。

特に**データフレームは、本書を通じて繰り返し利用することになる重要なクラス**なので、意識して覚えるようにしてください。

二つめの Python 実行結果例の書式は次のようになります。結果が紙面の 1 行に収まらない場合は、行の最後に折り返し記号「**ㄱ**」を用いて、次の行に続けます。実行結果については、解説が不要な場合は省略する場合があります。

第1部 基礎編

Python 実行結果例 3-5-2

```
1      半径_平均    きめ_平均    周長_平均    面積_平均    平滑度_平均    コンパクト
       度_平均    凹面_平均    凹点_平均    対称性_平均   \
2    0  17.99  10.38  122.80  1001.0  0.11840    0.27760  0.3001  0.14
     710  0.2419
3    1  20.57  17.77  132.90  1326.0  0.08474    0.07864  0.0869  0.07
     017  0.1812
4    2  19.69  21.25  130.00  1203.0  0.10960    0.15990  0.1974  0.127
     790  0.2069
5    3  11.42  20.38   77.58   386.1  0.14250    0.28390  0.2414  0.107
     520  0.2597
6    4  20.29  14.34  135.10  1297.0  0.10030    0.13280  0.1980  0.107
     430  0.1809
7
8      フラクタル度_平均  ...  きめ_最大    周長_最大    面積_最大    平滑度_最大
       コンパクト度_最大    凹面_最大    凹点_最大   \
9    0    0.07871  ...  17.33  184.60  2019.0  0.1622    0.6656  0.71
     19  0.2654
10   1    0.05667  ...  23.41  158.80  1956.0  0.1238    0.1866  0.24
     16  0.1860
11   2    0.05999  ...  25.53  152.50  1709.0  0.1444    0.4245  0.45
     04  0.2430
12   3    0.09744  ...  26.50   98.87   567.7  0.2098    0.8663  0.68
     69  0.2575
13   4    0.05883  ...  16.67  152.20  1575.0  0.1374    0.2050  0.40
     00  0.1625
14
15     対称性_最大  フラクタル度_最大   y
16   0  0.4601    0.11890   0
17   1  0.2750    0.08902   0
18   2  0.3613    0.08758   0
19   3  0.6638    0.17300   0
20   4  0.2364    0.07678   0
21
22   [5 rows x 31 columns]
```

3.6 統計分析・データ理解

　データを読み込んで最初に実施するタスクは基礎的な統計情報を分析し、データを理解することです。処理のためのプロンプトとセットで一つひとつ理解し

ていきましょう。

3.6.1 データ型の確認

統計分析の最初のステップとして表データの件数、項目数、データ型を確認します。そのため、次のプロンプトを与えます。

プロンプト 3-6-1

> df の shape と型を調べてください

結果は次のようになります。

レスポンス例 3-6-1

> データフレームの形状と各列のデータ型は以下の通りです：
>
> 形状：(569, 31)
>
> 各列のデータ型：
>
> 半径 _ 平均：float64
> きめ _ 平均：float64
> 周長 _ 平均：float64
> 面積 _ 平均：float64
> 平滑度 _ 平均：float64
> （略）
> 対称性 _ 最大：float64
> フラクタル度 _ 最大：float64
> y：int64

shape（形状） とは、**表データの行数と列数を表す整数値の組**です。今回の結果からこのデータは 569 行 31 列であることが読み取れます。

データの各列は必ず「**データ型**」を持っています。「**整数型**」「**浮動小数点数型**」「**文字列型**」などが代表的です。float64 はデータ型が「浮動小数点数型」であることを、int64 はデータ型が「整数型」であることを示しています。

今回の分析対象データは最後の変数 y を除いてすべて浮動小数点数型であることがわかりました。

データ分析では分析対象が文字列の場合、「前処理」と呼ばれるデータ加工が必要なケースが多いです。今回のデータではそのような配慮が不要な、扱いやすいデータになっています。

今回も Python 生成コードを見てみましょう。次のようになります。

Python 生成コード例 3-6-1

```python
# データフレームの形状を取得
df_shape = df.shape

# データフレームの各列の型を取得
df_dtypes = df.dtypes

df_shape, df_dtypes
```

このコードではデータフレームの重要な属性である **shape** と **dtypes** が使われています。「データフレーム変数」と呼んでいる df は、厳密にいうと DataFrame と呼ばれるクラスの変数です。細かい説明は省略しますが、自分の中で参照可能な変数や関数を持っていて、その変数の一部が shape と dtypes であると考えてください。**shape がデータフレームの形状**を、**dtypes がデータ型**を返す変数（正確には属性）となります。

今回の Python 実行結果はレスポンス例とほぼ同じなので省略します。

3.6.2 欠損値の確認

データ分析において重要なタスクの一つに欠損値の対応があります。機械学習モデルの構築などにおいては、欠損値を含んだ状態ではできないケースがあり、事前にその確認をし、欠損値がある場合は特別な対応を取る必要があるためです。そこで、今回のデータにおいても次のプロンプトで、欠損値の有無を確認します。

プロンプト 3-6-2

dfの欠損値を調べてください

結果は次のようになります。

レスポンス例 3-6-2

データフレームには欠損値がありません。すべての列において欠損値の数は0です。

Python生成コード例とそれに対するPython出力を確認してみます。

Python生成コード例 3-6-2

```
1   # 各列の欠損値の数を調べる
2   missing_values = df.isnull().sum()
3
4   missing_values
```

　生成コード例の解説をします。データフレームは、表の各要素が欠損値（専門用語でヌル値といいます）であるかどうかをチェックするisnull関数を持っています。この関数を呼び出した後で、結果の表（各要素はTrueまたはFalseの値をとるブーリアン型です）を列単位で集計する処理がsum関数です。この二つの関数を連続的に呼び出すことで、欠損値が列単位にいくつあるかわかる仕掛けになっています[8]。

　上のコードの実行結果は次の形になります。

---

[8] ここで関数と呼んでいるものは正確にはメソッドです。メソッドを連続的に呼び出す方法を「メソッドチェイン」と呼ぶことがあります。厳密にいうとTrue/Falseの値を取るブーリアン型値は足し算ができないのですが、データフレームのsum関数が呼び出されたときに、対象要素がブーリアン型値である場合、自動的にTrue→1、False→0の変換が行われます。なので「sum関数の呼び出し結果=0→欠損値が一つもない」という解釈ができます。このコードの詳しい解説は講座1-4でもしているので、関心ある読者はそちらも参照してください。

Python 実行結果例 3-6-2

```
 1    半径_平均            0
 2    きめ_平均            0
 3    周長_平均            0
 4    面積_平均            0
 :   （途中略）
29    対称性_最大           0
30    フラクタル度_最大        0
31    y                0
32   dtype: int64
```

この結果を解釈して、レスポンス例 3-6-2 が出力された形です。

今回、欠損値は存在しないことがわかりました。本章の例題では、特別な対応を取る必要がないので、次のステップに進みます[9]。

3.7 データ前処理

データ前処理は、実業務でのデータ分析では最も手間のかかる、難しいタスクです。今回サンプルとして取り上げている Breast Cancer Wisconsin Dataset では、このややこしいところがすべて解決済みの、非常にきれいな状態のデータとして提供されています。それで、次に示すように最低限の手順でモデル構築が可能です。

実業務に近い状態のデータに対する前処理のタスクは、4 章以降の実習で都度説明します。本章の例題のように簡単に分析可能なデータは、むしろ例外に近いものであると考えてください。

3.7.1 目的変数の分離

レスポンス例 3-5-2 で示した表形式のデータでは、教師あり学習モデルにおける「**目的変数**」と「**説明変数**」が混ざった状態になっています。このステップのタスクは、表形式のデータから「目的変数」を別変数として分離すること

---

[9] 欠損値がある場合の対応方法については 4 章以降の例題で示します。

です。具体的なプロンプトと結果は次のようになります。

プロンプト 3-7-1

> 項目 y を抽出し目的変数に代入します。Python の目的変数名も y としてください
> 次に df からは項目 y を落としてください

レスポンス例 3-7-1

> 目的変数 y を抽出し、新しい変数 y に代入しました。また、元のデータフレーム df から
> y 列を削除しました。これで df には 30 列が残り、y には目的変数が含まれています。

Python の生成コード例は次のようになっているはずです。

Python 生成コード例 3-7-1

```
1   # 項目'y'を抽出して目的変数に代入
2   y = df['y']
3
4   # データフレームから項目'y'を削除
5   df = df.drop(columns=['y'])
6
7   # 目的変数'y'の先頭5行を表示して確認
8   y.head(), df.head()
```

2 行目の「y = df['y']」がプロンプトの「項目 y を抽出し目的変数 y に代入」に、
5 行目の「df = df.drop(columns=['y'])」が、プロンプトの「df から項目 y を落
とし、結果を df に代入」に対応しています。どちらもデータフレームを使ったデー
タ加工でよく出てくる処理パターンです。

Python 生成コード例 3-7-1 の実行結果に関しては省略します。

3.7.2　説明変数の分離

df に残った 30 項目はすべて説明変数として使えるのですが、この後「**決定
境界表示**」という可視化手法を用いるため、あえて説明変数を二つに絞ってか

らモデルを構築することにします。そのためのプロンプトが下記になります。

プロンプト 3-7-2

> df から「半径_平均」と「きめ_平均」を抽出し、説明変数 X に代入します
> X の先頭 5 行を表示してください

レスポンス例 3-7-2

> 説明変数 X の先頭 5 行は以下の通りです:
>
> | 半径_平均 | きめ_平均 |
> |---:|---:|
> | 17.99 | 10.38 |
> | 20.57 | 17.77 |
> | 19.69 | 21.25 |
> | 11.42 | 20.38 |
> | 20.29 | 14.34 |
>
> このように、df から「半径_平均」と「きめ_平均」を抽出して X に代入しました。

今回も Python 生成コード例を見てみます。

Python 生成コード例 3-7-2

```
# 「半径_平均」と「きめ_平均」を抽出し、説明変数Xに代入
X = df[['半径_平均', 'きめ_平均']]

# 説明変数Xの先頭5行を表示
X.head()
```

目的変数 y の抽出のときと多少似ていますが、「X = df[[' 半径 _ 平均 ', ' きめ _ 平均 ']]」という実装コードにより、複数列の抽出が可能であることがわかります。

このプログラムの実行結果については、レスポンス例ですでに示しているので省略します。

3.7.3 訓練データとテストデータの分離

　教師あり学習モデルでは、精度を正確に評価するため、訓練データとテストデータを分割します。そのためのプロンプトが下記になります。

プロンプト 3-7-3

> Xとyを分割比7:3、乱数シード=123で訓練データとテストデータに分割します
> Xの分割先はX_trainとX_testに、yの分割先はy_trainとy_testにしてください

レスポンス例 3-7-3

> データを70:30の比率で訓練データとテストデータに分割し、ランダムシードを123に設定しました。分割後のデータの形状は以下の通りです:
>
> X_train: (398, 2)
> X_test: (171, 2)
> y_train: (398,)
> y_test: (171,)

　Python 生成コード例を見てみます。

Python 生成コード例 3-7-3

```
1    from sklearn.model_selection import train_test_split
2
3    # データを7:3の割合で訓練データとテストデータに分割
4    X_train, X_test, y_train, y_test = train_test_split(X, y, test_si
     ze=0.3, random_state=123)
5
6    # 分割したデータの形状を確認
7    X_train.shape, X_test.shape, y_train.shape, y_test.shape
```

　1 行目の sklearn は、前述の機械学習ライブラリ scikit-learn をインポート文で取り込むときに用いる短縮名です。scikit-learn は、機械学習のときに便利なユーティリティ関数も数多く含んでいて、今回利用する train_test_split 関数も、

そのような便利な関数の一つです。目的は読んで字のごとくで、データを訓練データとテストデータに分割する関数になります。

「train_test_split(X, y, test_size=0.3, random_state=123)」という呼び出し方をすることで、プロンプトにあるような「分割比7:3、乱数シード=123」の指定ができることになります。test_size=0.3と指定することで、訓練データ70%、テストデータ30%の件数比で分割します。

分割時には、データがまんべんなく分割されるよう、乱数によるシャッフルも同時に行います。random_state=123は、そのときの乱数シード値の指定です。通常業務ではむしろ指定しないことの方が多いですが、本書ではその後の処理結果に再現性を持たせたいためこのオプションが用いられると考えてください。

関数の最初の引数として「X, y」を指定することで、二つの変数を同時に分割します。「X_train, X_test, y_train, y_test =」のように、**代入先の変数を同時に四つ指定することで4変数の代入が同時にできる**点も、Python文法の便利なところです。

3.8　モデル構築

次のステップはモデル構築です。教師あり学習モデルにおいて、モデル構築のタスクは機械学習のアルゴリズムそのものです。内部では複雑な処理が行われているのですが、ライブラリがその複雑さを隠蔽しているので、利用者は簡単に実装できます。

3.8.1　モデル構築

本項のタスクが3.4節の図3-5に対応します。

教師あり学習には、数多くのアルゴリズムが存在しますが、今回は直感的に最もわかりやすい「**ロジスティック回帰モデル**」を使います。**二つのクラスの分類（分離）を直線で行う**モデルです[10]。この場合、プロンプトは次のように

---

[10] 今は説明変数が二つしかないので境界は直線ですが、一般的に説明変数がN個の時の境界は「N-1次元超平面」となります。

なります。

プロンプト 3-8-1

> 訓練データX_train, y_trainを用いてロジスティック回帰モデルにより学習します

レスポンス例 3-8-1

> ロジスティック回帰モデルを作成し、訓練データ X_train と y_train で学習させました。
> 次に、モデルの性能を評価したり、予測を行ったりすることができます。何を行いたいですか？

今回も生成コード例を見てみます。

Python 生成コード例 3-8-1

```python
from sklearn.linear_model import LogisticRegression

# ロジスティック回帰モデルのインスタンスを作成
model = LogisticRegression()

# 訓練データを用いてモデルを学習
model.fit(X_train, y_train)
```

ロジスティック回帰モデルは scikit-learn では LogisticRegression というクラスにより実装されています。Python 生成コード例 3-8-1 の 1 行目では、このクラスを利用するため、ライブラリのインポートを行い、4 行目で、クラスの変数（インスタンス）を生成しています。

ここまでの準備ができると、「学習」のタスクそのものは 7 行目の fit 関数呼び出しで簡単に実現可能です。

3.9 結果分析

モデル構築ができたら、結果を分析します。本節では、典型的な結果分析例

をいくつか示すことにします。本節のタスクのうち 3.9.1 項と 3.9.2 項が 3.4 節の図 3-6 に該当します。

3.9.1 予測結果の導出

最初に実施することは事前に準備したテストデータを用いて予測を実施することです。プロンプトは以下の形になります。

プロンプト 3-9-1

> 構築したモデルを用いて、テストデータ X_test に対して予測し、結果を y_pred に代入します

レスポンス例 3-9-1

> 検証データに対して予測を行い、その結果を y_pred に代入しました。以下は最初の数件の予測結果です：
>
> y_pred[:5]:
> [1, 1, 0, 1, 0]
> この予測結果に基づいて、モデルの評価を行うことができます。どのような評価を行いますか？例えば、正確性（accuracy）、混同行列（confusion matrix）、精度（precision）、再現率（recall）などがあります。

このときの実装コードはどうなっているのでしょうか。

Python 生成コード例 3-9-1

```
1  # テストデータを用いて予測を行い、結果をy_predに代入
2  y_pred = model.predict(X_test)
3
4  # 予測結果の先頭5行を確認
5  y_pred[:5]
```

このコードの中で実際に予測をしているのは 2 行目の「y_pred = model.predict(X_test)」の箇所です。3.8.1 項で示したモデル構築と同様に、簡単なコー

ドで予測ができます。

実行結果はレスポンス例に含まれているので省略します。

3.9.2 精度評価

結果分析の次のステップは精度評価です。プロンプトは以下の形になります。

プロンプト 3-9-2

> y_testとy_predを比較することで構築したモデルの精度を計算します

レスポンス例 3-9-2

> 予測結果の精度は約87.72%です。
>
> この精度は、モデルが検証データに対して約87.72%の確率で正しい予測を行っていることを示しています。その他の評価指標についても計算しますか？例えば、混同行列やROC曲線などがあります。

かなり高い予測精度であることがわかりました。今回も Python 生成コード例を見てみます。

Python 生成コード例 3-9-2

```
1    from sklearn.metrics import accuracy_score
2
3    # y_testとy_predを比較してモデルの精度を計算
4    accuracy = accuracy_score(y_test, y_pred)
5
6    # モデルの精度を表示
7    accuracy
```

Python 実行結果例 3-9-2

```
1    0.8771929824561403
```

先ほども紹介した scikit-learn というライブラリには精度計算用の accuracy_score 関数があり、その関数を用います。1 行目がライブラリのインポート、4 行目の「accuracy = accuracy_score(y_test, y_pred)」が実際に精度計算をしている箇所です。

Python の実行結果は「0.8771929824561403」という形ですが、ChatGPT がレスポンスを返すときに、「約 87.72%」と丸め処理もしていることがわかります。

3.9.3 予測結果の可視化 1

結果分析に際しては、グラフ表示による可視化手法を用いることがあります。今回の例題でその具体例を示します。

最初に、今回の説明変数が目的変数ごとにどのような分布になっているか調べます。説明変数を二つに絞り込んでいるので、散布図で確認できます。具体的には、次のようなプロンプトを与えます。

プロンプト 3-9-3

📄 japanize_matplotlib-1.1.3-py3-none-any.whl

> X_testの散布図を、y=1（良性）では黒の四角、y=0（悪性）はライトブルーの×で、seabornで表示してください
> マーカーは大きめにお願いします
> 文字化けしないよう、添付のライブラリを!pipコマンドで導入してからグラフ表示してください

レスポンス例 3-9-3

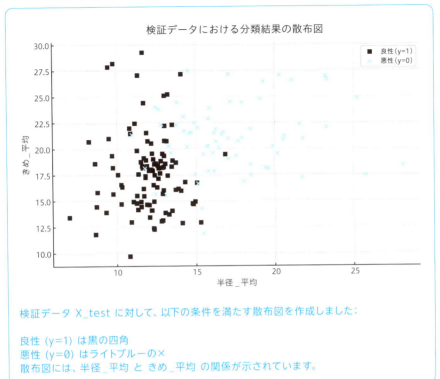

検証データ X_test に対して、以下の条件を満たす散布図を作成しました：

良性 (y=1) は黒の四角
悪性 (y=0) はライトブルーの×
散布図には、半径_平均 と きめ_平均 の関係が示されています。

　今回はいつもと比べてやや複雑なプロンプトになりました。グラフをきれいに出力する場合細かい指定が必要なので、どうしてもこのような形になります。しかし、プロンプトと結果のグラフを見比べてもらえばわかる通り、指示に忠実なグラフになっていて、ChatGPT の能力が相当高いことがわかります。

　もう一点、添付ファイルと、プロンプトの最後の行にある「**文字化けしないよう、添付のライブラリを !pip コマンドで導入してからグラフ表示してください**」に注目してください。Matplotlib という、Python のグラフ描画ライブラリは、そのままの状態で利用すると日本語が文字化けする問題があります。添付ファイルはその問題を解決するための日本語化ライブラリです。

　このライブラリとプロンプトを与えることにより、この問題を防ぐことが可能です。**ChatGPT によるデータ分析時の TIPS** なので、ぜひ、覚えるように

してください。もう一点、プロンプト内の「seaborn で」の記載にも注意してください。**seaborn** は Matplotlib を前提としている、より上位のグラフ描画ライブラリです。より**少ないコード量で、要件に即したきれいなグラフを描画**できます。今回のグラフは seaborn なしでも描画できますが、seaborn の活用により実装コードがシンプルになりました。これも、グラフ描画時の TIPS といえるでしょう。

　今回もどのような実装をしているのか、コードを見てみます。

Python 生成コード例 3-9-3

```
 1    import japanize_matplotlib
 2    import matplotlib.pyplot as plt
 3    import seaborn as sns
 4
 5    # X_testの散布図を作成
 6    plt.figure(figsize=(10, 6))
 7
 8    # y_testが1の場合(良性)のデータを黒の四角でプロット
 9    sns.scatterplot(x=X_test['半径_平均'], y=X_test['きめ_平均'], ↵
      hue=y_test, style=y_test,
10                    markers={0: 'X', 1: 's'}, palette={0: 'lightblue', ↵
       1: 'black'})
11
12    # グラフのタイトルと軸ラベルを設定
13    plt.title('X_testの散布図')
14    plt.xlabel('半径_平均')
15    plt.ylabel('きめ_平均')
16
17    # 凡例の設定
18    plt.legend(title='良性=1/悪性=0')
19
20    # グラフを表示
21    plt.show()
```

　このコードの9行目が散布図を表示する scatterplot 関数の呼び出しです。たくさんある引数の中で「hue=y_test, style=y_test」の部分がポイントです。このパラメータにより、一つの散布図の中で、色（hue）と形（style）を分けて

表示する指示を出しています。具体的な表現方法が markers と palette パラメータで指定されています。

3.9.4 予測結果の可視化 2

　説明変数を二つに絞り込んでいる今回のモデルでは、決定境界と呼ばれる二つの分類結果の境界線をグラフに描画することが可能です。今回モデルとして利用している**ロジスティック回帰モデルの場合、決定境界は直線**になります。本項ではそのことを実際に確認します。

プロンプト 3-9-4

```
この散布図に、先ほど構築したモデルの決定境界を重ね描きします
決定境界は青の直線で境界線のみ表示してください
y座標の範囲は決定境界の最大値最小値でなく、X_testのデータ範囲に合わせるようにしてください
```

レスポンス例 3-9-4

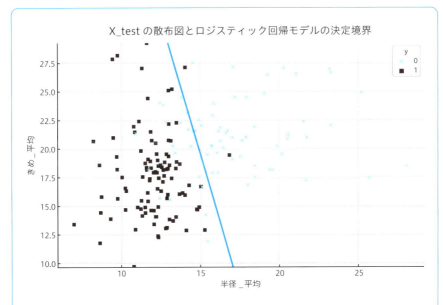

X_testの散布図に、青の直線で決定境界を重ねて表示しました。Y座標の範囲は、X_testのデータ範囲に合わせています。

直線で二つのグループに分離された状態を可視化できました。一部の「青 ×」と「黒■」は、相手のグループに入ってしまっています。「直線で二つのグループに分離する」というタスクが与えられた場合、どのような線の引き方をしても必ず相手のグループに入ってしまう点が出てくることがあります。よく、「予測モデルの精度は元データに依存する」と言われていますが、そのことを示している図であるといえます。

今回も実装コードを見てみましょう。

Python 生成コード例 3-9-4

```python
# 散布図の作成
plt.figure(figsize=(10, 6))
sns.scatterplot(x=X_test['半径_平均'], y=X_test['きめ_平均'],
hue=y_test, style=y_test,
                markers={0: 'X', 1: 's'}, palette={0: 'lightblue',
 1: 'black'})

# 決定境界の描画
# X軸(半径_平均)の範囲を取得
x_values = np.linspace(X_test['半径_平均'].min(), X_test['半径_平均'
].max(), 100)

# 決定境界のy値を計算
y_values = -(model.coef_[0][0] * x_values + model.intercept_[0]) /
 model.coef_[0][1]

# 決定境界を青の直線で描画
plt.plot(x_values, y_values, color='blue')

# y軸の範囲をX_testのデータ範囲に合わせる
plt.ylim(X_test['きめ_平均'].min(), X_test['きめ_平均'].max())

# グラフのタイトルと軸ラベルを設定
plt.title('X_testの散布図とロジスティック回帰モデルの決定境界')
plt.xlabel('半径_平均')
plt.ylabel('きめ_平均')

# グラフを表示
plt.show()
```

ロジスティック回帰において決定境界は必ず直線（一次関数）になります。Python 生成コード例 3-9-4 の 8、11、14 行目では、この性質を利用して、関数グラフの描画方法で決定境界を描画しています。

筆者が何度か試した中では、**contour 関数**を用いたより**汎用的な決定境界表示コードを生成**した場合もありました。関心のある読者は、このプロンプトの中に「contour 関数を使うように」と指示を追加すると、そのコードを見ることができます[11]。

決定境界表示プログラムは、人間が組む場合もかなり手間のかかる複雑な処理です。**このレベルのタスクも指示だけでできてしまうところが ChatGPT の便利な点**だと考えられます。

3.9.5 チューニング

教師あり学習モデル構築において重要なタスクの一つがチューニングです。その具体的な方法を解説するだけで 1 冊の本になるくらい奥の深い世界ですが、ここではタスクの結果イメージだけを持つ目的で、今回の実習で簡単に実現可能な方法を試みます。

今までの実習では、可視化を実施する目的で説明変数をあえて二つだけに絞り込みました。例外もありますが、一般的には説明変数の数を増やすと、モデルの精度が高くなることが多いです。そのことを確認します。

プロンプト 3-9-5

X の代わりに、df 全体を説明変数とします
訓練データとテストデータの分割方法は先ほどと同じ方法とします
こうして構築したモデルの精度を先ほどのモデルの精度と比較してください

レスポンス例 3-9-5

先ほどのモデルと、データフレーム全体を使用して構築した新しいモデルの精度を比較しました。

---

[11] contour 関数を用いると、例えばサポートベクターマシンのような、決定境界が直線でないモデルに対しても、決定境界表示が可能になります。

- 先ほどのモデルの精度: 約87.72%
- データフレーム全体を使用した新しいモデルの精度: 約98.25%

新しいモデルの精度が高くなっています。ただし、ロジスティック回帰の学習時に「反復回数が最大に達したため、収束しなかった」という警告が出ています。モデルの収束を改善するために、最大反復回数を増やすか、データを正規化するなどの前処理が必要かもしれません。

Python 生成コード例は次のようになります。

Python 生成コード例 3-9-5

```
1    # データフレーム全体(df)を使って新しいモデルを構築する
2    X_full_train, X_full_test, y_full_train, y_full_test = train_test↵
     _split(df, y, test_size=0.3, random_state=123)
3
4    # 新しいロジスティック回帰モデルを作成
5    model_full = LogisticRegression()
6
7    # 新しいモデルを訓練データで学習
8    model_full.fit(X_full_train, y_full_train)
9
10   # テストデータで予測を行う
11   y_full_pred = model_full.predict(X_full_test)
12
13   # 精度を計算
14   full_model_accuracy = accuracy_score(y_full_test, y_full_pred)
15
16   # 先ほどのモデルの精度と新しいモデルの精度を比較
17   original_model_accuracy = accuracy
18
19   original_model_accuracy, full_model_accuracy
```

3.7.1 項からのコードと比較すると、説明変数の設定が違うだけで後は同じになっています。少なくとも、**今回の実習のケースにおいては「説明変数の数を増やすと精度が高くなる」ことが示された**ことになります。

第 2 部

応用編

4章	保全計画策定（可視化）
5章	顧客層分析（クラスタリング）
6章	推奨商品提案（アソシエーション分析）
7章	販売量予測（回帰モデル）
8章	営業成約予測（分類モデル）

4章

保全計画策定
（可視化）

本章から始まる第2部では、章ごとに分析テーマを定め、公開データセットと呼ばれる実データを用いて、実業務の分析を模したシナリオベースのデータ分析を進めていきます。

　本章では、高度なデータ分析の手法は用いず、主に可視化による分析をします。やっていることは単純ですが、得られる知見は意外に多く、データ分析の醍醐味を味わえるはずです。

4.1　分析テーマと分析対象データ

　本章で取り扱う分析対象データはピッツバーグ・ブリッジ・データセットと呼ばれる公開データセットです。そこから逆算して、次のような分析テーマが設定されたと考えてください。

4.1.1　分析テーマ

　読者は、ピッツバーグ市の職員で、橋梁改修の担当者だと思ってください。次に説明するデータセットを使って、改修計画(保全計画)を策定することがミッションです。

　なお、本章のテーマは橋梁の改修計画の策定ですが、企業の中で固定資産の保全業務を担当されている方は、この事例をヒントに自分の業務でも活用できるところがあるはずです。ぜひ、その点を意識してお読みください。

4.1.2　分析対象データ説明

　ピッツバーグ・ブリッジ・データセットは1818年以来ピッツバーグ市で建設された108の橋の情報に関するデータセットです[1]。

---

[1] ピッツバーグは「橋の街（The City of Bridges）」として知られ、世界のどの都市よりも多くの橋が存在すると言われています。2023年時点で、446の橋が市内にあるとされています。この膨大な数の橋は、ピッツバーグの地形と川の構造に起因しています。ちなみに、この豆知識もChatGPTに教えてもらいました。

Photo taken by Bobak Ha'Eri. August 29, 2004, CC BY-SA 2.5, https://commons.wikimedia.org/wiki/File:PittSkyline082904.jpg

このデータセットには、以下のような項目が含まれています。

表4-1　ピッツバーグ・ブリッジ・データセットの内容

項目名	説明	項目値
id	橋の一意の識別子	001
river	どの川に架かっているか	A：アレゲニー、M：モノンガヒラ、O：オハイオ
location	橋の位置	1 - 52
erected	橋が建設された年	1818 - 1986
purpose	橋の目的	徒歩、水道、線路、道路
length	橋の長さ	804 - 4558
lanes	橋の車線数	1、2、4、6
clear-g	垂直クリアランス要件が適用されているか	N：実施されていない、G：実施されている
t-or-d	橋の上の道路の位置	スルー、デッキ
material	橋の主要な素材	木、鉄、鋼
span	橋の長さ分類	ショート、ミディアム、ロング
rel-l	交差長に対するスパンの相対的な長さ	S：ショート、SF：ショートフル、F：フル
type	橋の構造形式	木造、サスペンション、シンプルトラス、アーチ、カンチレバー、連続トラス

4.1.3 分析プロセス

下に図1-1を図4-1として再掲しました。

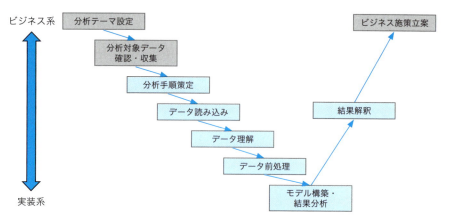

図4-1　データ分析プロセス全体像（再掲）

　ChatGPTを活用してデータ分析を実施する場合、プログラミング以外の要素でもChatGPTの活用が可能です。

　例えば、データ理解のフェーズで「業務観点でのデータ理解を深くする」タスクや、「結果解釈」「ビジネス施策立案」など、最終的にデータ分析を業務に生かす部分などが該当します。

　本章では、モデル構築は実施せず、代わりに「可視化」というタスクを実施します。そして、「可視化」の結果を受けて「結果解釈」「ビジネス施策立案」をどのように実施していくのか、そのイメージをつかんでもらいます。

　前章と同様に、ハイレベルの「タスク」、より具体化した「処理内容」、そして実際にChatGPTに出す指示である「プロンプト」を表形式でまとめた結果が、次の表4-2になります。

表 4-2　本章における分析タスク

項	タスク名	処理内容	プロンプト
（共通）	（共通）	（共通）	これから依頼する内容に対して、以下のルールでデータ分析を願いします (1) 生成される Python コードのコメントは日本語にする (2)「データの先頭 5 行を表示してください」のような指示に対して以下の対応をする (2-A) 生成する Python コード実装では、最後の行を df.head() の形式にする (2-B) df.head() の結果はをブラウザ画面にも表示する。この段階で、初めて整形表示する
4-2-2	データ読み込み	データ読み込み	(bridge.csv) 添付の csv ファイルをデータフレーム df に読み込んでください 先頭 5 行を表示してください
4-3-1	データ理解	欠損値の確認	df の欠損値を確認してください
4-3-2	データ理解	データの意味理解 (clear-g)	(bridges_data_defs.xlsx) 添付はピッツバーグ・データセットの各項目の説明です この説明を元に、clear-g という項目がどういう意味なのか具体的に説明してください
4-3-3	データ理解	データの意味理解 (type)	type という項目のそれぞれの値の意味をできるだけ具体的に説明してください
4-4-1	データ前処理	欠損値の除去 (material)	df のうち、material の欠損値のあるデータを除去し、改めて df に代入してください
4-4-2	データ前処理	項目名日本語化	df の項目名を日本語に変更し、あらためて df に代入してください 変更後の先頭 5 行を表示してください
4-5-1	データ分析	可視化　散布図表示	(japanize_matplotlib-1.1.3-py3-none-any.whl) 建設年と長さで散布図を seaborn で描画してください 描画時には、材料でマーカーと色を変えてください（マーカーは大きめに） 文字化けしないよう、添付のライブラリを !pip コマンドで導入してからグラフ表示してください
4-5-2	データ分析	可視化　箱ひげ図表示	建設年を用いて材料別の箱ひげ図を seaborn で色分けして描画してください 矩形領域は塗りつぶした形で、また表示順は WOOD,IRON.STEEL の順番でお願いします
4-6-1	結果解釈	散布図の解釈	先ほど描画した散布図によると、1900 年くらいに、4000m 以上の橋が STEEL を材料に二つ建設されています この点に関して、散布図を参考に、材料と関連した仮説が立てられますか
4-7-1	ビジネス施策立案	橋の改修計画立案	あなたは、ピッツバーグ市の職員で、橋の改修計画の担当者だと思ってください これから橋の改修計画を策定する場合に、先ほど描画した箱ひげ図を参考にして、どの材料の橋から優先的に計画すべきか考えてください

4章

保全計画策定（可視化）

それぞれのタスクの概要を簡単に説明します。

データ理解

データ分析の世界において、一言で「データ理解」といいますが、実はまったく異なる二つの要素が存在します。一つは「平均値」「標準偏差」「欠損値」といった、データそのものの持っている性質の理解であり、通常は pandas の統計機能を使って調べる領域です。本章の例題のうち、4.3.1 項ではそのうちの1 タスクである「欠損値の確認」を行います。

それでは、もう一つの「データ理解」とは何でしょうか。データの項目値が業務的にどのような意味を持つのかを理解することを指します。本当に業務で活用可能なデータ理解としては、こちらの方がより重要なケースが多いです。

ChatGPT は、**「プログラミング」でなく「自然言語理解」の能力により、この方面でも分析者の手助けをします**。4.3.2/4.3.3 項では、その具体的なところを経験してください。

データ前処理

本章の実習では 2 種類のデータ前処理を行います。一つは、欠損値の除去です。本章の実習では**橋の材料を意味する「material」が重要な役割**を果たします。material の値が何かによりグループ分けして様々な分析を行うのです[2]。

この分析をする場合、material の値が欠損値だとすると、分析がややこしくなります。そこで、分析に入る前に material が欠損しているデータを除去します。それ以外の項目の欠損値はこの段階では特に対応しない形とします。**欠損値の処理は、このように「必要最小限の範囲で実施する」という考え方が重要**です。なるべく多くのデータを使って分析した方が精度が上がるからです。

もう一つの前処理として、「データ項目名の日本語化」を行います。**翻訳能力も持っている ChatGPT が得意な領域の一つ**です。英語が堪能な一部の分析者以外は、項目名が英語か日本語かで分析のやりやすさが大きく違うはずです。実業務の分析でも活用できる方法と思います。

---

[2] 専門的には「material を軸に分析をする」という言い方をします。

データ分析（可視化）

本章の例題ではモデル構築のような高度な分析は行いません。その場合に有効な分析手法が可視化です。本章では可視化の中でもよく使われる手法である「**散布図**」と「**箱ひげ図**」を例に、具体的な活用方法を経験します。

可視化による分析で重要なのは**「軸による観点」を加味する**ことです。本章の二つの可視化事例では、どちらも **material による軸を加味することにより、有効な知見が得られます**。この点も本章の実習で経験してほしい部分です。

結果解釈

可視化結果の解釈には、様々なアプローチがあります。その一つは、グラフの中で**特徴的な部分を見つけ、その特徴について「仮説」を立ててみる**ことです。分析結果から仮説を立てることは、分析者の最も重要なタスクの一つです。今では、条件にもよりますが、この「仮説立案」についても ChatGPT の支援を得ることができます。この具体例については、4.6 節で経験してください。

ビジネス施策立案

ビジネス施策立案は、データ分析の最終目的です。最も難しいタスクであるともいえますが、この領域においても ChatGPT の支援をもらうことは可能です。4.7 節でその一例を示す形になります。

4.2　データ読み込み

本章から公開データセットを用いた本格的なデータ分析を実施します。データ分析の出発点はデータ読み込みです。

4.2.1　事前準備ファイル

本章では次のファイルを利用します。

表 4-3　本書サポートサイトに用意したファイル

No	ファイル名	利用目的
1	pitts-prompt.txt	プロンプト集
2	bridge.csv	分析対象データ
3	bridges_data_defs.xlsx	各項目の説明
4	japanize_matplotlib-1.1.3-py3-none-any.whl	グラフ表示日本語化ライブラリ

2 は、次の UCI サイトから取得しています。

https://archive.ics.uci.edu/dataset/18/pittsburgh+bridges

3 は、表 4-1 で示した内容を Excel にしたものです。

4 は、すでに紹介している下記サイトが入手元です（pip コマンドで whl ファイルとしてダウンロード）。

https://pypi.org/project/japanize-matplotlib/

これらのファイルは次のリンクからダウンロードしてください。

サポートサイトリンク：

https://github.com/makaishi2/profitable_data_analysis/tree/main/ai_materials/CH04

短縮 URL：https://bit.ly/3Zpjr9a

QR コード

表 4-3 の 1、2、4 の三つのファイルは前章と同じ位置づけのものなので、説明は不要と思います。

3 に関しては、重要なので表 4-1 を再掲します。

表4-1　ピッツバーグ・ブリッジ・データセットの内容（再掲）

項目名	説明	項目値
id	橋の一意の識別子	001
river	どの川に架かっているか	A：アレゲニー、M：モノンガヒラ、O：オハイオ
location	橋の位置	1 - 52
erected	橋が建設された年	1818 - 1986
purpose	橋の目的	徒歩、水道、線路、道路
length	橋の長さ	804 - 4558
lanes	橋の車線数	1、2、4、6
clear-g	垂直クリアランス要件が適用されているか	N：実施されていない、G：実施されている
t-or-d	橋の上の道路の位置	スルー、デッキ
material	橋の主要な素材	木、鉄、鋼
span	橋の長さ分類	ショート、ミディアム、ロング
rel-l	交差長に対するスパンの相対的な長さ	S：ショート、SF：ショートフル、F：フル
type	橋の構造形式	木造、サスペンション、シンプルトラス、アーチ、カンチレバー、連続トラス

　各データ項目にどんな項目値があり、どのような意味を持つのかの解説になっています。データ分析は、実業務の世界と Python のプログラムで実施する数学の世界の二つがあるわけですが、この二つをつなぐ役割の情報です。この情報を使うことで初めて、分析対象の特定の項目において、特定の項目値がどのような意味を持つのかが分かります。

　本章の実習では、ChatGPT の助けも借りながら、4.3 節でこのデータを活用することになります。

4.2.2　データ読み込み

　今回も事前に準備した CSV データを読み込むところからデータ分析が始まります。具体的なプロンプトは下記になります。

プロンプト 4-2-2

 bridge.csv

> 添付のcsvファイルをデータフレームdfに読み込んでください
> 先頭5行を表示してください

レスポンス例 4-2-2

ID	RIVER	LOCATION	ERECTED	PURPOSE	LENGTH	LANES	CLEAR-G
E1	M	3.0	1818	HIGHWAY	NaN	2.0	N
E2	A	25.0	1819	HIGHWAY	1037.0	2.0	N
E3	A	39.0	1829	AQUEDUCT	NaN	1.0	N
E5	A	29.0	1837	HIGHWAY	1000.0	2.0	N
E6	M	23.0	1838	HIGHWAY	NaN	2.0	N

> データの先頭5行を表示しました。次に進めたい分析や操作があればお知らせください。

前章のデータ読み込みとまったく同じで特に新しいところはないので、解説は省略します。

4.3　データ理解

本節では、4.1節で説明したように、データの性質として、およびデータの意味としての2通りのデータ理解を進めます。4.3.1項が、データの性質として、4.3.2項と4.3.3項が、データの意味としてのデータ理解です。

4.3.1　欠損値確認

欠損値の確認は前章でも実施しましたが、前章では元からデータがきれいであり、欠損値はいっさい存在しませんでした。本章のデータは、多くの項目で欠損値が存在する状態です。実業務で分析対象とするデータは、このような状態になっていることの方が多いと考えられます。

プロンプト 4-3-1

dfの欠損値を確認してください

レスポンス例 4-3-1

データフレームにおける欠損値の数は以下の通りです。

LOCATION: 1件
LENGTH: 27件
LANES: 16件
CLEAR-G: 2件
T-OR-D: 6件
MATERIAL: 2件
SPAN: 16件
REL-L: 5件
TYPE: 2件
次に行いたい分析や処理があればお知らせください。

実装コードに関しては、前章と同じなので解説しません。

本章のデータ分析で重要な役割を果たすのは material（橋の主要な素材）です。その **material で欠損値が 2 件ある**ことは、この後のデータ前処理を実施する際の重要な情報となります。

4.3.2 データの意味理解（clear-g）

各項目の意味を説明した表 4-1 を改めて見てください。ほとんどの項目は項目名称とサンプル値を見ることで、どのような意味のデータか想像がつきますが、筆者はこの中で clear-g（クリアランス要件）が何を意味するのか、十分に理解できませんでした。

そこで、次のプロンプトにより、その意味するところがなんであるか、確認することにしました。

プロンプト 4-3-2

bridges_data_defs.xlsx

> 添付はピッツバーグ・データセットの各項目の説明です
> この説明を基に、clear-gという項目がどういう意味なのかできるだけ具体的に説明してください

レスポンス例 4-3-2

> clear-gという項目は、橋の設計において垂直クリアランスの要件が適用されたかどうかを示しています。この項目には次の二つの値が含まれます。
>
> - N: 垂直クリアランスの要件が適用されていない (Not Enforced)。
> - G: 垂直クリアランスの要件が適用された (Enforced)。
>
> 垂直クリアランスとは、橋の下を通過する車両や物体が安全に通過できるように確保される必要がある空間の高さを指します。clear-gがGであれば、その橋は設計時にこの高さ要件を考慮して設計されており、Nであれば要件が考慮されていないことを示します。

なるほど。船が橋の下を通過できるかどうかを配慮して橋を設計したのかどうかを示すフラグだったようです。このレスポンスで橋固有の概念を理解できました[3]。

4.3.3 データの意味理解 (type)

それではもう一つ、typeについても同じ方法で調べてみましょう。

表4-1の説明を読むと、typeが橋の構造を示すものであるらしいことまでは分かりますが、具体的にどの項目値がどういう構造なのかまでは分かりません。そこで次のプロンプトでその点をChatGPTに教えてもらうことにしました。

---

[3] このプロンプトはGPT-4oの能力ぎりぎりの質問のようで、解答が不十分な場合もあります。その場合「垂直クリアランス要件が何であるか、より具体的に教えてください」という追加プロンプトを与えると、ほぼ上と同様の答えが得られるはずです。

プロンプト 4-3-3

typeという項目のそれぞれの値の意味をできるだけ具体的に説明してください

レスポンス例 4-3-3

typeという項目は、橋の種類を示しています。それぞれの値は以下の橋の種類を意味します。

- ● **WOOD**: 木造の橋。橋が主に木材で構築されていることを示します。
- ● **SUSPEN（Suspension）**: 吊り橋。ケーブルやワイヤーでデッキを支える構造を持つ橋で、長いスパンに適しています。
- ● **SIMPLE-T（Simple Truss）**: 単純トラス橋。トラス構造を用いた橋で、橋桁が三角形のフレームで構成されています。比較的短いスパンの橋に多く使われます。
- ● **ARCH**: アーチ橋。アーチ型の構造を持つ橋で、圧縮力を利用して荷重を支える設計です。
- ● **CANTILEV（Cantilever）**: カンチレバー橋（片持ち橋）。片側または両側が固定され、自由端が支持されていない構造を持つ橋。長いスパンを持つことができます。
- ● **CONT-T（Continuous Truss）**: 連続トラス橋。複数のトラスが連続して配置された橋で、長いスパンに対応するために使用されます。

これらの値は、それぞれ異なる構造や設計特性を持つ橋の種類を表しています。

それぞれの橋がどのようなものであるのか、具体的なイメージを持つことができました[4]。ChatGPT は、このような用途でも活用できます。

4.4 データ前処理

本節では、実データを用いたデータ前処理の典型例として欠損値除去を取り上げます。また、もう一つの前処理としてデータ項目の日本語化を行います。

前者は、ChatGPT のプログラミング能力を、後者は ChatGPT の言語理解能力を活用した処理となります。

---

[4] このプロンプトに対しても解答が不十分な場合があります。この場合も同様に「それぞれについて、より具体的に教えてください」と追加質問することで十分な結果が得られます。

4.4.1 欠損値除去 (material)

データ分析における欠損値対応には、「欠損値を持ったデータを除去」するアプローチと「欠損値の部分をなんらかの方法で埋める」アプローチがあります。

後者の手法を用いた場合、正しくない値が入ってしまい、そのことによってデータ全体の信頼性が落ちる危険性があります。

前者の方法は、確実ではありますが、欠損値が多すぎる場合、除去されるデータ件数が多くなってデータ量が減りすぎるリスクがあります。

いずれにしても欠損値対応はむやみにやっていいものではなく、必要最小限に絞り込んだ上で実施すべきということはよく理解してください。

今回のデータ分析では、material を軸としたデータ分析を行う予定です。material に欠損値があるデータは、そもそもこの分析対象から外れるので、ややこしくならないよう、最初からデータを除去することとします。

そのための具体的なプロンプトは、次のものになります。

プロンプト 4-4-1

> df のうち、material の欠損値のあるデータを除去し、改めて df に代入してください

レスポンス例 4-4-1

> MATERIALの欠損値があるデータを除去し、新しいデータフレームをdfに再代入しました。次に行いたい操作や分析があればお知らせください。

今回は生成されたコードも確認します。次のようなコードが生成されていました。

Python 生成コード例 4-4-1

```
1   # MATERIALの欠損値がある行を除去
2   df_cleaned = df.dropna(subset=['MATERIAL'])
3
4   # クリーンなデータフレームをdfに再代入
5   df = df_cleaned
6
7   # 結果を確認
8   df.head()
```

　上の生成コードの２行目が、実際に欠損値を除去している部分です。データフレーム関数の一つである **dropna 関数**を、**subset オプション**を付けて呼び出すことで、特定の項目のみを対象とした欠損値の除去が可能になります。

4.4.2　項目名日本語化

　今回の分析対象データは、海外のものであるため、項目名がすべて英語です。ChatGPT は翻訳を含めた言語能力を持っているので、プログラミング能力と組み合わせて利用することで、**「英語の項目名を日本語に変換する」というタスクも実施可能**です。

　次のプロンプトでそのことを試してみます。

プロンプト 4-4-2

> dfの項目名を日本語に変更し、あらためてdfに代入してください
> 変更後の先頭5行を表示してください

レスポンス例 4-4-2

ID	川	位置	建設年	目的	長さ	車線数	クリアランス	形式	材料
E1	M	3	1818	HIGHWAY	NaN	2.0	N	THROUGH	WOOD
E2	A	25	1819	HIGHWAY	1037.0	2.0	N	THROUGH	WOOD
E3	A	39	1829	AQUEDUCT	NaN	1.0	N	THROUGH	WOOD
E5	A	29	1837	HIGHWAY	1000.0	2.0	N	THROUGH	WOOD
E6	M	23	1838	HIGHWAY	NaN	2.0	N	THROUGH	WOOD

4章
保全計画策定（可視化）

127

> 項目名を日本語に変更したデータフレームの先頭5行を表示しました。引き続き、他に行いたい操作があればお知らせください。

この処理についても実装コードを確認します。次のようなコードになっています。

Python 生成コード例 4-4-2

```
1    # 項目名を日本語に変更
2    df.columns = [
3        'ID', '川', '位置', '建設年', '目的', '長さ', '車線数',
4        'クリアランス', '形式', '材料', 'スパン', '信頼性', 'タイプ'
5    ]
6
7    # 変更後のデータフレームの先頭5行を表示
8    df.head()
```

この実装コードの本質的な部分は、2〜5行目です。日本語に翻訳した文字列を Python のリスト形式で準備し、df.columns に代入することで、項目名を変更しています。

4.5 データ分析（可視化）

本章のデータ分析の本質的な部分は可視化（グラフ表示）による分析です。可視化タスクの中でも用いられることの多い「散布図」と「箱ひげ図」について、その典型的な利用パターンを紹介します。

4.5.1 可視化〜散布図表示

散布図とは、分析対象データのうち、**数値情報の2項目に着目し、この二つの数値の関係を調べる**ときによく用いられるグラフです。今回の分析対象データでいうと、「建設年」と「長さ」が、まさにこの条件を満たす2項目となります。

今回は、material の情報も加味し、material でグループ分けした形で散布図

を表示することとします。具体的なプロンプトは次のプロンプト 4-5-1 になります。

プロンプト 4-5-1

📄 japanize_matplotlib-1.1.3-py3-none-any.whl

> 建設年と長さで散布図をseabornで描画してください
> 描画時には、材料でマーカーと色を変えてください（マーカーは大きめに）
> 文字化けしないよう、添付のライブラリを!pipコマンドで導入してからグラフ表示してください

プロンプトの中に「材料でマーカーと色を変えてください」の指示を含めることで、**材料（material）を軸にした分析**が可能になりました（実際のChatGPTでは、赤青緑などのカラフルなグラフが表示されるはずです）。プロンプトの中の「seaborn」とは、高機能なグラフ描画ライブラリです。この指示を含めなくてもグラフ描画は可能ですが、**一言この指示を入れることで、シンプルな実装コードを生成**してくれます。

レスポンス例 4-5-1

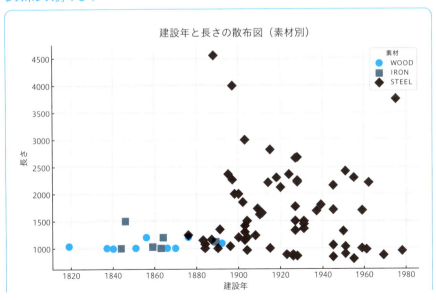

> 建設年と長さの散布図を素材別にマーカーと色を変えて描画しました。他に行いたい操作
> や分析があればお知らせください。

今回も、このとき生成されたコードを確認してみます。

Python 生成コード例 4-5-1

```
1    # 添付のライブラリを用いて日本語対応のmatplotlibをインストール
2    !pip install /mnt/data/japanize_matplotlib-1.1.3-py3-none-any.whl
3
4    # ライブラリのインポート
5    import matplotlib.pyplot as plt
6    import seaborn as sns
7    import japanize_matplotlib
8
9    # 散布図を描画
10   plt.figure(figsize=(12, 8))
11   sns.scatterplot(
12       data=df,
13       x='建設年',
14       y='長さ',
15       hue='材料',
16       style='材料',
17       s=100  # マーカーを大きく
18   )
19
20   plt.title('建設年と長さの散布図(材料別)')
21   plt.xlabel('建設年')
22   plt.ylabel('長さ')
23   plt.legend(title='材料')
24   plt.grid(True)
25   plt.show()
```

　11～18行目のscatterplot関数の呼び出しが、このコードの本質的な部分です。13、14行目で、どの項目の散布図かを指定し、15、16行目で、色とマーカーについて、どの項目を軸に変化させるかを指定しています。一見複雑そうなプログラムですが、このように見ていくと、必要最小限のシンプルな引数でグラフを描画できていることがわかります。

ここで表示された散布図をどう解釈するかは、4.6節のテーマとします。

今は、いったんもう一つの可視化機能である箱ひげ図の話題に移ることとします。

4.5.2 可視化〜箱ひげ図表示

箱ひげ図とは、数値で示される特定の項目を小さい順に並べ替えたとき、先頭25%から75%がどの領域になるかを矩形領域で示す可視化手法です。25%から75%とは、全体の半分の量に該当し、主要なデータの範囲を理解するためのグラフとしてよく用いられます。

今回は、「建設年」を対象に、そして素材（material）を軸に分析をすることとします。プロンプトは次の形になります。

プロンプト 4-5-2

> 建設年を用いて材料別の箱ひげ図をseabornで色分けして描画してください
> 矩形領域は塗りつぶした形で、また表示順はWOOD,IRON,STEELの順番でお願いします

今回も高度なグラフ描画をシンプルな実装コードで実現するため seaborn をライブラリとして指定しました。

また、プロンプト2行目に「矩形領域は塗りつぶした形で、また表示順はWOOD,IRON,STEELの順番で」と追加の指示を出すことで見やすいグラフにしています。

レスポンス例 4-5-2

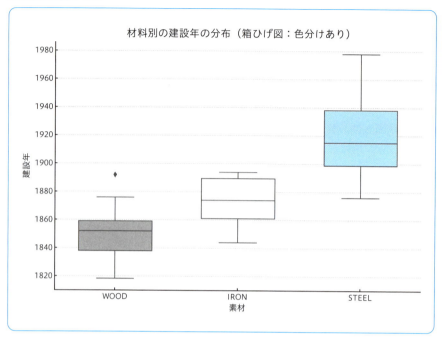

グラフから、時代の推移とともに、素材が「WOOD（木材）」から「IRON（鉄）」、「STEEL（鋼鉄）」へと変わっている様子が読み取れました。

今回も実装コードを確認してみます。次のような形になっていました。

Python 生成コード例 4-5-2

```
# 建設年を用いた材料別の箱ひげ図を描画(色分けあり)
plt.figure(figsize=(12, 8))
sns.boxplot(
    data=df,
    x='素材',
    y='建設年',
    order=['WOOD', 'IRON', 'STEEL'],  # 表示順を指定
    palette='Set2',  # 塗りつぶしの配色を指定
    width=0.6  # 箱ひげ図の幅
)

```

```
12    # グラフのタイトルとラベルを設定
13    plt.title('材料別の建設年の分布(箱ひげ図:色分けあり) ', fontsize=16)
14    plt.xlabel('素材', fontsize=14)
15    plt.ylabel('建設年', fontsize=14)
16    plt.grid(axis='y', linestyle='--', alpha=0.7)
17
18    # グラフを表示
19    plt.show()
```

seaborn の関数を使うことで、直感的に理解しやすいシンプルな実装コードになっています。

4.6 　結果解釈

データ分析で重要なのは結果の解釈です。いくらきれいなグラフが描画できたからといっても、そこから解釈結果を導けないなら、データ分析の目的は達成できたとはいえません。

本節では、ChatGPT に解釈のヒントをもらう例を示していきたいと思います。

4.6.1 　結果解釈

本項では、先ほど描画した散布図から、橋の建設に関する仮説を導出してみます。まず、散布図を改めて示します。

レスポンス例 4-5-1（再掲）

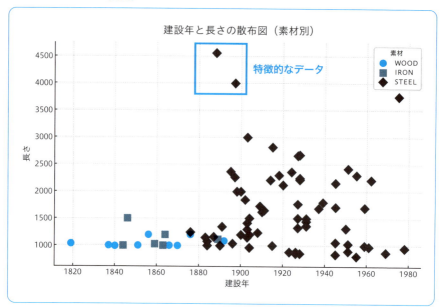

　この散布図で一番特徴的なのは、1900年くらいに4000メートル以上の長い橋が二つ架けられている点です。そこで、この特徴に関して、仮説が立てられないか、ChatGPTに質問してみることにします。プロンプトは次のものです。

プロンプト 4-6-1

> 先ほど描画した散布図によると、1900年くらいに、4000m以上の橋がSTEELを材料に二つ建設されています
> この点に関して、散布図を参考に、材料と関連した仮説が立てられますか

　この質問に対してChatGPTは次のような答えを返してきました。

レスポンス例 4-6-1

散布図から読み取れるように、1900年頃に4000メートル以上の長さを持つ橋がSTEEL（鋼鉄）を材料にして二つ建設されているという点について、以下のような仮説を立てることができます。

- 仮説1：鋼鉄の技術革新による長大橋の建設
  - 1900年頃は、鋼鉄の製造技術や構造設計技術が大きく進展した時期であると考えられます。この技術革新により、従来の材料（木材や鉄）では不可能だった長大なスパンを持つ橋を鋼鉄で建設できるようになった可能性があります。鋼鉄は高い強度と耐久性を持ち、長いスパンを支えるのに適しているため、4000メートルを超える橋を建設する際に選ばれたと考えられます。
- 仮説2：需要の増加とインフラの拡大
  - この時期には、産業革命後の経済発展とともに、交通インフラの需要が急速に拡大していた可能性があります。特に、都市間や大陸間の輸送が重要視される中で、長距離をカバーできる大規模な橋の建設が求められたと考えられます。鋼鉄はその要求に応える材料であり、これが4000メートルを超える橋の建設に利用された要因かもしれません。
- 仮説3：鋼鉄の供給の増加とコストの低下
  - 鋼鉄の大量生産が可能になり、その結果としてコストが低下したことも考えられます。これにより、より大規模なインフラプロジェクトに鋼鉄を使用することが経済的に可能になり、長大な橋の建設に適用されたと推測されます。

これらの仮説は、さらなるデータの分析や歴史的背景の調査により検証が必要ですが、散布図から読み取れる情報に基づいた合理的な推論であると考えられます。

これらの仮説のうち、仮説1で示されている鋼鉄の製造技術との関連は、合理性のありそうな仮説です。このように「結果の解釈」に関しても、ChatGPTは有力なアドバイスを示してくれる可能性があります。

4.7　ビジネス施策立案

最後に、よりビジネスに近い領域であるビジネス施策立案に関して、ChatGPTからアドバイスをもらうパターンも試してみます。

4.7.1　橋の改修計画立案

先ほど描画した箱ひげ図を基に、橋の改修立案のヒントをもらうことを試みます。まずは、先ほどの箱ひげ図を改めて示します。

レスポンス例 4-5-2（再掲）

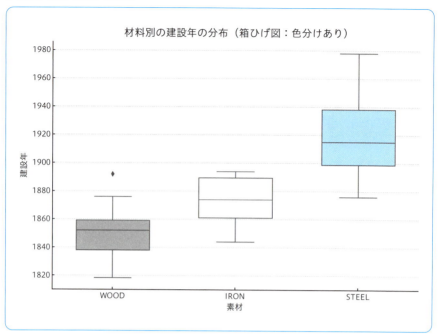

プロンプトとしては、次の形にしました。

プロンプト 4-7-1

> あなたは、ピッツバーグ市の職員で、橋の改修計画の担当者だと思ってください
> これから橋の改修計画を策定する場合に、先ほど描画した箱ひげ図を参考にして、どの材料の橋から優先的に計画すべきか考えてください

この質問に対して ChatGPT は次のような答えを返してきました。

レスポンス例 4-7-1

ピッツバーグ市の職員として、橋の改修計画を策定する際に、先ほど描画した箱ひげ図を参考にすると、以下のような判断が可能です。

箱ひげ図の解釈

箱ひげ図は、各材料の橋が建設された時期の分布を示しています。一般的に、橋の建設年が古いほど、老朽化のリスクが高く、改修や補修が必要になる可能性が高いと考えられます。

- WOOD（木材）：箱ひげ図を見ると、WOODを材料とした橋の建設年が他の材料に比べて非常に古い傾向があります。建設年の中央値もかなり早く、古い時期に集中しています。木材は腐食や虫害、火災に対して脆弱であるため、構造的な劣化のリスクが高いです。
- IRON（鉄）：IRONを使用した橋も、建設年が比較的古いことが示されています。鉄は錆びやすく、特に防錆処理が不十分な場合、劣化が進行しやすいです。建設年の分布はWOODほど古くはないものの、依然として早期の改修が検討されるべき対象です。
- STEEL（鋼鉄）：STEELを材料とした橋は、箱ひげ図からもわかるように、建設年が比較的新しい傾向にあります。鋼鉄は木材や鉄よりも耐久性が高いですが、長期間の使用による劣化や疲労が懸念されることもあります。ただし、他の材料に比べて優先度は低いかもしれません。

改修計画の優先順位

- WOOD（木材）を使用した橋：建設年が古く、材料自体が脆弱であるため、最も優先的に改修が必要です。特に、長期間使用されている橋や重要な交通経路上にある橋は、早急な点検と補強が求められます。
- IRON（鉄）を使用した橋：建設年が古く、錆びや構造劣化のリスクがあるため、WOODの次に優先的に改修を検討すべきです。特に防錆処理が行われていない場合は、早急な対応が必要です。
- STEEL（鋼鉄）を使用した橋：鋼鉄の橋は比較的新しいですが、他の材料に比べて後回しにしてもよいかもしれません。ただし、重要なインフラである場合や、特定の劣化の兆候が見られる場合は、計画に組み込むことも検討すべきです。

結論

優先的に改修すべきは、WOOD（木材）を使用した橋です。その次にIRON（鉄）、そして最後にSTEEL（鋼鉄）の橋を改修計画に組み込むとよいでしょう。この優先順位は、橋の構造的健全性を保つために合理的であり、限られた予算やリソースを最適に配分するために役立ちます。

木材（WOOD）を材料とした橋の早急な点検が必要との意見が示され、これは妥当な考えと思われます。もちろん、ChatGPTの意見をそのまま信用すべきではないとしても、**施策を決めるにあたっての相談相手としての利用形態はありうる**と考えられます。

紙幅の関係で、本章の実習シナリオはここで終わりますが、「WOODの橋を対象とした詳細な改修計画の立て方」や「改修計画実施時に考慮すべき点」など、いくらでも深掘りができます。いわゆる「壁打ち」の練習になるので、関心ある読者はぜひ、この先の詳細計画の策定も、ChatGPTを使って検討してみてください。

5章

顧客層分析
（クラスタリング）

第2部 応用編

本章以降では、いよいよ機械学習モデルを利用したデータ分析を行います。本章と次章で取り扱うのは教師なし学習と呼ばれる種類の機械学習です。

本章では、教師なし学習の中でも最も利用されることの多いクラスタリングを取り上げます。

5.1 分析テーマと分析対象データ

クラスタリングが使われることが最も多い分析テーマは、顧客情報を基に顧客をグループ化し、その結果に基づいて、顧客別のマーケティング戦略を考えることです。本章は、その王道の分析テーマを、公開データセットを用いて実施します。

5.1.1 分析テーマ

このデータの提供元企業はスペインの食品・日用品などの卸売業者です。顧客には小売店や飲食店などがあります。ChatGPT の助けを借りながら、顧客別の販売データを基に、クラスタリングを行い、グループ別の特徴を考えて、販売施策を検討するという一連のタスクを実施します。

5.1.2 分析対象データ説明

今回の分析で用いる公開データセットには、次のような項目が含まれています。

https://archive.ics.uci.edu/dataset/292/wholesale+customers

140

表 5-1　Wholesale customers dataset の項目

項目名	説明	サンプル値
Channel	チャネル	1-2
Region	地域	1-3
Fresh	生鮮食品	（整数値）
Milk	牛乳	（整数値）
Grocery	食料品	（整数値）
Frozen	冷凍品	（整数値）
Detergents_Paper	洗剤・紙製品	（整数値）
Delicassen	惣菜	（整数値）

チャネルは小売店か飲食店かを区別します。

地域は、リスボン、ポルト、その他の三つに分かれています。

その他の6項目は商品カテゴリを意味していて、顧客別の各カテゴリの売上を数値で示しています。

5.1.3　分析プロセス

今回の分析プロセスを、いつものように表形式で示します。

表 5-2　本章における分析プロセス

項	タスク名	処理内容	プロンプト
（共通）	（共通）	（共通）	これから依頼する内容に対して、以下のルールでデータ分析を願いします （1）生成される Python コードのコメントは日本語にする （2）「データの先頭 5 行を表示してください」のような指示に対して以下の対応をする （2-A）生成する Python コード実装では、最後の行を df.head() の形式にする （2-B）df.head() の結果はをブラウザ画面にも表示する。この段階で、初めて整形表示する
5-2-2	データ読み込み	データ読み込み	(wholesales.csv) 添付の csv ファイルをデータフレーム df に読み込んでください 先頭 5 行を表示してください
5-3-1	データ理解	欠損値の確認	df の欠損値を確認してください

5章　顧客層分析（クラスタリング）

141

項	タスク名	処理内容	プロンプト
5-3-2	データ理解	項目値の件数確認	Channel と Region はカテゴリ変数です それぞれのコード値ごとの件数を教えてください
5-3-3	データ理解	項目値の意味推定	(whole-sum.txt) 今回のデータに関して公開サイトに次のような情報がありました この情報からコード値と意味の対応を推定してください
5-4-1	データ前処理	項目名日本語化	項目名を日本語に変更し、結果は df に上書きしてください 先頭 5 行を表示してください
5-5-1	データ分析	可視化　ヒストグラム表示	(japanize_matplotlib-1.1.3-py3-none-any.whl) チャネルと地域以外の 6 つの項目を 2 行 3 列のヒストグラムで表示してください グラフが文字化けしないよう、添付のライブラリを !pip コマンドで導入してください
5-5-2	データ分析	クラスタリング実施	df に対して K-Means を用いてクラスタ数 4 乱数シード 123 でクラスタリングしてください 結果は「クラスタ」列として df に追加してください
5-5-3	データ分析	クラスタ別の集計	チャネルと地域以外の項目をクラスタ単位で平均計算し、結果を df_cluster に代入してください 計算結果は小数第一位で四捨五入します df_cluster 全体を表示してください
5-5-4	データ分析	クラスタ別の可視化（数値データ）	df_cluster を積み上げ棒形式でグラフ表示してください
5-5-5	データ分析	クラスタ別の可視化（チャネル）	クラスタ単位にグループ化したときの、チャネルの分布を積み上げ棒グラフで示してください 縦軸は 100% を全体とします 凡例の項目値は while-sum.txt を使って推測した値を使います
5-5-6	データ分析	クラスタ別の可視化（地域）	クラスタ単位にグループ化したときの、地域の分布を積み上げ棒グラフで示してください 縦軸は 100% を全体とします 凡例の項目値は while-sum.txt を使って推測した値を使います
5-5-7	データ分析	クラスタ別の可視化（ヒートマップ分析）	df_cluster を横軸「商品種別」縦軸「クラスタ ID」でヒートマップ表示してください
5-5-8	データ分析	PCA 分析	df から「チャネル」「地域」をはずしたデータを用いて 2 次元に PCA 分析してください 分析結果はクラスタ毎にマーカーの形（x,+,o,^）で区別して、散布図表示します
5-6-1	結果解釈	クラスタリング結果の解釈	各クラスタの特徴をまとめ、特徴を象徴するニックネームをつけてください
5-7-1	ビジネス施策立案	クラスタ別マーケティング戦略策定	各クラスタごとに有効と考えられるマーケティング戦略の例を示してください

各タスクの概要は以下の通りです。

データ理解

今回初めてのタスクとして項目値の件数確認があります。注目している項目で、どの値が何件あるかを確認するタスクです。

今回のデータセットではチャネルと地域に関してコード値（1〜2や1〜3）のみが示されていて、肝心のコード値の意味が記載されていませんでした。3.3節で説明したように、データ項目の意味が分からないという事象がまさに起きている形です。「小売店 142 件」などの件数情報はあったので、上で得られた項目値ごとの件数を調べて、その情報と突き合わせる形で項目値の意味を推定することにします。

これも、データ意味理解のタスクの一種と考えることが可能です。

データ前処理

クラスタリングをする場合は、すべての対象項目を数値データにする必要があります。ただし今回のデータでは、主要な項目がすべて数値データであり、そのような目的のデータ処理は不要でした。

一つ、今回、考えるべきこととして、「**正規化**」と呼ばれるタスクをクラスタリング前に実施するかどうかという話があります。クラスタリングでやっていることを数学的に簡単に説明すると、距離の近い点同士を同じグループにするということです。

例えば、身長と体重の二つの数値でクラスタリングすることを考えてください。身長がメートル単位、体重がキログラム単位の数値だとすると、体重の数値の方が30倍程度大きいため、体重が重視される分類になってしまいます。そのようなことが起きないようにする処理が正規化です。この処理をすることで、どのデータもバラツキが同程度になるので、身長のバラツキも体重のバラツキも同程度の重みを持つことになります[1]。

しかし、今回の例では、数値の単位は共通の「金額」です。カテゴリによっ

---

[1] 例えば1.6mと1.7mの身長の違いと60kgと70kgの体重の違いが同程度に扱われるということになります。

ては全体的に購買額の少ないものがありえます。こうしたケースで正規化を行うと、金額の少ないカテゴリの扱いが大きくなってしまいます。

　以上のことを考えて、今回は**あえて「クラスタリング前に正規化をしない」**アプローチを取ることにしました。

　以下の詳細手順では見えてこない、しかし重要な方針なので、詳しめに説明しました。

データ分析

　今回は前処理がほとんどないため、タスクのほとんどがデータ分析です。このタスクは細かく見ると三つに分類できます。

- ステップ1　元データに対する可視化
- ステップ2　クラスタリング
- ステップ3　クラスタリングした結果に基づく集計と可視化

　3章の教師あり学習のときと同様に、クラスタリングそのもの(ステップ2)は、たった1行のコードで実現できます。クラスタリングで重要なのは、その後の分析です。

結果解釈

　クラスタリング後の集計、可視化に基づき、「このグループはどういう性質を持っているのか」を判断するのが結果解釈のタスクです。ここまでの結果が出せて初めて、クラスタリングは意味があったということになります。今回の実習では、この結果解釈に関しても、ChatGPT の支援をもらう形にしています。

施策立案

　クラスタリングで適切なグルーピングができた場合、そのグループに対して的確な施策を考えることが可能になります。ChatGPT は、この場面でも有益な支援が可能です。

5.2 データ読み込み

本章でも、分析には、分析対象のデータそのものと、データの説明情報を利用します。

5.2.1 事前準備ファイル

本章で利用するファイルは次の通りです。

表5-3　本章で利用するファイル

No	ファイル名	利用目的
1	whole-prompt.txt	プロンプト集
2	wholesales.csv	分析対象データ
3	whole-sum.txt	項目値ごとの件数リスト
4	japanize_matplotlib-1.1.3-py3-none-any.whl	グラフ表示日本語化

2と3は、UCIのサイトから取得しています。入手元を再掲します。

https://archive.ics.uci.edu/dataset/292/wholesale+customers

4は、すでに紹介している下記サイトが入手元です（pipコマンドでwhlファイルとしてダウンロード）。

https://pypi.org/project/japanize-matplotlib/

このうち、whole-sum.txtの具体的内容は以下の通りで、これは上のリンク先にある情報の一部をコピペしたものです。

```
REGION      Frequency
Lisbon      77
Oporto      47
Other Region    316
Total    440
```

```
CHANNEL    Frequency
Horeca     298
Retail     142
Total      440
```

これらのファイルは次のリンクからダウンロードしてください。

サポートサイトリンク：

https://github.com/makaishi2/profitable_data_analysis/tree/main/ai_materials/CH05

短縮 URL：https://bit.ly/3OP8l8F

QR コード

5.2.2　データ読み込み

いつものように、最初は以下のようなプロンプトでデータを読み込みます。

プロンプト 5-2-2

 wholesales.csv

> 添付のcsvファイルをデータフレームdfに読み込んでください
> 先頭5行を表示してください

レスポンス例 5-2-2

Channel	Region	Fresh	Milk	Grocery	Frozen	Detergents_Paper	Delicassen
2	3	12669	9656	7561	214	2674	1338
2	3	7057	9810	9568	1762	3293	1776
2	3	6353	8808	7684	2405	3516	7844
1	3	13265	1196	4221	6404	507	1788
2	3	22615	5410	7198	3915	1777	5185

指定された CSV ファイルからデータをデータフレームに読み込み、先頭 5 行を表示しました。分析を続ける場合は、お知らせください。

5.3　データ理解

本章のデータ理解では、項目値の件数を確認します。その値を whole-sum.txt の結果と突き合わせることで、各項目値の意味を調べます。

5.3.1　欠損値の確認

データ理解の最初のステップで、欠損値を確認します。すでに何度か説明しているので、解説は省略します。

プロンプト 5-3-1

> df の欠損値を確認してください

レスポンス例 5-3-1

> データフレームには欠損値は存在しません。すべての列で欠損値がゼロでした。他に確認したいことや行いたい分析があればお知らせください。

5.3.2　項目値の件数確認

項目値の件数を確認します。

プロンプト 5-3-2

ChannelとRegionはカテゴリ変数です
それぞれのコード値ごとの件数を教えてください

レスポンス例 5-3-2

ChannelとRegionのコード値ごとの件数は以下の通りです。

Channel:

1: 298件
2: 142件
Region:

1: 77件
2: 47件
3: 316件
他に確認したいことがあればお知らせください。

　こちらは本書で初めて出てくるタスクなので、Python 生成コード例も確認します。

Python 生成コード例 5-3-2

```
1    # ChannelとRegionのカテゴリ変数ごとの件数を確認
2    channel_counts = df['Channel'].value_counts()
3    region_counts = df['Region'].value_counts()
4    # 結果を表示
5    channel_counts, region_counts
```

　コードの 2、3 行目にある

　「df['Channel'].value_counts()」「df['Region'].value_counts()」

という関数呼び出しがこのタスクを実施します。

　参考までに、実行結果例も以下に示します。

Python 実行結果例 5-3-2

```
1  (1    298
2   2    142
3  Name: Channel, dtype: int64,
4   3    316
5   1     77
6   2     47
7  Name: Region, dtype: int64)
```

5.3.3 項目値の意味推定

次のプロンプトでは、whole-sum.txt と、上の実行結果を照合して、各項目値の意味を ChatGPT に推測させることをやってみました。

プロンプト 5-3-3

whole-sum.txt

> 今回のデータに関して公開サイトに次のような情報がありました
> この情報からコード値と意味の対応を推定してください

レスポンス例 5-3-3

> 提供された情報を基に、ChannelとRegionのコード値とその意味を次のように推定できます。
>
> Channel:
>
> 1 = Horeca（298件）
> 2 = Retail（142件）
> Region:
>
> 1 = Lisbon（77件）
> 2 = Oporto（47件）
> 3 = Other Region（316件）
> この推定が正しければ、ChannelとRegionの数値を対応するカテゴリ名に置き換えることができます。他に何か確認したいことがあればお知らせください。

件数を手がかりに使うことで、うまくコード値とその意味を対応付けられま

した。

5.4　データ前処理

　5.1 節で説明したように、データ前処理として正規化をするかどうかが判断の難しいところですが、今回はしない方針にしました。

　その場合、欠損値がなく、すべて最初から数値になっている今回のケースでは、ほとんど前処理が不要になります。

　そこで項目名の日本語化のみ行うこととしました。

5.4.1　項目名日本語化

　項目名の日本語化に関しても前章で説明したので、詳しい説明は省略します。

プロンプト 5-4-1

```
項目名を日本語に変更し、結果はdfに上書きしてください
先頭 5 行を表示してください
```

レスポンス例 5-4-1

チャネル	地域	生鮮	牛乳	食料品	冷凍品	洗剤・紙製品	デリカテッセン
2	3	12669	9656	7561	214	2674	1338
2	3	7057	9810	9568	1762	3293	1776
2	3	6353	8808	7684	2405	3516	7844
1	3	13265	1196	4221	6404	507	1788
2	3	22615	5410	7198	3915	1777	5185

項目名を日本語に変更し、結果を表示しました。次に進むべき分析や確認があればお知らせください。

5.5　データ分析

　本節ではクラスタリングを中心としたデータ分析を実施します。5.5.1 項はク

ラスタリング前の基礎分析、5.5.2項がクラスタリングタスクそのもので、5.5.3項以降はクラスタリング後の分析です。クラスタリング分析では、クラスタリング後の分析が重要で、本節の解説もその点が中心となります。

5.5.1　可視化〜ヒストグラム表示

ヒストグラムは連続的に変化する数値データを対象に実施する可視化手法で、前章で説明した散布図、箱ひげ図と並んで統計的に重要な手法です。今回は、数値を取る6個の商品カテゴリが、この分析が可能な項目となります。

次のプロンプトを用いて、6個のヒストグラムを同時に描画しました。

プロンプト 5-5-1

📄 japanize_matplotlib-1.1.3-py3-none-any.whl

> チャネルと地域以外の6つの項目を2行3列のヒストグラムで表示してください
> グラフが文字化けしないよう、添付のライブラリを!pipコマンドで導入してください

レスポンス例 5-5-1

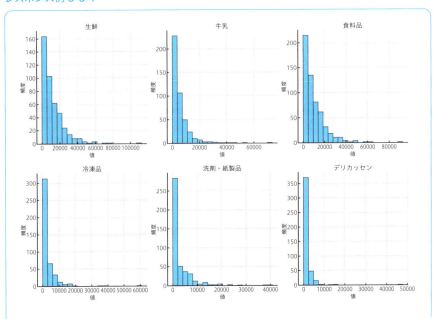

> 指定された6つの項目に対して、2行3列のヒストグラムを表示しました。その他に行いたい分析やリクエストがあればお知らせください。

　6個の商品カテゴリに関するヒストグラムの結果は、ゼロに近いほど頻度が高いという常識的な結果で、このままクラスタリング処理を実施するのに特に大きな問題はなさそうです。この結果を受けて、実際のクラスタリング処理を行うことになります。

　こちらに関しては生成された実装コードも確認します。

Python 生成コード例 5-5-1

```python
# 日本語フォント対応のためのライブラリをインストール
!pip install /mnt/data/japanize_matplotlib-1.1.3-py3-none-any.whl
import japanize_matplotlib
import matplotlib.pyplot as plt
# 2行3列のヒストグラムを作成
fig, axes = plt.subplots(2, 3, figsize=(15, 10))
columns = ['生鮮', '牛乳', '食品', '冷凍品', '洗剤・紙製品', 'デリカッセン']
for i, column in enumerate(columns):
    ax = axes[i//3, i%3]
    ax.hist(df[column], bins=20, color='skyblue', edgecolor='black')
    ax.set_title(column)
    ax.set_xlabel('値')
    ax.set_ylabel('頻度')
plt.tight_layout()
plt.show()
```

　かなり複雑なコードなので、詳細な説明は省略します。プロンプトの指示はやりたいことが直感的に理解できる自然言語です。この指示だけで、その通りのグラフが描画されました。その背後ではこのようなかなり複雑なプログラムが生成されていたと考えていただければ結構です[2]。

---

[2] 複数の描画領域に対する描画プログラムの考え方については、講座1.5に解説があるので、関心のある方はそちらを参照してください。細かい話ですが9行目の「ax = axes[i//3, i%3]」がなかなかしゃれたコードで筆者も感心しました。

5.5.2 クラスタリング実施

いよいよクラスタリングの実施です。実施前に一つ重要な話をします。クラスタリングのアルゴリズムとしては **K-means** という手法が使われることが多いです。このアルゴリズムは**対象データ件数が膨大であっても比較的短い時間で計算できる**点がメリットですが、**事前に分割数を定める必要がある**点が考慮点です。最善のクラスタ数を求める方法もありますが、実データに対していつでも利用可能というわけではないです。4〜8程度が最善であることが多いので、この値で試してみて、この後の特徴分析がきれいにできる値を探すことが現実に行われていることです。

今回は分割数として天下り的に4という値を使うということで、実習のストーリーはできています。この点を踏まえてプロンプトは次のようになります。

プロンプト 5-5-2

> dfに対してK-meansを用いてクラスタ数4 乱数シード123でクラスタリングしてください
> 結果は「クラスタ」列としてdfに追加してください

レスポンス例 5-5-2

> K-meansを用いてクラスタリングを実施し、結果を「クラスタ」列としてdfに追加しました。以下は先頭5行のデータです：

チャネル	地域	生鮮	牛乳	食料品	冷凍品	洗剤・紙製品	デリカテッセン	クラスタ
2	3	12669	9656	7561	214	2674	1338	1
2	3	7057	9810	9568	1762	3293	1776	2
2	3	6353	8808	7684	2405	3516	7844	1
1	3	13265	1196	4221	6404	507	1788	1
2	3	22615	5410	7198	3915	1777	5185	0

> 追加の分析や結果の可視化が必要であればお知らせください！

こちらのタスクも重要なので、生成コード例を確認します。

Python 生成コード例 5-5-2

```
1    from sklearn.cluster import KMeans
2
3    # K-meansクラスタリングの設定
4    kmeans = KMeans(n_clusters=4, random_state=123)
5
6    # チャネルと地域以外の数値データに基づいてクラスタリングを実行
7    numeric_columns = ['生鮮', '牛乳', '食料品', '冷凍品', '洗剤・紙製品',
     'デリカッセン']
8    df['クラスタ'] = kmeans.fit_predict(df[numeric_columns])
9
10   # 結果を確認
11   df.head()
```

7行目と8行目がクラスタリングを実施している部分です。6個の数値項目を抜き出して、このデータに対して fit_predict 関数でクラスタリングを実施しています[3]。

この段階では、新たな列「クラスタ」がデータフレーム df に追加されただけなので、まだ特別な知見は得られません。次の5.5.3項以降で初めて、クラスタリングの結果が活用される形になります。

5.5.3 クラスタ別の集計

クラスタリング後の分析の最初のタスクとして、クラスタごとに各項目値の平均を計算します。プロンプトと結果は次のようになります。

プロンプト 5-5-3

チャネルと地域以外の項目をクラスタ単位で平均計算し、結果を df_cluster に代入してください
計算結果は小数第一位で四捨五入します
df_cluster 全体を表示してください

---

[3] df['クラスタ'] = ... という書き方でデータフレームに新しい列が追加されることは巻末の講座1.4に説明があります。

レスポンス例 5-5-3

クラスタ	生鮮	牛乳	食料品	冷凍品	洗剤・紙製品	デリカテッセン
0	36144.5	5471.5	6128.8	6298.7	1064.0	2316.7
1	9087.5	3027.4	3753.5	2818.0	1003.0	1040.5
2	4808.8	10525.0	16909.8	1462.6	7302.4	1650.9
3	19888.3	36142.4	45517.5	6328.9	21417.1	8414.0

クラスタ単位でチャネルと地域以外の項目の平均を計算し、結果を四捨五入して表示しました。他に分析や確認したいことがあればお知らせください。

クラスタでグループ化した後で平均を計算することで、グループごとの特徴が出ていることが分かります。

5.5.4 クラスタ別の可視化 (数値データ)

5.5.3 項で分かったクラスタ別の特徴をより確実に押さえるため、この計算結果を積み上げ棒グラフに表示します。プロンプトは以下の形になります。

プロンプト 5-5-4

df_clusterを積み上げ棒形式でグラフ表示してください

レスポンス例 5-5-4

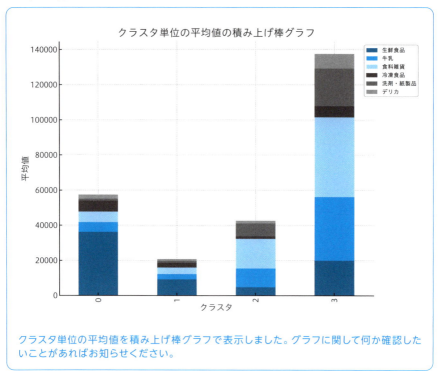

クラスタ単位の平均値を積み上げ棒グラフで表示しました。グラフに関して何か確認したいことがあればお知らせください。

今回も生成コード例を確認してみましょう。

Python 生成コード例 5-5-4

```python
# df_clusterを積み上げ棒グラフで表示
df_cluster.plot(kind='bar', stacked=True, figsize=(10, 7))
plt.title('クラスタ単位の平均値の積み上げ棒グラフ')
plt.xlabel('クラスタ')
plt.ylabel('平均値')
plt.legend(loc='upper right', bbox_to_anchor=(1.15, 1))
plt.tight_layout()
plt.show()
```

2行目の「df_cluster.plot(kind='bar', stacked=True, figsize=(10, 7))」が本

質的な部分でこのコードにより、クラスタ単位の積み上げ棒グラフが描画されます。

このように可視化することで四つのクラスタの特徴が明確になりました。

5.5.5　クラスタ別の可視化（チャネル）

次に**チャネルと地域という二つの要素について、クラスタ固有の特徴がある**か調べてみます。最初にチャネルから調査します。その場合のプロンプトは次のようになります。

プロンプト 5-5-5

> クラスタ単位にグループ化したときの、チャネルの分布を積み上げ棒グラフで示してください
> 縦軸は100%を全体とします
> 凡例の項目値はwhole-sum.txtを使って推測した値を使います

レスポンス例 5-5-5

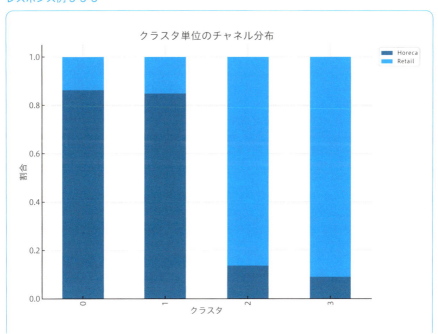

> クラスタ単位のチャネル分布を100％積み上げ棒グラフで表示しました。凡例には推測した項目値(Horeca, Retail)を使用しています。追加の分析や確認が必要な場合はお知らせください。

クラスタ0と1はほとんどが飲食店（Horeca：ホテルやレストラン、カフェ）、逆にクラスタ2と3はほとんどが小売店（Retail）でした。この二つのチャネルで購入商品の傾向が異なることは合理的な話で、この結果からも今回のクラスタリングはうまくいっていることが分かります。

今回も生成された実装コードを確認してみます。

Python 生成コード例 5-5-5

```
 1  # クラスタ単位でチャネルの分布を集計
 2  channel_distribution = df.groupby(['クラスタ', 'チャネル']).size().⤵
    unstack(fill_value=0)
 3
 4  # 各クラスタごとに100%を基準にした割合に変換
 5  channel_distribution = channel_distribution.div(channel_distribut⤵
    ion.sum(axis=1), axis=0)
 6
 7  # 項目値を推測した値に変更
 8  channel_distribution.columns = ['Horeca', 'Retail']
 9
10  # 100%積み上げ棒グラフで表示
11  channel_distribution.plot(kind='bar', stacked=True, figsize=(10, ⤵
    7))
12  plt.title('クラスタ単位のチャネル分布')
13  plt.xlabel('クラスタ')
14  plt.ylabel('割合')
15  plt.legend(loc='upper right', bbox_to_anchor=(1.15, 1))
16  plt.tight_layout()
17  plt.show()
```

今回のプロンプトは相当複雑な内容ですが、指示通りに実装されています。

5.5.6 クラスタ別の可視化（地域）

同じ分析を項目「地域」に対してもやってみます。プロンプトは以下の形になります。

プロンプト 5-5-6

> クラスタ単位にグループ化したときの、地域の分布を積み上げ棒グラフで示してください
> 縦軸は100％を全体とします
> 凡例の項目値はwhole-sum.txtを使って推測した値を使います

レスポンス例 5-5-6

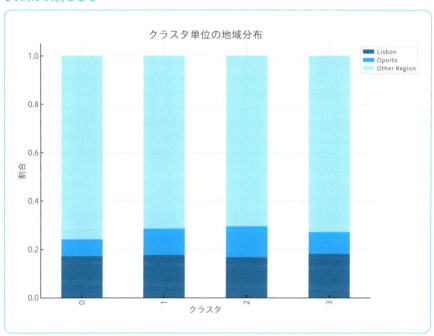

三つの地域の構成比は、どのクラスタでもほぼ同一です。つまり、**地域によるクラスタの特性はない**ことが分かりました。

5.5.7 ヒートマップ表示

5.5.3項で示したクラスタ別の集計結果は、5.5.4項で示した「**積み上げ棒グラフ**」の他に「**ヒートマップ表示**」で可視化することもできます。そのためのプロンプトを示します。

プロンプト 5-5-7

> df_clusterを横軸「商品種別」縦軸「クラスタID」でヒートマップ表示してください

レスポンス例 5-5-7

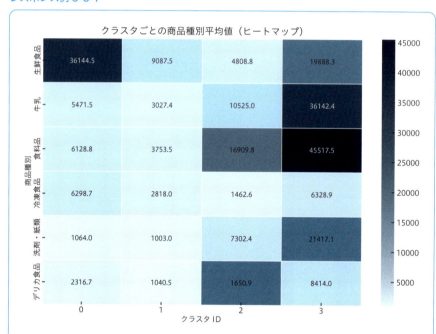

クラスタごとの商品種別平均値をヒートマップで表示しました。横軸は「クラスタID」、縦軸は「商品種別」となっています。追加の分析や可視化が必要な場合はお知らせください！

　この図からは、**クラスタ0の生鮮食品の購買量が際立って大きい**ことや、**クラスタ2とクラスタ3は、購買の絶対量こそ違うが、購買傾向はほぼ同一**であることなどが読み取れます。なお、生成コード例は紙幅の制約から割愛します。

5.5.8 PCA分析

　教師なし学習でよく使われる手法の一つが「次元圧縮」です。この手法はクラスタリングとセットで用いられることが大変多いです。次のプロンプトは、次元圧縮の代表的なアルゴリズムである「PCA分析」を、今回のクラスタリング事例で適用するためのものです。

プロンプト 5-5-8

> dfから「チャネル」「地域」をはずしたデータを用いて2次元にPCA分析してください
> 分析結果はクラスタ毎にマーカーの形(x,+,o,^)で区別して、散布図表示します[4]

レスポンス例 5-5-8

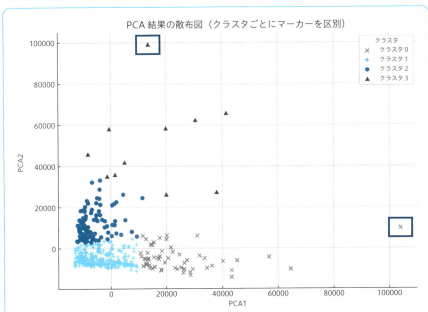

> PCA分析を行い、2次元の散布図にプロットしました。クラスタごとに異なるマーカー(x, +, o, ^)でデータポイントを区別しています。さらに分析が必要であればお知らせください！

---

[4] マーカーはその形を意味する記号文字で指定します。「x, +, o」は記号からマーカーの形が想像できますが、「^」は三角形「▲」を意味する記号になります。

このグラフからは、クラスタ0とクラスタ1、クラスタ2とクラスタ3はそれぞれ同じ傾向の顧客である[5] ことや、クラスタ0とクラスタ3にはそれぞれ1件ずつ、他と比べて際立って購買量の多い顧客がある（青枠で示した点）ことなどがわかります。いずれも2次元散布図の形で可視化することでわかった事象であり、次元圧縮による分析の効果と考えられます。こちらも生成コード例は割愛します。

5.6 結果解釈

データ分析の世界では、Pythonのプログラムで示された分析結果を、「解釈し」「施策を考える」タスクが重要です。この領域でもChatGPTは支援が可能なことを実習を通じて確認します。

5.6.1 クラスタリング結果の解釈

様々なデータ分析タスクの中でもクラスタリングは結果の解釈が非常に重要です。まずは、ChatGPTでどこまでできるのか、シンプルに次の質問を投げてみます。

プロンプト 5-6-1

> 各クラスタの特徴をまとめ、特徴を象徴するニックネームをつけてください

次のような結果が返ってきました。

---

[5] 今回の例でいうと、PCA2の要素を持たない、つまりPCA2の値の絶対値がゼロに近い（クラスタ0とクラスタ1）、PCA2の値の絶対値がゼロ以外である（クラスタ2とクラスタ3）でハイレベルの分類が可能です。

レスポンス例 5-6-1

各クラスタの特徴を以下にまとめ、その特徴に基づいてニックネームを提案します。

クラスタ 0
- 生鮮や冷凍品が非常に多い
- 牛乳や食料品も平均以上
- 洗剤・紙製品とデリカッセンの使用量は少ない
- チャネルは主にHoreca
- 地域は「Other Region」が大半
ニックネーム：「大規模食材需要クラスタ」

クラスタ 1
- 全体的にすべての項目で平均的な消費量
- 洗剤・紙製品とデリカッセンはやや少ない
- チャネルは主にHoreca
- 地域は「Other Region」が大半だが、他の地域も一定数
ニックネーム：「標準型中規模クラスタ」

クラスタ 2
- 牛乳と食料品の消費量が非常に高い
- 洗剤・紙製品の消費量も多い
- 冷凍品やデリカッセンの使用は少ない
- チャネルは主にRetail
- 地域は「Other Region」が多いが、「Lisbon」と「Oporto」も含まれる
ニックネーム：「小売型日用品需要クラスタ」

クラスタ 3
- 牛乳と食料品の消費量が圧倒的に高い
- 洗剤・紙製品やデリカッセンも非常に多い
- チャネルは主にRetail
- 地域は主に「Other Region」、次いで「Lisbon」
ニックネーム：「大量日用品消費クラスタ」

このように、各クラスタに特徴を象徴するニックネームを付けました。それぞれのニックネームがクラスタの特徴を表していると思いますが、修正や他の要望があればお知らせください。

5章 顧客層分析（クラスタリング）

　このまま使えるかどうかには議論の余地がありますが、少なくとも分析者が自分で検討するときのたたき台としては使えるのではないかと思います。

5.7 ビジネス施策立案

データ分析の最終的な目的は、分析で得られた知見に基づくビジネス施策の立案です。人間のデータ分析者でも最も難しいタスクですが、この領域でChatGPTにどこまでのことができるのか、試してみることにします。

5.7.1 クラスタ別マーケティング戦略策定

前節の続きのタスクとして、次のプロンプトを与えて、ChatGPTにクラスタ別のマーケティング施策の立案を依頼します。

プロンプト 5-7-1

各クラスタごとに有効と考えられるマーケティング戦略の例を示してください

レスポンス例 5-7-1

クラスタ 0:「大規模食材需要クラスタ」
特徴:
- 生鮮食品や冷凍品の消費量が非常に多い
- 主にHorecaチャネルを利用
- 地域は「Other Region」が中心

マーケティング戦略:
- **大量仕入れ割引**:大量の生鮮食品や冷凍品を購入する傾向があるため、大口購入割引や特別価格を提供することでリピート購入を促進。
- **サプライチェーン最適化**:このクラスタは、安定的な供給と新鮮さが重要であるため、地元生産者との提携や物流の最適化を提案し、迅速な配送を強調。
- **サステナビリティ**:生鮮食品に対する高い需要に応じて、持続可能な調達やエコフレンドリーなパッケージングをアピール。

クラスタ 1:「標準型中規模クラスタ」
特徴:
- 各項目で平均的な消費量
- 主にHorecaチャネルを利用
- 地域は「Other Region」が多いが、他地域も一定数存在

マーケティング戦略:
- **バランスの取れた商品提案**:幅広いニーズに対応できるよう、バランスの取れた商品ラインナップを提案。セット販売やミックスパッケージが効果的。

164

- **地域限定キャンペーン**：各地域に特化したプロモーションを展開し、地域の特産品や季節限定商品をアピール。
- **顧客ロイヤルティプログラム**：平均的な消費量を維持しつつ、ロイヤルティプログラムを導入して、顧客の継続利用を促す。

クラスタ 2：「小売型日用品需要クラスタ」

特徴：
- 牛乳、食料品、洗剤・紙製品の消費が非常に高い
- 主にRetailチャネルを利用
- 地域は「Other Region」が多いが、他地域も含まれる

マーケティング戦略：
- **日用品のプロモーション**：牛乳や食料品、洗剤・紙製品の消費が高いこのクラスタには、これらの商品を中心とした割引キャンペーンや特売イベントを定期的に展開。
- **ポイントプログラム**：特定の商品でポイントを多く獲得できるキャンペーンを実施し、顧客の購買意欲を向上させる。
- **店内体験強化**：Retailチャネルを利用するため、店舗での体験を充実させる。試食イベントやサンプル提供など、消費者との直接的な関わりを強化。

クラスタ 3：「大量日用品消費クラスタ」

特徴：
- 牛乳、食料品、洗剤・紙製品の消費量が圧倒的に多い
- Retailチャネルを主に利用
- 地域は「Other Region」と「Lisbon」が中心

マーケティング戦略：
- **サブスクリプションモデル**：大量消費が見込まれるため、特定の商品で定期的な配送サービスを提供し、安定した収益を確保。
- **大規模プロモーション**：大量消費に対応したまとめ買い割引や、長期間利用できるクーポンを発行し、さらに購入量を増やすことを促進。
- **デジタルマーケティング**：オンラインチャネルを活用して、ターゲット広告やパーソナライズされたプロモーションを展開し、個別のニーズに応じた商品を提案。

これらの戦略は、各クラスタの消費傾向とチャネルの利用状況に合わせたアプローチです。実際のマーケティング施策を計画する際には、さらに詳細な市場分析や顧客のフィードバックを考慮する必要があります。

いかがでしょうか。ざっと見た限り、そんなに無理な論理展開は見当たりませんでした。こちらも、分析者が自分の戦略を考えるにあたって出発点となるたたき台としては、十分かと思われます。

6章

推奨商品提案
（アソシエーション分析）

本章では前章のクラスタリングと並んで実業務で用いられることの多い教師なし学習モデルの手法であるアソシエーション分析の実習を行います。

本章の実習で一つ特徴的なポイントを挙げると、**データ前処理のタスクが複雑である**点があります。実業務のデータ分析においては、モデル構築にたどり着く前の「データ前処理」にはるかに多くの工数がかかります。そのイメージを読者に持っていただくのにちょうどいい題材と考えています。

もう一つ、この例題の特徴としては、**商品コードのコード値の意味を知るのに名寄せ的な手法を使って、多くの工数をかけている**ことがあります。3章で「データの意味理解は重要だけど大変」という話をしましたが、例えばこんな形でそれを実現することもあるという点を、この実習を通じて理解してください。

6.1 分析テーマと分析対象データ

アソシエーション分析に関しては、他の分析手法と比較して、聞いたことのない読者が多いのではないかと想像します。そこで、6.1.1 項ではどのようなビジネスケースなのかを説明した上で、6.1.3 項では、分析手法の概要について説明します。6.1.2 項の分析対象のデータ説明と、6.1.4 項の分析プロセスは、他の章の内容と同じです。アソシエーション分析を使いこなす上では、分析手法の理解が重要になるので、6.1.3 項の分析手法の概要はその点を意識して読み進めてください。

6.1.1 分析テーマ

アソシエーション分析とは、「大量の商品購入履歴データから、商品 A と商品 B が同時に購入されることが多い」といった種類の法則を見つけ出す分析手法です。

このような知見から導かれるマーケティング上の方策としては、例えば、「商品 A と商品 B をセットにして割引価格を設定する」といったことが考えられます。あるいは、アソシエーション分析の活用方法で有名なケースとしては、次のようなものがあります。

コンビニで、単価が安く販売数が少ない商品 X があったとします。この商品

だけ見ると別の商品に差し替えた方がよさそうです。しかし、この商品は必ず単価の高い別の商品Yとセットで売れていることがアソシエーション分析で判明し、全体で見ると売上向上に大きく貢献していました。恐らく、商品Xは他の店で売っていないので、これを購入するためにわざわざこの店に来た顧客が、他の高価な商品Yもセットで購入しているのだと考えられます。ここまで分析できれば、コンビニの店長はこの商品の販売を続ける結論を出すでしょう。

　前章の事例にも共通していえることですが、教師なし学習(分析)の処理パターンでは、単に分析結果を出しただけでは効果はありません。得られた知見を基に、何か戦略を考え、その結果ビジネス上のリターンがあって初めて分析が意味を持つことになります。

　当実習の具体的なユースケースとしては、イギリスを拠点とし、ギフト商品を中心に販売しているECサイトでのデータ分析を想定しています。このECサイトで販売促進のキャンペーンを実施する場合、特定の商品を購入している顧客に対してどのようなキャンペーンを実施すると効果的か、その施策を考えるにあたって参考となる知見を得ることなどが、ビジネス上の目的となります。

6.1.2　分析対象データ説明

　今回の分析で用いる公開データセット（Online Retail Dataset）には、次のような項目が含まれています。

http://archive.ics.uci.edu/ml/datasets/Online+Retail/

表 6-1　Online Retail Dataset の項目一覧

項目名	説明	サンプル値
InvoiceNo	発注番号	536365
StockCode	商品番号	85123A
Description	商品説明	WHITE HANGING HEART T-LIGHT HOLDER
Quantity	商品個数	6
InvoiceDate	明細書発行日	2010/12/1　8:26:00
UnitPrice	商品単価	2.55
CustomerID	顧客番号	17850
Country	国名	United Kingdom

169

分析対象データは、この EC サイトへの顧客からの発注情報です。しかし、後ほど議論するように、この中の「商品説明」の項目は、きれいな状態になっていません。この項目のデータを、いかにきれいにするかが、本章の実習でのテーマの一つとなります。

6.1.3　分析手法概要

アソシエーション分析という手法の研究が始まったのは 1994 年になります。研究者が、百貨店から収集した膨大な購買データの活用方法を相談されたのがきっかけといわれています。この研究の画期的な点は、膨大な点数の商品を対象にした場合でも有限の時間で答えを見つけられた点です。しかも評価値の計算方法は、集計処理と四則演算だけで済むとてもシンプルなものです。ぜひその計算の仕組みを理解した上で活用するようにしてください。

アソシエーション分析で重要な概念は「**支持度（support）**」「**確信度（confidence）**」「**リフト値（lift）**」の三つです。それぞれの計算方法を具体例に基づいて説明します。覚えるのが大変ですが、アソシエーション分析を使いこなすには必須の概念です。

表 6-2　顧客別商品購買結果

	商品 A	商品 B	商品 C	商品 D
発注 1	Y	N	Y	Y
発注 2	Y	Y	N	N
発注 3	Y	Y	Y	N
発注 4	N	Y	N	Y
発注 5	N	N	N	Y
発注 6	N	Y	N	N
発注 7	N	N	Y	N
発注 8	Y	Y	Y	N
発注 9	N	N	N	Y
発注 10	N	N	N	Y

今、表 6-2 のように顧客が 10 人（発注も 10 回）、商品が 4 種類の購買履歴データがあったとします。そして分析したい「ルール」は「商品 A を購入した顧客

は商品 B を購入する」（A ならば B）という仮説だとします。

　計算の出発点になる指標値は「**支持度**」です。支持度の考え方は非常にシンプルで

「顧客全体の中で、今注目している商品を購入した顧客の比率」

です。支持度を S で表して表 6-2 のケースで実際に計算すると

$$S(商品A) = \frac{4}{10} = 0.4$$

$$S(商品B) = \frac{5}{10} = 0.5$$

です。

　支持度は「商品 A と商品 B を両方買った」事象に対しても計算できます。次の値になります。

$$S(商品A \ AND \ 商品B) = \frac{3}{10} = 0.3$$

　次の概念は「**確信度**」です。

「A ならば B」が、今検証したい仮説だとすると、確信度の計算式は

$$(確信度) = \frac{S(商品A \ AND \ 商品B)}{S(商品A)} = \frac{0.3}{0.4} = 0.75$$

となります。A を買った人（4 人）を全体としたとき、そのうちの何人が B も一緒に買ったか（3 人）を示す式で、直感的に分かりやすい考え方です。

　最後の概念が「**リフト値**」です。リフト値は次の式で求められます。

$$(リフト値) = \frac{S(商品A \ AND \ 商品B)}{S(商品A) \times S(商品B)}$$

　今回の例で計算すると、0.3/(0.4×0.5) = 1.5 です。この計算式は A と B を入れ替えても同じなので、着目している事象が「B ならば A」でもリフト値は同じになります。

　もし、商品 A を買う事象と商品 B を買う事象が互いに一切関係ない（数学的には「独立な事象である」といいます）のであれば、リフト値は 1 になります。

逆に、なんらかの相関関係が存在すると、リフト値は1より大きくなります。**リフト値の値が高ければ高いほど、「商品Aの購入」と「商品Bの購入」の相関関係は深い**ということになるのです。

　ここまで説明した計算のアルゴリズムで使ったのは、数の集計と割り算だけです。今回の例であれば、人間が手計算しても簡単にリフト値の高い商品間の関係を見つけられそうです。しかし実際の店舗では、商品は数百万点にもなり得ます。そうなると、二つの商品の組み合わせだけ単純に計算しても数兆通りです。三つの組み合わせまで考えようとすると、さすがに計算機の能力をもってしても、有限時間での計算が困難になってきます。

　そこで出てくる概念が「**支持度の閾値**」です。アソシエーション分析では、探索開始前に支持度、つまり対象事象の購入比率の下限値を定めます。この下限値より下の事象は、不人気の商品（または商品の組み合わせ）として、探索の対象から切り捨ててしまうのです。「アプリオリ」と呼ばれる分析アルゴリズムの概要を図6-1に示しました。

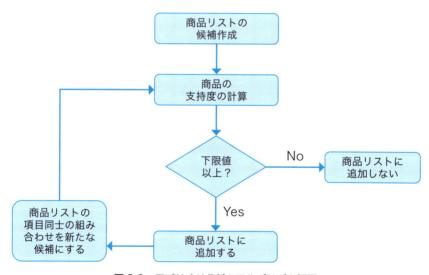

図6-1　アプリオリ分析のアルゴリズム概要

　この仕掛けがあるので、対象商品が数百万点であっても、現実的な時間内で計算できます。一方、めったに売れない商品で支持度が低い場合、切り捨てら

れて、計算対象に入らなくなります。このため、**「支持度の下限値」がアソシエーション分析で最も重要なパラメータ**になります。

こうやって抽出した商品リストから、確信度またはリフト値の高いルールを抽出するのが、アソシエーション分析の第2ステップです。アソシエーション分析の全体像を、図6-2に示しました。

図6-2　アソシエーション分析の全体像

以上の説明では、商品の購買有無は顧客単位で説明しました。顧客は同一の店で複数回購入する可能性があります。こうした点も考慮して同一顧客でデータを集約するためには、購買履歴と顧客IDが紐付いている必要があります。

より簡易的には、個々の発注を異なる顧客のものと見なして分析する方法もあります。これなら、例えばスーパーのレジで、特に顧客を登録していない、すべての購買履歴を分析できます。**本章の実習では、この簡易的な分析手法を用いる**ことにします。データ自体には、顧客IDも含まれているので、実習を発展させて**顧客単位で分析することも可能**です。関心ある読者はぜひチャレンジしてみてください。

6.1.4　分析プロセス

今回の分析プロセスもいつものように表形式で示します。

表 6-3 本章における分析プロセス

項	タスク名	処理内容	プロンプト
（共通）	（共通）	（共通）	これから依頼する内容に対して、以下のルールでデータ分析を願いします （1）生成される Python コードのコメントは日本語にする （2）「データの先頭 5 行を表示してください」のような指示に対して以下の対応をする （2-A）生成する Python コード実装では、最後の行を df.head() の形式にする （2-B）df.head() の結果はをブラウザ画面にも表示する この段階で、初めて整形表示する
6-2-2	データ読み込み	データ読み込み	(online-retail-jp.csv) 添付の csv ファイルをデータフレーム df に読み込んでください 先頭 5 行を表示してください
6-3-1	データ理解	欠損値の確認	df の欠損値を確認してください
6-3-2	データ理解	国名別件数確認	データ件数を国別に集計し、Top 10 を表示してください
6-4-1	データ前処理	発注種別列の追加	発注番号の最初の 1 文字を抽出し「発注種別」列を作ってください 先頭 5 行を表示してください
6-4-2	データ前処理	発注種別で絞り込み	発注種別が「5」の行が新規発注です 発注情報から新規発注のみを選択し、結果を df2 に代入してください 先頭 5 行を表示してください
6-4-3	データ前処理	国名で絞り込み	df2 の中で国名がフランスの行のみを選択し、結果を df3 に代入します df3 の件数を調べてください
6-4-4	データ前処理	発注番号・商品番号別の集計	df3 に対して発注番号と商品番号をキーに商品個数を集計し、結果を w1 に代入します 発注番号と商品番号はインデックスの状態のままにしてください w1 の先頭 5 行を表示してください
6-4-5	データ前処理	横持ちデータに変換	商品番号を列に移動します NaN 値の要素の値は全部 0 にします 結果は w2 に代入し先頭 5 行を表示してください
6-4-6	データ前処理	各要素を True/False 値に変換	w2 の各要素に対して値が正の場合は True、0 の場合は False の値を取るデータフレームを作ります 結果を basket_df に代入し、その先頭 5 行を表示してください
6-5-1	商品番号辞書作成	商品説明一覧抽出	df2 に対して次の加工を行い、結果を w3 に代入します ・商品番号と商品説明のみ抽出し、ユニーク処理を実施 ・すべての要素を文字列に変換 ・商品番号をインデックスにする w3 の先頭 5 行を表示してください
6-5-2	商品番号辞書作成	商品説明詳細確認	w3 に対して以下の処理を行います 先頭 5 つのインデックスを抽出 w3 に対してこのインデックスを持つ行を抽出し、結果全体を表示してください

項	タスク名	処理内容	プロンプト
6-5-3	商品番号辞書作成	商品説明フィルタリング1	w3のうち、商品名称がすべて大文字のもののみを抽出し、w4に代入します w4に対して先頭5つのインデックスを抽出します w4に対してこのインデックスを持つ行を抽出し、結果全体を表示してください
6-5-4	商品番号辞書作成	商品説明フィルタリング2	w4に対して商品説明の長さを計算し、新しい列「文字数」とします 計算結果をw5に代入し、先頭5行を表示してください
6-5-5	商品番号辞書作成	商品説明フィルタリング3	w5に対して、一つの商品番号に複数の名称があるものは一番長いものを選択します 一つの商品番号に対して必ず一つの名称のみが対応するようにしてください 選択した結果は、商品番号をキーとする辞書として、結果はitem_dictに代入します item_dictの先頭5行を表示してください
6-6-1	データ分析	ライブラリインポート	(mlxtend-0.23.1-py3-none-any.whl) 添付のファイルを!pipコマンドで導入し、mlxtendライブラリから、association_rulesとaprioriをインポートします
6-6-2	データ分析	アプリオリ分析	basket_dfを対象に、min_support=0.06, use_colnames=Trueのパラメータ値でアプリオリ分析を行い、結果をfreq_item1に代入します freq_item1の件数を表示してください また、freq_item1をsupport値で逆順ソートした先頭10行を表示してください
6-6-3	データ分析	アソシエーションルール抽出	freq_item1に対して、metric="lift", min_threshold=1の条件でアソシエーションルールを抽出し、a_rule1に代入します a_rule1の件数を表示してください また、a_rule1をlift値で逆順ソートした先頭10行を表示してください
6-6-4	データ分析	商品名との対応付け	上記リストに含まれている商品コードに対応した商品名をitem_dictを用いて調べてください
6-7-1	結果解釈	関係グラフ表示	(japanize_matplotlib-1.1.3-py3-none-any.whl) a_rule1で示された関係のある商品間を関係グラフで図示してください 文字化けしないよう、添付のライブラリを!pipコマンドで導入してからグラフ表示してください
6-8-1	ビジネス施策立案	商品販売促進の施策検討	このデータは、イギリスのギフトグッズを主な商品とするeコマース会社の発注情報です 今回抽出された商品間の関係を活用したマーケティング施策を提案してください

　本章の冒頭でも説明した通り、**「データ前処理」「商品番号辞書作成」の二つのタスクに大きな工数がかかっている**ことが分かります。モデルを作るまでの過程に時間がかかっているという意味で、より実業務に近づいた分析であるといえます。

それぞれのタスクの概要について確認していきます。

データ読み込み・データ理解

分析手法として新しいところは特にないです。データ理解の二つめで、「国名」の項目を用いて国別の発注情報を確認しています。この結果は、次のデータ前処理のステップでデータの絞り込みをするときの手掛かりにしています。

データ前処理

データ前処理では、大きく「データの絞り込み」と「データ加工」を行っています。

まず、データの絞り込みについて説明します。実業務のデータ分析において、入手したデータの全体を分析対象とすることはむしろ少なく、通常は対象データを絞り込んで、その結果に対して分析を加えます。今回は発注種別と国名で絞り込みをしています。

発注種別に関しては、発注コードの最初の1文字が種別を表すことが分かっており、このことを使って新しい項目を起こした上で、絞り込みをしています。

データ加工では、最初に発注番号と商品番号をキーに発注件数を集計します。その後で「縦持ち形式」のデータを「横持ち形式」のデータに変換します。

具体的な処理イメージに関しては、次の図6-3を参照してください。

縦持ち

発注番号	商品番号
発注1	商品A
発注1	商品C
発注1	商品D
発注2	商品A
発注2	商品B
発注3	商品A
発注3	商品B
発注3	商品C
発注4	商品B
発注4	商品D
:	:

横持ち

	商品A	商品B	商品C	商品D
発注1	Y	N	Y	Y
発注2	Y	Y	N	N
発注3	Y	Y	Y	N
発注4	N	Y	N	Y
発注5	N	N	N	Y
発注6	N	Y	N	N
発注7	N	N	Y	N
発注8	Y	Y	Y	N
発注9	N	N	N	Y
発注10	N	N	N	Y
:	:	:	:	:

図6-3　縦持ちデータを横持ちデータに変換

商品番号辞書作成

　このデータセットには不十分な点があります。「商品説明」の項目は本来なら商品名が入っているべきですが、そうでない状態の行もあるのです。そこで、**今回の分析データ全体を利用して、商品番号から商品名の分かる辞書を作成**することにします。これは**「データの意味理解」をデータそのものから導出**するタスクともいえます。

　より具体的な進め方として、

- 商品番号と商品説明をキーにユニーク処理
- 商品番号でグループ化してどのような商品説明があるか確認
- 商品説明だけを抽出するルールを見つけ、実際にデータを抽出
- 同じ商品番号でも商品説明の長短があるので一番長い商品説明を選択

という形で商品番号辞書を作成しています。

データ分析

　これでようやく本丸のデータ分析ができる状態になりました。データ分析自体は、とてもシンプルな手順で実現可能です。具体的には以下のタスクになります。

- ライブラリ導入
  （今回の分析はこれまで利用してきたscikit-learn以外のライブラリが必要）
- アプリオリ分析
- アソシエーションルール抽出
- 抽出されたルールと商品辞書の紐付け

結果解釈・ビジネス施策立案

　分析結果から、「関係グラフ表示」や「商品販売推進の施策検討」というかなり高度なタスクにもチャレンジします。

6.2 データ読み込み

いつものようにサポートサイトから、実習で必要なファイル一式をダウンロード・準備した後、分析対象データを読み込みます。

6.2.1 事前準備ファイル

本章で利用するファイルは次の通りです。

表6-4　本章で必要なファイル

No	ファイル名	利用目的
1	online-prompt.txt	プロンプト集
2	online-retail-jp.csv	分析対象データ
3	mlxtend-0.23.1-py3-none-any.whl	アソシエーション分析用ライブラリ
4	japanize_matplotlib-1.1.3-py3-none-any.whl	グラフ表示日本語化ライブラリ

2は、UCI サイトの以下のリンク先から入手し、項目名を日本語に変更しました。

http://archive.ics.uci.edu/ml/datasets/Online+Retail/

3が今回初めて利用するライブラリです。mlxtend というライブラリで、広く利用されている scikit-learn でカバーされていない機能を持っています。今回利用するアソシエーション分析もその一つになります。

4については、説明済みなので省略します。

これらのファイルは次のリンクからダウンロードしてください。

サポートサイトリンク：

https://github.com/makaishi2/profitable_data_analysis/tree/main/ai_materials/CH06

短縮 URL：https://bit.ly/49OkZya

QR コード

6.2.2 データ読み込み

いつものように分析対象データを読み込み、先頭5行を表示します。プロンプトは下記になります。

プロンプト 6-2-2

 online-retail-jp.csv

> 添付のcsvファイルをデータフレームdfに読み込んでください
> 先頭5行を表示してください

レスポンス例 6-2-2

発注番号	商品番号	商品説明	商品個数	明細書発行日	商品単価	顧客番号	国名
536365	85123A	WHITE HANGING HEART T-LIGHT HOLDER	6	2010-12-01 08:26:00	2.55	17850.0	United Kingdom
536365	71053	WHITE METAL LANTERN	6	2010-12-01 08:26:00	3.39	17850.0	United Kingdom
536365	84406B	CREAM CUPID HEARTS COAT HANGER	8	2010-12-01 08:26:00	2.75	17850.0	United Kingdom
536365	84029G	KNITTED UNION FLAG HOT WATER BOTTLE	6	2010-12-01 08:26:00	3.39	17850.0	United Kingdom
536365	84029E	RED WOOLLY HOTTIE WHITE HEART.	6	2010-12-01 08:26:00	3.39	17850.0	United Kingdom

> CSVファイルを読み込み、先頭5行のデータを表示しました。他に何か分析や処理を行いたい内容があればお知らせください。

出力結果を右にスクロールさせながら、表6-1に示した項目名との関係を確

認してください。

6.3 データ理解

本章のデータ理解では、新しいところは特にないので、プロンプトとその結果例のみを示すことにします。

6.3.1 欠損値の確認

プロンプト 6-3-1

df の欠損値を確認してください

レスポンス例 6-3-1

		0
1	商品説明	1454
2	顧客番号	135080

データフレームに含まれる欠損値の情報を確認しました。「商品説明」に1454件、「顧客番号」に135,080件の欠損値があることが分かりました。さらに分析が必要であればお知らせください。

商品説明と顧客番号に大量の欠損値があることがわかりました。まず、商品説明の欠損値については、このあと実施する商品番号辞書作成処理 (名寄せ処理) で、きれいな状態の商品説明情報が得られるので問題ないです。

顧客番号については、今回の分析は「発注番号」をキーに行いますが、その際、顧客番号は見ていません。このため、顧客番号に欠損値がある状態で分析を進めて問題ないです。なお、本章で実施する分析は「顧客番号」をキーにすることも可能ですが、その場合は欠損値を処理する必要が出てきます。

このプロンプトで生成されたコードは説明済みなので省略します。

6.3.2 国名別件数確認

次に国別の件数を確認します。プロンプトとレスポンス例は次の通りです。

プロンプト 6-3-2

> データ件数を国別に集計し、Top 10 を表示してください

レスポンス例 6-3-2

> 国別のデータ件数を集計し、トップ10を以下の通り表示しました：
>
> United Kingdom: 495,478
> Germany: 9,495
> France: 8,557
> EIRE: 8,196
> Spain: 2,533
> Netherlands: 2,371
> Belgium: 2,069
> Switzerland: 2,002
> Portugal: 1,519
> Australia: 1,259
> 次の指示がありましたらお知らせください！

EC サイトがイギリスの会社なので、イギリスの発注が多いです[1]。今回は、第3位のフランスの商品発注に絞り込んで分析することとします。

今回も生成されたコードは説明済みなので省略します。

6.4 データ前処理

データ前処理のうち、前半の 6.4.3 項ででは、分析対象データの絞り込みをします。

---

[1] United Kingdom（連合王国）はイギリスを指します。

6.4.1 発注種別列の追加

　最初に、分析対象データに「発注種別」という列を新しく追加します。発注番号の最初の1文字は発注種別を示しているということが分かっています[2]。このことを利用して分析対象データを発注処理のみに絞り込みます。次のプロンプト6-4-1は、そのための準備です。

プロンプト 6-4-1

発注番号の最初の1文字を抽出し「発注種別」列を作ってください
先頭5行を表示してください

　次のレスポンス例は、結果の表を一番右までスクロールした結果です。

レスポンス例 6-4-1

	発注番号	商品番号	商品説明	商品個数
0	536365	85123A	WHITE HANGING HEART T-LIGHT HOLDER	6
1	536365	71053	WHITE METAL LANTERN	6
2	536365	84406B	CREAM CUPID HEARTS COAT HANGER	8
3	536365	84029G	KNITTED UNION FLAG HOT WATER BOTTLE	6
4	536365	84029E	RED WOOLLY HOTTIE WHITE HEART.	6

	明細書発行日	商品単価	顧客番号	国名	発注種別
0	2010-12-01 08:26:00	2.55	17850	United Kingdom	5
1	2010-12-01 08:26:00	3.39	17850	United Kingdom	5
2	2010-12-01 08:26:00	2.75	17850	United Kingdom	5
3	2010-12-01 08:26:00	3.39	17850	United Kingdom	5
4	2010-12-01 08:26:00	3.39	17850	United Kingdom	5

「発注種別」列を追加し、データフレームの先頭5行を表示しました。他に分析や操作のご希望がありましたらお知らせください。

---

[2] 発注以外のデータとしてC:「キャンセル」とA:「修正」があります。Cがキャンセルであることは、データセットの公開ページに記載されています。5:新規、A:修正であることは実データを分析して判断しました。説明を簡単にするため調査タスクは実習コードから省略しましたが、関心ある読者は自分で調べてみてください。

このように新しい列「発注種別」が一番右に作られています。

Python 生成コード例も見てみましょう。

Python 生成コード例 6-4-1

```
1   # 発注番号の最初の1文字を抽出して「発注種別」列を作成
2   df['発注種別'] = df['発注番号'].astype(str).str[0]
3
4   # データフレームの先頭5行を表示
5   df.head()
```

生成コード2行目の「df[' 発注種別 '] = df[' 発注番号 '].astype(str).str[0]」が
プロンプトに対応した実装コードです。データフレーム変数 df から**「発注番号」
の列を抽出し、文字列に強制変換した後で、文字列配列の最初の要素を取り出
す**というのが、このコードでやっている処理になります。

6.4.2　発注種別で絞り込み

新しく作った項目である「発注種別」の値を使って、データの絞り込みをし
ます。プロンプトは次の形になります。

プロンプト 6-4-2

発注種別が「5」の行が新規発注です
発注情報から新規発注のみを選択し、結果を df2 に代入してください
先頭5行を表示してください

レスポンス例 6-4-2

	発注番号	商品番号	商品説明	商品個数
0	536365	85123A	WHITE HANGING HEART T-LIGHT HOLDER	6
1	536365	71053	WHITE METAL LANTERN	6
2	536365	84406B	CREAM CUPID HEARTS COAT HANGER	8
3	536365	84029G	KNITTED UNION FLAG HOT WATER BOTTLE	6
4	536365	84029E	RED WOOLLY HOTTIE WHITE HEART.	6

	明細書発行日	商品単価	顧客番号	国名	発注種別
0	2010-12-01 08:26:00	2.55	17850	United Kingdom	5
1	2010-12-01 08:26:00	3.39	17850	United Kingdom	5
2	2010-12-01 08:26:00	2.75	17850	United Kingdom	5
3	2010-12-01 08:26:00	3.39	17850	United Kingdom	5
4	2010-12-01 08:26:00	3.39	17850	United Kingdom	5

新規発注のみを選択し、結果をdf2に代入しました。先頭5行を表示しています。次に進めたい分析や処理がありましたらお知らせください。

今回も生成コード例を見てみます。次のようになっていました。

Python 生成コード例 6-4-2

```
1  # 発注種別が「5」の行を新規発注として選択し、結果をdf2に代入
2  df2 = df[df['発注種別'] == '5']
3  # df2の先頭5行を表示
4  df2.head()
```

2行目の「df[df['発注種別'] == '5']」がこの実装コードの本質的な部分です。慣れていないと読み取りにくいのですが、このコードで「dfの'発注種別'列の値が'5'のもののみを抽出する」という意味になります。

6.4.3 国名で絞り込み

前項に引き続いて、国名がフランスのデータのみ抽出することにします。プロンプトは次のようになります。

プロンプト 6-4-3

df2の中で国名がフランスの行のみを選択し、結果をdf3に代入します
df3の件数を調べてください

レスポンス例 6-4-3

新規発注の中で国名がフランスの行数は8,408件です。他に分析や処理を行いたいことがありましたら、お知らせください。

初期状態では54万件と非常に多くのデータがあったのですが、「新規発注」と「フランス」で絞り込むことで件数が1万件以下に減り、分析がやりやすくなりました。以降の分析はこの絞り込まれたdf3を対象にします。

今回も実装コード例を見てみます。次のPython生成コード例6-4-3のようになっているはずです。

Python 生成コード例 6-4-3

```
1    # df2の中で国名がフランスの行のみを選択し、結果をdf3に代入
2    df3 = df2[df2['国名'] == 'France']
3
4    # df3の件数を調べる
5    df3_count = df3.shape[0]
6
7    df3_count
```

今回もデータ絞り込みの本質的な部分は2行目の「df2[df2['国名'] == 'France']」になります。生成コード例6-4-2とまったく同じ実装パターンで絞り込んでいます。

6.4.4 発注番号・商品番号別の集計

今回のデータ分析の目的は「同一発注番号のグループの中でセットで購入される商品番号」を調べることです。この情報だけを抽出するために、「発注番号」

「商品番号」の複合キーで発注数の合計を調べることにします。その場合、プロンプトは次のようになります。

プロンプト 6-4-4

df3に対して発注番号と商品番号をキーに商品個数を集計し、結果をw1に代入します
発注番号と商品番号はインデックスの状態のままにしてください
w1の先頭5行を表示してください

レスポンス例 6-4-4

発注番号	商品番号	商品個数
536370	10002	48
536370	21035	18
536370	21724	12
536370	21731	24
536370	21791	24

発注番号と商品番号ごとの商品個数を集計し、結果を表示しました。次に進めたい分析や処理がありましたらお知らせください。

プロンプト6-4-4の2行目のインデックスについて説明します。

データフレームのデータに対して、特定の項目をキーに集計をする場合、データフレームの groupby 関数が使われます。すると、集計直後の状態として、キーに使われた項目が集計結果のデータフレームのインデックスになります。インデックスとは簡単に言うと、表の各行を識別する ID のようなものです[3]。

ChatGPT は、時々気を利かせて、この二つの項目をインデックスから普通のデータ項目に戻す実装をする場合があります。今回は、この2項目がインデックスのままである方がこの後の処理に望ましいため、元に戻す挙動を抑止するプロンプトを2行目に付け加えました。

今回も生成コードを見てみましょう。次の Python 生成コード例 6-4-4 のようになっているはずです。

---

[3] データフレームと行インデックスの関係については、巻末の講座1.4に解説したので、詳しく知りたい読者はそちらを参照してください。講座1.4の行インデックスは1レベルのみですが、データフレームは今回の例のように2レベルのインデックスも持てます。

Python 生成コード例 6-4-4

```
1   # 発注番号と商品番号をキーに商品個数を集計
2   w1 = df3.groupby(['発注番号', '商品番号'])['商品個数'].sum()
3
4   # 集計結果の先頭5行を表示
5   w1.head()
```

2 行目の「df3.groupby([' 発注番号 ', ' 商品番号 '])[' 商品個数 '].sum()」という部分がポイントです。この短い実装コードで「発注番号と商品番号をキーに商品個数を集計」という処理ができてしまうところが、pandas というデータフレームの便利な点です[4]。

6.4.5 横持ちデータに変換

次の処理が、アソシエーション分析向けのデータ前処理の根幹部分です。縦持ち形式のデータを横持ち形式のデータに変換します。6.1 節で説明した話ですが、改めて図 6-3 を再掲します。

縦持ち

発注番号	商品番号
発注 1	商品 A
発注 1	商品 C
発注 1	商品 D
発注 2	商品 A
発注 2	商品 B
発注 3	商品 A
発注 3	商品 B
発注 3	商品 C
発注 4	商品 B
発注 4	商品 D
:	:

横持ち

	商品 A	商品 B	商品 C	商品 D
発注 1	Y	N	Y	Y
発注 2	Y	Y	N	N
発注 3	Y	Y	Y	N
発注 4	N	Y	N	Y
発注 5	N	N	N	Y
発注 6	N	Y	N	N
発注 7	N	N	Y	N
発注 8	Y	Y	Y	N
発注 9	N	N	N	Y
発注 10	N	N	N	Y
:	:	:	:	:

図 6-3　縦持ちデータを横持ちデータに変換（再掲）

---

[4] 今回のデータでは同一発注コード、同一商品番号で複数レコードというケースが存在します（例えば、発注番号:"547194"、商品番号:"22554"）。そのため「発注番号」「商品番号」でユニークにするためには、このような処理が必要です。

なんだかすごく難しそうにも感じますが、それを実現するためのプロンプトは恐ろしく簡単で、次のようになります。

プロンプト 6-4-5

> 商品番号を列に移動します
> NaN値の要素の値は全部0にします
> 結果はw2に代入し先頭5行を表示してください

プロンプト2行目の「NaN値の要素の値は全部0にします」について簡単に解説します。図6-3左の縦持ちデータで「発注1」「商品B」に注目すると、該当項目が存在しません。このような場合、右の横持ちデータでは該当要素は「データが存在しない」ことを意味するNaN値になります。この後の処理をやりやすくするため、このようなケースは「件数の値を0にしてほしい」というのが、このプロンプトの意味になります。

レスポンス例 6-4-5

> 商品番号を列に移動し、NaN値を0に変換しました。結果をw2に代入し、以下がその先頭5行です：
>
> | 発注番号 | 10002 | 10120 | ... | M | POST |
> |---|---|---|---|---|---|
> | 536370 | 48 | 0 | ... | 0 | 3 |
> | 536852 | 0 | 0 | ... | 0 | 1 |
> | 536974 | 0 | 0 | ... | 0 | 2 |
> | 537065 | 0 | 0 | ... | 0 | 9 |
> | 537463 | 0 | 0 | ... | 0 | 4 |
>
> 列数が多いため一部省略していますが、必要があれば特定の列や詳細をご確認いただけます。次の指示がありましたらお知らせください！

今回もどんなPythonコードになっているか見てみます。次のPython生成コード例6-4-5のようになっているはずです。

Python 生成コード例 6-4-5

```
1    # 商品番号を列に移動し、NaN値を0で埋める
2    w2 = w1.unstack(fill_value=0)
3
4    # 結果の先頭5行を表示
5    w2.head()
```

2行目の「w1.unstack(fill_value=0)」という処理が本質的な部分です。たっ
たこれだけのプログラムで縦持ちデータを横持ちデータに変換できるとは、
ちょっとびっくりします。

6.4.6　各要素を True/False 値に変換

次のステップはモデル構築に向けた最後の仕上げです。前項で、大枠のデー
タ加工はできたのですが、最後に、「ゼロ以外の値 ->True ゼロ ->False」に各要
素の値を変換します。

プロンプトは次のようになります。

プロンプト 6-4-6

> w2の各要素に対して値が正の場合はTrue、0の場合はFalseの値を取るデータフレーム
> を作ります
> 結果をbasket_dfに代入し、その先頭5行を表示してください

レスポンス例 6-4-6

> 新しいデータフレームbasket_dfを作成しました。このデータフレームでは、各要素が正
> の場合はTrue、0の場合はFalseの値を持ちます。以下はその先頭5行です:
>
> | 発注番号 | 10002 | 10120 | ... | M | POST |
> |---|---|---|---|---|---|
> | 536370 | True | False | ... | False | True |
> | 536852 | False | False | ... | False | True |
> | 536974 | False | False | ... | False | True |
> | 537065 | False | False | ... | False | True |
> | 537463 | False | False | ... | False | True |
>
> 列数が多いため省略していますが、特定の列や詳細が必要であればお知らせください。次
> の指示があればどうぞ!

先頭5行の結果は意図した形になっていました。この結果は、どのような
Pythonコードで得られるのでしょうか。いつものように生成コード例を確認し
てみます。

Python 生成コード例 6-4-6

```python
1  # 各要素が正の場合はTrue、0の場合はFalseのデータフレームを作成
2  basket_df = w2 > 0
3
4  # 結果の先頭5行を表示
5  basket_df.head()
```

　今回も恐ろしく簡単なコードになっていました。2行目が本質的な処理なの
ですが、「w2 > 0」だけで目的の変換ができたことになります[5]。

6.5　商品番号辞書作成

　商品番号辞書作成は、本書の実習の中でもこの章だけに出てくる、かなり特
殊なタスクです。

　そもそも、なんでこんなことをしないといけないかを説明するため、本節の
タスクの途中経過の一つを表6-5として示します。

---

[5] このコードの裏ではNumPyのブロードキャスト機能とよばれる仕組みが動いています。
その仕組みを知りたい読者は巻末の講座1.3を参照してください。

表 6-5　商品番号と商品説明の対応

商品番号	商品説明
85123A	WHITE HANGING HEART T-LIGHT HOLDER
85123A	?
85123A	wrongly marked carton 22804
85123A	CREAM HANGING HEART T-LIGHT HOLDER
71053	WHITE METAL LANTERN
71053	WHITE MOROCCAN METAL LANTERN
84406B	CREAM CUPID HEARTS COAT HANGER
84406B	incorrectly made-thrown away.
84406B	?
84406B	nan
84029G	KNITTED UNION FLAG HOT WATER BOTTLE
84029G	nan
84029E	RED WOOLLY HOTTIE WHITE HEART.
84029E	nan

「商品説明」の列は、基本的には商品説明のようなものが書かれているのですが、「？」や nan（この欄がブランクの場合にはこの表記になります）あるいは「wrongly marked carton 22804」や「incorrectly made-thrown away.」など、商品説明とは違う記載もあります。

「本来は発注データにコメント欄を作るべきだったところ、それがないためコメント的な使われ方がされている」「本来はシステムで『商品番号辞書』を持っていて、『商品説明』の欄はそこから商品番号に対応した商品説明が自動転記されるべきだったが、なんらかの事情でそうなっていない」といったことが想像されます。

いずれにしても、この「商品説明」は、**実業務でありがちな「汚いデータ」の典型**になっているのです。この状況は、効率良くデータ分析を進めたいという観点ではマイナスの条件なのですが、**実業務で地味に重要な「データクレンジング」（元データを分析可能な、きれいな状態にすること）の格好の題材**と捉えることもできます。本節の目的は、表 6-5 のデータをうまく加工することで、きれいな商品番号辞書を作ることです。このタスクができて初めて、データ分析の結果分かった**「商品番号間の関係」をビジネスに活用可能な「商品間の関係」に対応付けられる**のです。

具体的な進め方は前述した通りです。

- 商品番号と商品説明をキーにユニーク処理
- 商品番号でグループ化してどのような商品説明があるか確認
- 商品説明だけを抽出するルールを見つけ、実際にデータを抽出
- 同じ商品番号でも商品説明に長短があるので一番長い商品説明を選択

6.5.1 項から一つひとつ、細かいところを見ていきましょう。

6.5.1　商品説明一覧抽出

最初に、どの商品番号にどのような商品説明があるのかを抽出し、整理します。ちょっと長くて複雑ですが、次のようなプロンプトを与えます。プロンプト4行目で指示しているインデックスについては、6.4.4 項で説明した通りです。

プロンプト 6-5-1

> df2 に対して次の加工を行い、結果を w3 に代入します
> ・商品番号と商品説明のみ抽出し、ユニーク処理を実施
> ・すべての要素を文字列に変換
> ・商品番号をインデックスにする
> w3 の先頭 5 行を表示してください

次のような結果が返ってきます。

レスポンス例 6-5-1

商品番号	商品説明
85123A	WHITE HANGING HEART T-LIGHT HOLDER
71053	WHITE METAL LANTERN
84406B	CREAM CUPID HEARTS COAT HANGER
84029G	KNITTED UNION FLAG HOT WATER BOTTLE
84029E	RED WOOLLY HOTTIE WHITE HEART.

商品番号と商品説明を抽出し、ユニーク処理を行ったデータを表示しました。次に進めたい分析や処理がありましたらお知らせください。

生成コード例を見てみましょう。

Python 生成コード例 6-5-1

```
1   # 商品番号と商品説明のみ抽出し、ユニーク処理を実施
2   w3 = df2[['商品番号', '商品説明']].drop_duplicates()
3
4   # すべての要素を文字列に変換
5   w3 = w3.astype(str)
6
7   # 商品番号をインデックスに設定
8   w3.set_index('商品番号', inplace=True)
9
10  # w3の先頭5行を表示
11  w3.head()
```

　プロンプトが複雑だったので、コードもやや長めですが、行ごとにコメントがあるので、プロンプトのどの部分がどのPythonコードになっているのか、対応関係は分かりやすいと思います。2行目のdrop_duplicates関数は、重複行を削除して、ユニークなデータにするときによく用いられますので、覚えておいてください。

6.5.2 商品説明詳細確認

　6.5.1項の処理の中で、商品番号をインデックスにしたのは、商品番号による検索をやりやすくするためです。本項では、このインデックスを活用して、先頭5個の商品番号に対応する商品説明を見てみることにします。具体的なプロンプトは次のようになります。

プロンプト 6-5-2

w3に対して以下の処理を行います
先頭5つのインデックスを抽出
w3に対してこのインデックスを持つ行を抽出し、結果全体を表示してください

こんな結果が返ってくるはずです。

レスポンス例 6-5-2

商品番号	商品説明
85123A	WHITE HANGING HEART T-LIGHT HOLDER
85123A	?
85123A	wrongly marked carton 22804
85123A	CREAM HANGING HEART T-LIGHT HOLDER
71053	WHITE METAL LANTERN
71053	WHITE MOROCCAN METAL LANTERN
84406B	CREAM CUPID HEARTS COAT HANGER
84406B	incorrectly made-thrown away.
84406B	?
84406B	nan
84029G	KNITTED UNION FLAG HOT WATER BOTTLE
84029G	nan
84029E	RED WOOLLY HOTTIE WHITE HEART.
84029E	nan

指定されたインデックスを持つ行を抽出し、結果を表示しました。次に進めたい分析や処理がありましたら、お知らせください。

本節の冒頭で示した表が返ってきました。

今回の表を出力するための生成コード例は次のようになっています。

Python 生成コード例 6-5-2

```
1  # 先頭5つのインデックスを抽出
2  top_5_indices = w3.index[:5]
3
4  # このインデックスを持つ行を抽出
5  selected_rows = w3.loc[top_5_indices]
6
7  # 結果全体を表示
8  selected_rows
```

コメントの説明の通りで、「先頭5つのインデックスを抽出」するコードが2行目、「w3に対してこのインデックスを持つ行を抽出」するコードが5行目です。あらかじめ商品番号をインデックスにしておくことで、これらの処理が簡潔なコードで実現できるようになりました。

6.5.3 商品説明フィルタリング1

レスポンス例6-5-2の結果をじっくり眺めます。商品名にあたるものもあるのですが、全然関係ないものもかなり含まれています。このような雑多な情報の中から、目指す商品名だけを抜き出すためのルールを考えてみます。

どうやら、メモのようなものは小文字で、**商品名は大文字で記載するルール**があるようです。そこで、**このことを手掛かりに、商品名だけを抜き出す**ことを考えます。

具体的には次のようなプロンプトを与えます。

プロンプト 6-5-3

> w3のうち、商品名称がすべて大文字のもののみを抽出し、w4に代入します
> w4に対して先頭5つのインデックスを抽出します
> w4に対してこのインデックスを持つ行を抽出し、結果全体を表示してください

レスポンス例 6-5-3

商品番号	商品説明
85123A	WHITE HANGING HEART T-LIGHT HOLDER
85123A	CREAM HANGING HEART T-LIGHT HOLDER
71053	WHITE METAL LANTERN
71053	WHITE MOROCCAN METAL LANTERN
84406B	CREAM CUPID HEARTS COAT HANGER
84029G	KNITTED UNION FLAG HOT WATER BOTTLE
84029E	RED WOOLLY HOTTIE WHITE HEART.

商品名称がすべて大文字のもののみを抽出し、その結果を表示しました。次に進めたい分析や処理がありましたら、お知らせください。

6章 推奨商品提案（アソシエーション分析）

レスポンス例 6-5-3 をレスポンス例 6-5-2 と見比べると、余分なメモや「?」、「nan」といったものがなくなり、商品番号と商品説明の対応辞書を作るという元々の目的に近づいてきたことが分かります。

今回も生成コード例を見てみましょう。生成コード例は次のようになっています。

Python 生成コード例 6-5-3

```
 1    #  商品名称がすべて大文字のものを抽出してw4に代入
 2    w4 = w3[w3['商品説明'].str.isupper()]
 3
 4    #  w4の先頭5つのインデックスを抽出
 5    w4_top_5_indices = w4.index[:5]
 6
 7    #  このインデックスを持つ行を抽出
 8    w4_selected_rows = w4.loc[w4_top_5_indices]
 9
10    #  結果全体を表示
11    w4_selected_rows
```

今回のコードでポイントになるのは、2 行目の「w3[w3[' 商品説明 '].str.isupper()]」という部分です。このような実装をすることで、「wrongly marked carton 22804」「?」「nan」のような行をすべて落とすことができました。

6.5.4 商品説明フィルタリング 2

商品番号辞書を作るためには、商品番号と商品名は 1 対 1 にする必要があります。そのため、一つの商品番号に複数行が対応している商品に対しては、一番長い名称を採用することにします。その準備として説明文の長さを計算します。そのためのプロンプトが次のプロンプト 6-5-4 になります。

プロンプト 6-5-4

w4に対して商品説明の長さを計算し、新しい列「文字数」とします
計算結果をw5に代入し、先頭5行を表示してください

レスポンス例 6-5-4

商品番号	商品説明	文字数
85123A	WHITE HANGING HEART T-LIGHT HOLDER	34
71053	WHITE METAL LANTERN	19
84406B	CREAM CUPID HEARTS COAT HANGER	30
84029G	KNITTED UNION FLAG HOT WATER BOTTLE	35
84029E	RED WOOLLY HOTTIE WHITE HEART.	30

プロンプトの指示通り、新しく「文字数」の列ができています。
どのような実装なのか、生成コード例を確認します。

Python 生成コード例 6-5-4

```
1  # 商品説明の長さを計算して新しい列「文字数」を追加
2  w5 = w4.copy()
3  w5['文字数'] = w5['商品説明'].str.len()
4
5  # 結果の先頭5行を表示
6  w5.head()
```

3行目が本質的な部分です。「w5['商品説明'].str.len()」とすることで、文字列の長さを計算しています。

6.5.5　商品説明フィルタリング 3

前項の結果を用いて、商品番号辞書ごとに一番文字列の長い商品名を選択し、この結果を商品名辞書に登録します。そのためのプロンプトが次のプロンプト6-5-5です。

プロンプト 6-5-5

w5に関して、一つの商品番号に複数の名称があるものは一番長いものを選択します
一つの商品番号に対して必ず一つの名称のみが対応するようにしてください
選択した結果は、商品番号をキーとする辞書として、結果はitem_dictに代入します
item_dictの先頭5行を表示してください

レスポンス例 6-5-5

一つの商品番号に対して最も長い商品説明を選択し、商品番号をキーとする辞書item_dictを作成しました。以下はその先頭5件です:
{
'10002': 'INFLATABLE POLITICAL GLOBE ',
'10080': 'GROOVY CACTUS INFLATABLE',
'10120': 'DOGGY RUBBER',
'10123C': 'HEARTS WRAPPING TAPE ',
'10124A': 'SPOTS ON RED BOOKCOVER TAPE'
}

目標とする辞書形式のデータができていることが分かりました[6]。

今回も生成コード例を見てみます。次の、Python 生成コード例 6-5-5 になります。

Python 生成コード例 6-5-5

```
1   # 商品番号ごとに商品説明の文字数が最も長いものを選択
2   w5_max_length = w5.loc[w5.groupby(w5.index)['文字数'].idxmax()]
3
4   # 結果を商品番号をキーとする辞書として格納
5   item_dict = w5_max_length['商品説明'].to_dict()
6
7   # 辞書の先頭5件を表示
8   dict(list(item_dict.items())[:5])
```

今回の生成コードで本質的な部分は 2 行目の

---

[6] Pythonの文法を知らない読者はPythonにおける「辞書」とは何かという点から理解が必要です。この説明はやや長くなるので、理解したい読者は巻末の講座1.2を参照してください。

「w5.loc[w5.groupby(' 商品番号 ')[' 文字数 '].idxmax()]」
です。やや複雑ですが、このコードで、「各商品番号に対して、最も長い商品説明を選択」ということが実現できています。

6.6　データ分析

非常に長いプロセスでしたが、前節までで、目指すアソシエーション分析のための必要な準備がすべて終わりました。本節では、いよいよ、本論のアソシエーション分析に入ります。その全体像を示す図6-2を改めて示します。

図6-2　アソシエーション分析の全体像（再掲）

本節の項との対応を整理すると、事前準備にあたる必要ライブラリのインポートが6.6.1項、アプリオリ分析が6.6.2項、ルール抽出が6.6.3項になります。

6.6.4項では抽出後のルールと商品番号辞書を対応付け、具体的にどの商品間に関連性があるかを調べます。

6.6.1　ライブラリインポート

最初のタスクは、アソシエーション分析で必要なライブラリのインポートです。このライブラリはChatGPTの標準的なPython環境に含まれていないため、ライブラリの導入もセットで行う必要があります。具体的なプロンプトは以下になります。

プロンプト 6-6-1

📄 mlxtend-0.23.1-py3-none-any.whl

> 添付のファイルを!pipコマンドで導入し、mlxtendライブラリから、association_rulesとaprioriをインポートします

レスポンス例 6-6-1

> mlxtendライブラリのインストールが完了し、association_rulesとaprioriのインポートが完了しました。これらを使用して分析を行う準備が整いました。次に進めたい分析や処理がありましたらお知らせください。

生成コード例を確認します。

Python 生成コード例 6-6-1

```
1  # .whlファイルを利用してmlxtendをインストール
2  !pip install /mnt/data/mlxtend-0.23.1-py3-none-any.whl
3
4  # association_rulesとaprioriをインポート
5  from mlxtend.frequent_patterns import association_rules, apriori
6
7  # インポート成功メッセージ
8  "association_rulesとaprioriをmlxtendから正常にインポートしました。"
```

2行目は、Pythonのプログラムによりライブラリを導入する手順です。初めてPythonを学習する読者は特に意味を分からなくても大丈夫です。

このコードで重要なのは、5行目の

「from mlxtend.frequent_patterns import association_rules, apriori」

という部分です。今回の分析で利用するassociation_rules関数とapriori関数のインポートをしています。アソシエーション分析で必要な処理なので、名前を覚えるようにしてください。

6.6.2 アプリオリ分析

いよいよアソシエーション分析の第1ステップであるアプリオリ分析を実施します。具体的なプロンプトは次のようになります。

プロンプト 6-6-2

> basket_dfを対象に、min_support=0.06, use_colnames=Trueのパラメータ値でアプリオリ分析を行い、結果をfreq_item1に代入します
> freq_item1の件数を表示してください
> また、freq_item1をsupport値で逆順ソートした先頭10行を表示してください

レスポンス例 6-6-2

> アプリオリ分析をmin_support=0.06で実施し、結果をfreq_item1に代入しました。
>
> ● freq_item1の件数: 134
> ● support値で逆順ソートした先頭10行は以下の通りです:
>
> | support | itemsets |
> |---|---|
> | 0.7653 | (POST) |
> | 0.1888 | (23084) |
> | 0.1811 | (21731) |
> | 0.1709 | (22554) |
> | 0.1684 | (22556) |
> | 0.1658 | (23084, POST) |
> | 0.1582 | (22326) |
> | 0.1582 | (POST, 21731) |
> | 0.1531 | (20725) |
> | 0.1480 | (POST, 22326) |
>
> 次の処理や確認が必要であればお知らせください!

このプロンプトの中で最も重要な点はmin_supportの値です。その意味を説明するため図6-1を再掲します。

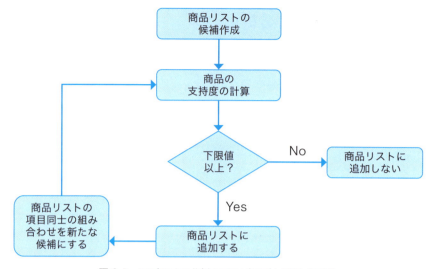

図6-1　アプリオリ分析のアルゴリズム概要（再掲）

　ここで「下限値以上」の判定をするときの閾値がmin_supportの値となります。この値を小さくしすぎると分析対象の商品の数が膨大になってしまい、分析できなくなってしまいます。一方で値を大きくしすぎると、対象商品の数が減りすぎてしまい、やはり分析ができません。分析対象データの状況に応じて、都度最適な値を求める必要があるのです。

　本実習の分析プロセスでは、この調査は事前に済んでいて、結論としての最適なパラメータ値がプロンプトに反映されていると考えてください。

　今回も生成コード例を確認します。

Python 生成コード例 6-6-2

```
1   # アプリオリ分析を実行し、結果をfreq_item1に代入
2   freq_item1 = apriori(basket_df, min_support=0.06, use_colnames=True)
3
4   # freq_item1の件数を表示
5   freq_item1_count = freq_item1.shape[0]
6
7   # support値で逆順ソートし、先頭10行を抽出
8   freq_item1_sorted = freq_item1.sort_values(by='support', ascending↗
    =False).head(10)
9   freq_item1_count, freq_item1_sorted
```

Python 生成コード例 6-6-2 の 2 行目で apriori 関数が呼び出され、そのとき
のパラメータで min_support の値が指定されています。

6.6.3 アソシエーションルール抽出

アソシエーション分析の第 2 ステップがルール抽出です。「**確信度**」を使って
抽出する方法と「**リフト値**」を使って抽出する方法があるのですが、ここでは
リフト値を用いることとします。

そのためのプロンプトは以下の形になります。

プロンプト 6-6-3

> freq_item1に対して、metric="lift", min_threshold=1の条件でアソシエーションル
> ールを抽出し、a_rule1に代入します
> a_rule1の件数を表示してください
> また、a_rule1をlift値で逆順ソートした先頭10行を表示してください

レスポンス例 6-6-3

アソシエーションルールを抽出し、結果をa_rule1に代入しました。

● a_rule1の件数: 206
● lift値で逆順ソートした先頭10行は以下の通りです:

antecedents	consequents	support	confidence	lift
(23254)	(23256)	0.0638	0.8929	12.963
(23256)	(23254)	0.0638	0.9259	12.963
(22727)	(22726, 22728)	0.0638	0.6757	9.133
(22726, 22728)	(22727)	0.0638	0.8621	9.133
(22726, POST)	(22727)	0.0714	0.8485	8.989
(22727)	(22726, POST)	0.0714	0.7568	8.989
(22727, 22728)	(22726)	0.0638	0.8621	8.893
(22726)	(22727, 22728)	0.0638	0.6579	8.893
(22727)	(22726)	0.0791	0.8378	8.643
(22726)	(22727)	0.0791	0.8158	8.643

次に行う処理があればお知らせください!

生成コード例は次のようになっています。

Python 生成コード例 6-6-3

```
1   # アソシエーションルールを抽出
2   a_rule1 = association_rules(freq_item1, metric="lift", min_threshᴈ
    old=1)
3
4   # a_rule1の件数を表示
5   a_rule1_count = a_rule1.shape[0]
6
7   # lift値で逆順ソートし、先頭10行を抽出
8   a_rule1_sorted = a_rule1.sort_values(by='lift', ascending=False).ᴈ
    head(10)
9
10  a_rule1_count, a_rule1_sorted
```

2行目の「association_rules(freq_item1, metric="lift", min_threshold=1)」という部分が重要です。このassociation_rules関数の呼び出しによって、リフ

ト値に基づくアソシエーションルールの抽出が行われています。

6.6.4 商品名との対応付け

　今回の分析結果のうち、antecedents と consequents が関係のある二つの商品を示しています。しかし、商品は商品番号で示されているため、具体的な商品名までは分かりません。分析結果と商品名称を対応付けることを次のプロセスで行います。

　そのための具体的なプロンプトは次の形になります。

プロンプト 6-6-4

> 上記リストに含まれている商品コードに対応した商品名をitem_dictを用いて調べてください

レスポンス例 6-6-4

> 上記リストに含まれている商品コードに対応した商品名を調べました。結果は以下の通りです：
>
> - **22726**: ALARM CLOCK BAKELIKE GREEN
> - **22727**: ALARM CLOCK BAKELIKE RED
> - **23256**: KIDS CUTLERY SPACEBOY
> - **22728**: ALARM CLOCK BAKELIKE PINK
> - **POST**: POSTAGE
> - **23254**: KIDS CUTLERY DOLLY GIRL
>
> さらに進めたい分析や処理がありましたら、お知らせください。

　生成コード例は次のようになっています。

6章 推奨商品提案（アソシエーション分析）

Python 生成コード例 6-6-4

```
1    # リストに含まれている商品コードに対応する商品名を調べる
2    item_codes = set()
3    for index, row in a_rule1_sorted.iterrows():
4        item_codes.update(row['antecedents'])
5        item_codes.update(row['consequents'])
6
7    # 商品コードに対応する商品名を辞書から取得
8    item_names = {code: item_dict.get(code, "商品名が見つかりません") for
     code in item_codes}
9
10   item_names
```

やや複雑な処理ですが概要を説明します。

2行目から5行目では、a_rule1_sorted の 'antecedents' と 'consequents' に含まれる商品番号を抽出しています。データ構造としては「集合」を用いています。

8行目で、商品番号から、該当する商品名を調べています。

6.7 結果解釈

今まで得られた分析結果から解釈を進めます。まず、商品間の関係性をより具体的に調べることにします。

6.7.1 関係グラフ表示

商品間の関係を調べるため、「関係グラフ」を表示することにします。プロンプトは以下の形になります。

プロンプト 6-7-1

📄 japanize_matplotlib-1.1.3-py3-none-any.whl

a_rule1で示された関係のある商品間を関係グラフで図示してください
文字化けしないよう、添付のライブラリを!pipコマンドで導入してからグラフ表示してください

レスポンス例 6-7-1

アソシエーションルールに基づく商品間の関係グラフ

KIDS CUTLERY SPACEBOY

KIDS CUTLERY DOLLY GIRL

ALARM CLOCK BAKELIKE PINK

ALARM CLOCK BAKELIKE GREEN

ALARM CLOCK BAKELIKE RED

POSTAGE

商品間の関係をグラフで図示しました。文字化けしないように日本語フォントも適用しています。さらに進めたい分析や処理がありましたら、お知らせください。

　今回は、レスポンス例6-6-4にある通り、「ALARM CLOCK」と「KIDS CUTLERY」の二つのグループがあるのですが、そのグループを関係グラフで正しく示すことができました。生成コード例がどうなっているか、見てみます。

Python 生成コード例 6-7-1

```python
# アップロードされたwhlファイルをインストール
!pip install /mnt/data/japanize_matplotlib-1.1.3-py3-none-any.whl

# japanize_matplotlibをインポート
import japanize_matplotlib
import networkx as nx
import matplotlib.pyplot as plt

# グラフの構築
G = nx.DiGraph()

# a_rule1_sortedから関係を取得して、グラフに追加
for _, row in a_rule1_sorted.iterrows():
    for ant in row['antecedents']:
        for con in row['consequents']:
            G.add_edge(item_dict[ant], item_dict[con], weight=row
['lift'])

# グラフの描画
plt.figure(figsize=(12, 8))
pos = nx.spring_layout(G, k=0.5)
nx.draw(G, pos, with_labels=True, node_size=3000, node_color="sky
blue", font_size=10, font_family="IPAexGothic")
plt.title("商品間の関係グラフ")
plt.show()
```

関係グラフ描画の本質的な部分は、13行目からのコードです。3重ループ処理の一番深いレベルで

「G.add_edge(item_dict[ant], item_dict[con], weight=row['lift'])」
という実装がされており、これで関係グラフの描画ができています。

6.8 ビジネス施策立案

最後にここまでの結果に基づいてビジネス施策立案のヒントも ChatGPT に出してもらうことにします。

6.8.1 商品販売促進の施策検討

今までのことで、商品間の関係性が分かりました。これに基づいて商品の販売促進のための施策を考えてもらいます。プロンプトは次の形になります。

プロンプト 6-8-1

> このデータは、イギリスのギフトグッズを主な商品とするeコマース会社の発注情報です
> 今回抽出された商品間の関係を活用したマーケティング施策を提案してください

次のようなレスポンス例が返ってきました。

レスポンス例 6-8-1

> このデータに基づいて抽出された商品間の関係を活用したマーケティング施策として、以下の提案を考えました。
> 1. クロスセリングの促進
>   ● 施策内容：データに基づき、頻繁に一緒に購入される商品をセットにして販売します。たとえば、アラームクロックシリーズやキッズカトラリーセットなど、関連性の高い商品を一緒に購入するインセンティブを提供します。
>   ● 具体例：
>   ● 「ALARM CLOCK BAKELIKE GREEN」を購入する顧客には、「ALARM CLOCK BAKELIKE RED」を割引価格で提供する。
>   ● 「KIDS CUTLERY DOLLY GIRL」を購入する顧客に、「KIDS CUTLERY SPACE BOY」も合わせて購入することでセット割引を提供する。
> 2. 関連商品のおすすめ
>   ● 施策内容：商品ページやカートページにおいて、他の顧客が一緒に購入した関連商品を「おすすめ商品」として表示します。これにより、顧客が関連商品を追加購入する可能性を高めます。
>   ● 具体例：
>   ● 「POSTAGE」を購入しようとする顧客には、関連する高頻度で一緒に購入される商品をレコメンドします。
> 3. パッケージ商品の開発
>   ● 施策内容：関連性の高い商品をまとめてパッケージ化し、特別なギフトセットとして販売します。これにより、ギフトを探している顧客に対して魅力的なオプションを提供できます。
>   ● 具体例：
>   ● 「ALARM CLOCK BAKELIKE」シリーズ（Green、Red、Pink）を組み合わせた「レトロアラームクロックギフトセット」を開発し、ギフトシーズンに向けてプロモーションを行います。

6章 推奨商品提案（アソシエーション分析）

209

4. キャンペーンの企画

- **施策内容**：関連商品を一緒に購入すると特典を提供するキャンペーンを展開します。これにより、顧客の購入意欲を刺激し、平均購入単価の向上を目指します。
- **具体例**：
  - 「ALARM CLOCK BAKELIKE」シリーズの一つを購入すると、もう一つの「ALARM CLOCK BAKELIKE」商品が20％オフになるキャンペーンを実施。

5. メールマーケティングの強化

- **施策内容**：過去の購入履歴を元に、関連性の高い商品をメールで個別に提案します。既存顧客に対して、以前購入した商品の関連商品を案内することで、再購入を促進します。
- **具体例**：
  - 「KIDS CUTLERY DOLLY GIRL」を購入した顧客に対して、「KIDS CUTLERY SPACEBOY」を特別価格で購入できるクーポンをメールで送付します。

6. 店舗ディスプレイでの活用

- **施策内容**：実店舗がある場合、店内ディスプレイに関連商品のセットを提案します。これにより、顧客が目に留めやすく、関連商品を一緒に購入する動機付けを強化します。
- **具体例**：
  - 店内のギフトセクションに「ALARM CLOCK BAKELIKE」シリーズをまとめて展示し、複数購入で割引になるオファーを表示します。

これらの施策を通じて、商品の関連性を活かした販売促進を図ることができ、売上の向上や顧客満足度の向上につなげることが期待できます。

　それぞれ、妥当な販売促進案と考えられます。この案を出発点に販売促進案を考えることは十分現実的です。

7章

販売量予測
（回帰モデル）

本章のテーマは、教師あり学習モデルの中で、3章で紹介した**分類モデル**と並んでよく用いられる**回帰モデル**です。分類モデルでは予測結果（目的変数）が、1か0かという「どのグループに属するか」であるのに対して回帰モデルの予測結果（目的変数）は数値です。

通常の企業活動では、数値が正確に予測できると利益が上がるケースが多いです。

わかりやすい例として、街のケーキ屋での売上個数を考えてみましょう。見込み個数を少なく間違えると、開店中に売り切れになって販売機会を逸します。一方で多く間違えると、売れ残りが出て、ケーキのように日持ちしない商品はそのまま損失になります。

もっとスケールの大きな予測対象としては、テーマパークの来客数があります。見込み来客数は、レストランの仕入れから、スタッフの要員計画までいろいろなところに影響を与えます。正確な来客数が予測できれば、非常に大きな利益を得られるはずです。

コンビニなど小売業における商品の発注も、回帰モデルの恩恵を受けられる例の一つです。数千種類の商品アイテム一つずつについて、明日何個売れるかを予測するモデルを作るのは大変すぎます。代わりに小売業では、来客数1000人に対して、ある商品が何個売れたかを見積もる PI 値（Purchase Index）が算出されています。

明日の来客数が3000人だと予想できれば、PI 値が「5」のスナック菓子は、15個売れると予測し、それに応じた発注ができるのです。複雑な商品ごとのモデルを数千種類作り分けなくても、店舗ごとの来客数を予測できればシンプルに機械学習を適用できます。

本章の例題は、このような処理パターンの練習問題だと思って読み進めてください。

7.1　分析テーマと分析対象データ

本章で取り上げる回帰モデルとは、前述のように数値を予測するモデルです。本章ではその一例として、「レンタルサイクルショップにおける1日の自転車貸出件数」を目的変数とした例題を取り上げます。

7.1.1 分析テーマ

あなたは、自分がレンタルサイクルショップの店長だと考えてください。店長にとって最大の関心事は、**「その日の貸出台数が何台になるか」**です。貸出件数の見込み数によって、当日のバイト店員を何名にするか、要員計画にも影響するし、予想以上の貸し出しが見込まれる場合は、営業機会の損失にならないよう、あらかじめ、倉庫にある予備の自転車も出しておくべきかもしれません。このように、**「貸出件数」という数値を正確に予測**することができる場合、**予測結果そのものにビジネス上の効果が見込める**ので、その予測を実施することを本章の分析テーマとします。

7.1.2 分析対象データ

今回の分析で用いる公開データセット（Bike Sharing Dataset）の項目は次のようなものとなっています。

https://archive.ics.uci.edu/dataset/275/bike+sharing+dataset

表7-1　Bike Sharing Dataset の項目一覧

項目名（日本語）	項目名（英語）	説明	サンプル値
ID	instant	ユニーク ID	1
日付	dteday	yyyymm-dd	2011-01-01
季節	season	1: 冬 2: 春 3: 夏 4: 秋	1, 2, 3, 4
年	yr	0: 2011, 1: 2012	0, 1
月	mnth	(1 - 12)	1, 2, …, 12
祝日	holiday	0: 平日 1: 祝日	0, 1
曜日	weekday	0: 日曜日 1: 月曜日 6: 土曜日	0, 1, …, 6
勤務日	workingday	0: 休日 1: 勤務日	0, 1
天気	weathersit	1: 晴れから曇り 2: 霧 3: 小雨	1, 2, 3
気温	temp	0 から 1 の数値に正規化済み	0.344167
体感温度	atemp	0 から 1 の数値に正規化済み	0.363625
湿度	hum	0 から 1 の数値に正規化済み	0.805833
風速	windspeed	0 から 1 の数値に正規化済み	0.160446
臨時ユーザー利用数	casual	事前登録なしユーザーの利用数	331
登録ユーザー利用数	registered	事前登録ありユーザーの利用数	654
全体ユーザー利用数	cnt	全体の利用数	985

このデータは、アメリカのワシントン D.C. にある「Capital Bikeshare」という自転車シェアリングサービスから取得されたものです。

Capital Bikeshare は、住民や観光客に自転車の短期レンタルを提供しており、その利用実績データを公開しています。目的変数となりうる 1 日当たりの利用数は「臨時ユーザー利用数」「登録ユーザー利用数」「全体ユーザー利用数」の三つがありますが、当実習ではこのうち「登録ユーザー利用数」を用いることとします。

気象情報を示す項目のうち、「気温」「体感温度」「湿度」「風速」に関しては 0 から 1 までの値を取る浮動小数点数値になっています。これは「正規化」と呼ばれるデータ前処理がすでに済んだ状態だと考えてください[1]。

今回の分析で用いるデータは、1 日に 1 行という形で、2011-01-01 から 2012-12-31 までの 2 年分存在します。このことは、実際の分析で活用することになります。

7.1.3　分析プロセス

本章の分析プロセスを表 7-2 に示します。

表 7-2　本章の分析手順と対応プロンプト一覧

項	タスク名	処理内容	プロンプト
（共通）	（共通）	（共通）	これから依頼する内容に対して、以下のルールでデータ分析を願いします （1）生成される Python コードのコメントは日本語にする （2）「データの先頭 5 行を表示してください」のような指示に対して以下の対応をする （2-A）生成する Python コード実装では、最後の行を df.head() の形式にする （2-B）df.head() の結果はをブラウザ画面にも表示する。この段階で、初めて整形表示する
7-2-2	データ読み込み	データ読み込み	(day-j.csv) 添付の CSV ファイルを読み込み、データフレーム変数 df に代入してください ただし、1 つめの項目の「日付」は日付データです 先頭 5 行を表示してください

---

[1] 巻末の講座 2.2 で説明する「スケーリング」という処理に該当します。

項	タスク名	処理内容	プロンプト
7-3-1	データ理解	欠損値の確認	df の欠損値を確認してください
7-3-2	データ理解	数値項目のヒストグラム表示	(japanize_matplotlib-1.1.3-py3-none-any.whl) データフレームの数値項目に対して青色でヒストグラム表示してください figsize は (12,12) にして、データフレーム関数でまとめて直接表示してください グラフが文字化けしないよう、添付のライブラリを !pip コマンドで導入してください
7-3-3	データ理解	登録ユーザー利用数の時系列グラフ表示	横軸：日付、縦軸：登録ユーザー利用数で青色のグラフ表示してください figsize は (12,4) でお願いします
7-4-1	データ前処理	カテゴリ変数化	「季節」「曜日」「天気」をカテゴリ変数に変更してください
7-4-2	データ前処理	目的変数 y の設定	目的変数 y を登録ユーザー利用数で設定してください
7-4-3	データ前処理	説明変数 X の設定	説明変数 X として、df から次の項目を落としたデータを設定してください 「日付」「登録ユーザー利用数」「臨時ユーザー利用数」「全体ユーザー利用数」
7-4-4	データ前処理	訓練データとテストデータの分離	2012-11-01 より前のデータを訓練用、2012-11-01 以降のデータをテスト用とします このルールに基づき、y_train, y_test, X_train, X_test を設定してください
7-5-1	モデル構築	予測モデルの構築	(lightgbm-4.5.0-py3-none-manylinux_2_28_x86_64.whl) lightgbm を用いて、X_train と y_train により回帰モデルを構築してください 学習は scikit-learn 互換の関数で行い、num_threads=4、メッセージ出力は OFF にしてください タスクはモデル構築のみとし、精度評価は行わないでください lightgbm は添付の whl ファイルを !pip コマンドで導入します
7-6-1	結果分析	予測結果の算出	構築したモデルを用いて、テストデータ X_test に対する予測結果を算出し y_pred に代入してください タスクは予測のみとし、精度評価は行わないでください
7-6-2	結果分析	予測結果の可視化	正解データ（青）と予測結果（黒）をグラフ表示してください 横軸は日付とし、日付ラベルは 90 度回転して 1 週間単位で表示します
7-6-3	結果分析	予測結果の精度評価	予測結果の精度を、RMSE と R2 値で算出してください どちらの値も小数点 4 位までとします
7-6-4	結果分析	重要度分析	重要度分析を行い、結果をグラフ表示してください importance_type='gain' でお願いします
7-7-1	結果解釈	重要度分析結果からの仮説立案	重要度分析の結果から考え得る仮説を提示してください

7章 販売量予測（回帰モデル）

回帰モデルはモデル出力が数値という点のみ分類モデルと異なりますが、そ
れ以外のモデルの振る舞いは同じです。そのため、分析プロセス全体は3.4節
で示した分類モデルのプロセスとほぼ同一となっています。大きく異なるのは
結果分析のタスクのみです。

今回の学習データは「日付」をキーとして持つ時系列データです。この性質
のデータの場合、訓練データとテストデータへの分割のときに注意点が必要で
す。この点については、このあと説明します。

データ読み込み

今までとほぼ同じなのですが、今回、日付データを含んでいて、この点に関
して注意事項があります。

データ理解

いつも実施する欠損値の確認の後で、二つのパターンで可視化によるデータ
理解を行います。一つは、各項目のデータ分布をヒストグラム表示で確認する
方法、もう一つは、目的変数の変化の様子を時系列グラフとして表示する方法
です。いずれの方法もよく利用される方法なので、考え方、結果の見方を含め
てマスターするようにしてください。

データ前処理

本章のデータ前処理では二つのポイントがあります。

一つは「カテゴリ変数化」というタスクです。今回、機械学習モデル構築に
ライブラリとして利用しているlightgbmでは、整数値を取る項目に対して、**デー
タ項目の属性を「カテゴリ変数」と呼ばれるものに変更することで、説明変数
の意味合いを変える**ことができます[2]。今回のモデル構築では、特定の項目に対
してカテゴリ変数化の処理を加えることで、モデルの精度が上がりました。つ
まり、このタスクは、**モデル構築における「チューニング」の意味を持ってい
る**ことになります。

---

[2] カテゴリ変数とは何か、カテゴリ変数をPythonでどう表現するかはデータ分析において
重要です。本書では講座2.1と講座2.2で詳しく説明しているので、参照してください。

もう一つは、訓練データとテストデータへの分割方法です。3章の実習では、二つの分割は乱数を用いて実施しました。しかし、今回のような時系列データの場合、この方法は適切ではありません。予測したい一時点で考えた場合は、すでにわかっているデータは「過去データ」であり、予測したいデータは常に「未来データ」です。つまり、「**過去データを用いて学習し、未来データに対して予測する**」という原則を守る必要があります。本章の実習は、この原則に基づいたデータ分割を実施しています。このルールは実業務の分析でも必ず必要なことなので、ぜひ、覚えるようにしてください。

モデル構築

　本章では、本書で初めて**回帰モデル**を構築します。分類モデル同様に、回帰モデルに関しても様々なアルゴリズムが存在し、要件によって都度、適切なものを選定する必要があります。本章では、その中で、手軽に利用でき、かつ、比較的高い精度を実現可能なモデルとして lightgbm を利用しました。このモデルは次章で示すように分類モデルでも利用できるのですが、本章のような回帰モデルとしても利用可能です[3]。**データ型をカテゴリ型に変更するだけで簡単にチューニングできる**点も、ポイントの一つで、この話は実習の中で詳しく説明していきます。

結果分析

　本章の結果分析では四つのタスクを実施します。最初のタスクは、構築したモデルにより予測値を算出するタスクです。このタスクは3章で説明した分類モデルと同じです。

　次のタスクからが、回帰モデル独自のものとなります。最初に実際の**目的変数の値と予測結果を時系列グラフとして重ね描き**することで、予測結果のあてはまりの良さを視覚的に確認し、評価の一環とします。

　評価は、回帰モデル用の指標値でもできます。本章では **RMSE**（2乗平均平方根誤差）と **R2 値**という指標値で、**数値データでの評価**を行います。

---

[3] 厳密にいうと予測モデルのクラスは別なので、「共通のライブラリが回帰・分類のどちらのモデル構築でも使える」ということです。

7章 販売量予測（回帰モデル）

最後の結果分析タスクは**重要度分析**です。今回の実習で利用する lightgbm をはじめとするいくつかのモデルでは、重要度分析というタスクを実施することで、説明変数のうち、どの項目が分析結果に大きな影響を与えているかを調べられます。そのタスクを実施することにします。

結果解釈

結果分析の最後のタスクである「重要度分析」は、その先に**「解釈」を加えることで、業務に有益な施策**を出せることがあります。通常は、人間のデータ分析担当者が実施するタスクですが、プロンプトの与え方次第で、**「解釈」のヒントを ChatGPT から得ることも可能**です。本章の最後に、このタスクにもトライしてみることにします。

7.2 データ読み込み

本章の実習でもサポートサイトから、実習で必要なファイル一式をダウンロード・準備した後、分析対象データを ChatGPT に読み込ませます。

7.2.1 事前準備ファイル

本書サポートサイトから、以下のファイルを事前にダウンロードしておきます。

表7-3 サポートサイトからダウンロードするファイル

No	ファイル名	利用目的
1	rental-bike-prompt.txt	プロンプト集
2	day-j.csv	分析対象データ
3	lightgbm-4.5.0-py3-none-manylinux_2_28_x86_64.whl	予測モデル用ライブラリ
4	japanize_matplotlib-1.1.3-py3-none-any.whl	グラフ表示日本語化ライブラリ

2 は、UCI サイトの以下のリンク先からダウンロードしたデータに対し、項目名を日本語化しました。

https://archive.ics.uci.edu/dataset/275/bike+sharing+dataset

3は、次のサイトにあるlightgbmのライブラリをwhlファイルとしてダウンロードしたものです。

https://pypi.org/project/lightgbm/

4については説明済みなので省略します。

これら四つのファイルは、次のリンクの本書サポートサイトからダウンロードしてください。

サポートサイトリンク：

https://github.com/makaishi2/profitable_data_analysis/tree/main/ai_materials/CH07

短縮URL：https://bit.ly/4iMUJZr

QRコード

7.2.2　データ読み込み

いつものように、データ分析対象のCSVファイルを読み込み、データフレーム変数dfに代入します。

プロンプトは次の形になります。

プロンプト 7-2-2

添付のCSVファイルを読み込み、データフレーム変数dfに代入してください
ただし、1つめの項目の「日付」は日付データです
先頭5行を表示してください

第2部 応用編

レスポンス例 7-2-2

CSVファイルを読み込み、「日付」列を日付データとして解釈し、データフレームdfに格納しました。以下はデータの先頭5行です。

日付	季節	年	月	祝日	曜日	勤務日	天気	気温	体感温度	湿度
2011-01-01	1	0	1	0	6	0	2	0.344167	0.363625	0.805833
2011-01-02	1	0	1	0	0	0	2	0.363478	0.353739	0.696087
2011-01-03	1	0	1	0	1	1	1	0.196364	0.189405	0.437273
2011-01-04	1	0	1	0	2	1	1	0.200000	0.212122	0.590435
2011-01-05	1	0	1	0	3	1	1	0.226957	0.229270	0.436957

風速	臨時ユーザー利用数	登録ユーザー利用数	全体ユーザー利用数
0.160446	331	654	985
0.248539	131	670	801
0.248309	120	1229	1349
0.160296	108	1454	1562
0.186900	82	1518	1600

次に進む作業があればお知らせください！

今回はプロンプト2行目にある「ただし、1つめの項目の「日付」は日付データです」がいつもと異なる指示です。この結果が、どのように実装コードに影響しているのか、Python生成コード例を確認します。

Python 生成コード例 7-2-2

```python
import pandas as pd

# CSVファイルのパス
file_path = '/mnt/data/day-j.csv'

# CSVファイルを読み込み、1つ目の項目「日付」を日付データとして解釈
# CSVファイルを読み込んで、'日付'列を日付型に変換します
df = pd.read_csv(file_path, parse_dates=['日付'])

# データの先頭5行を表示
df.head()
```

8行目の read_csv 関数呼び出しで「parse_dates=[' 日付 ']」の部分がいつもと違う部分です。parse_dates が、引数で指定する項目を日付として解釈させることを指示しています。

7.3　データ理解

本節のデータ理解では、2通りの可視化手法により、分析対象データを理解します。

7.3.1　欠損値の確認

最初に次のプロンプトにより欠損値の確認をします。

プロンプト 7-3-1

> dfの欠損値を確認してください

レスポンス例 7-3-1

> データフレーム内には欠損値は存在しません。すべての列にデータが揃っています。次に行う分析や処理があればお知らせください。

欠損値の確認はすでに何度か説明したタスクで、新しく付け加えるとこともないので、解説は省略します。

7.3.2　数値項目のヒストグラム表示

次に、データの数値項目について、ヒストグラム表示をします。プロンプトは以下の形になります。

221

プロンプト 7-3-2

 japanize_matplotlib-1.1.3-py3-none-any.whl

> データフレームの数値項目に対して青色でヒストグラム表示してください
> figsizeは(12,12)にして、データフレーム関数でまとめて直接表示してください
> グラフが文字化けしないよう、添付のライブラリを!pipコマンドで導入してください

レスポンス例 7-3-2

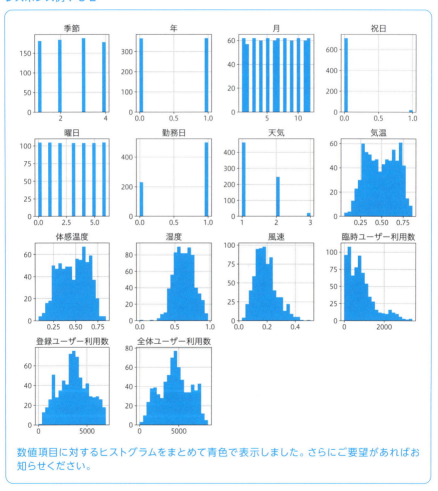

> 数値項目に対するヒストグラムをまとめて青色で表示しました。さらにご要望があればお知らせください。

Python生成コード例を確認してみましょう。次のようになります。

Python 生成コード例 7-3-2

```
1    # 必要なライブラリをインストールし、数値項目のヒストグラムを描画します
2    !pip install /mnt/data/japanize_matplotlib-1.1.3-py3-none-any.whl
3
4    import japanize_matplotlib
5    import matplotlib.pyplot as plt
6
7    # 数値列を対象にヒストグラムを描画
8    numerical_columns = df.select_dtypes(include=['float64', 'int64'])
     .columns
9
10   # グラフ全体の設定
11   df[numerical_columns].hist(bins=30, figsize=(12, 12), color='blue')
12   plt.tight_layout()
13   plt.show()
```

8行目でデータフレームの各項目のうち、数値項目だけを抽出しています。

11行目で抽出した項目に対してまとめてヒストグラムを表示しています。

12行目は、複数のグラフが重ならないようにする場合に用いられる関数です。たったこれだけのコードでレスポンス例 7-3-2 で示したようなグラフが描画できることになります。

7.3.3 登録ユーザー利用数の時系列グラフ表示

次に登録ユーザー利用数の時系列グラフを描画し、目的変数の時間的変化の様子を確認します。プロンプトは以下の形になります。

プロンプト 7-3-3

横軸：日付、縦軸：登録ユーザー利用数で青色のグラフ表示してください
figsize は (12,4) でお願いします

レスポンス例 7-3-3

「日付」を横軸、「登録ユーザー利用数」を縦軸とした青色のグラフを表示しました。さらに分析や他のリクエストがあればお知らせください。

日ごとの登録ユーザー利用数の推移を確認できました。

今回も生成コード例を確認してみましょう。次のようになっています。

Python 生成コード例 7-3-3

```
# 横軸を日付、縦軸を登録ユーザー利用数としたグラフを描画
plt.figure(figsize=(12, 4))
plt.plot(df['日付'], df['登録ユーザー利用数'], color='blue')
plt.title('日付と登録ユーザー利用数の推移')
plt.xlabel('日付')
plt.ylabel('登録ユーザー利用数')
plt.grid(True)
plt.show()
```

このコードで本質的な部分は3行目の「plt.plot(df['日付'], df['登録ユーザー利用数'], color='blue')」です。この実装により、青色のグラフが表示されています。

それ以外の行は、グラフの見た目をきれいにするための各種関数の呼び出しになります。

7.4　データ前処理

　本章のデータ前処理で重要なのは、カテゴリ変数化と訓練データとテストデータへの分割です。それぞれの項で説明をするので、何のためにこの処理をするのか、目的から理解するようにしてください。

7.4.1　カテゴリ変数化

　Python で予測モデルを構築する場合、説明変数はすべて数値データであることが必要です。通常、この数値データは「値が大きいことが意味を持つ」形になります。統計学でいうところの「順序尺度」と呼ばれる項目になります[4]。

　しかし、予測に lightgbm を利用する場合、データ項目の型をカテゴリ型に変換すると、「順序尺度」を「名義尺度」に変更することが可能です。

　例えば、レストランで料理を注文するときに「松 :1、竹 :2、梅 :3」のコード値を割り当てたとします。この 1、2、3 の割り当ては、値の順番に意味があるので「順序尺度」であり、このまま予測モデルの説明変数として利用できます。

　しかし、血液型で「A 型 :1、B 型 :2、AB 型 : 3、O 型 :4」のコード値を割り当てた場合、この 1、2、3、4 の割り当てには大きさの意味がありません。このような場合は、予測モデルに「**この説明変数は名義尺度である**」と教える必要があります。この場合、**血液型の項目をカテゴリ型に変更することで、このことを予測モデルに教えることができる**のです。

　次のプロンプト 7-4-1 は、今までの話に基づいて、今回のデータのうち、「季節」「曜日」「天気」をカテゴリ変数にするためのものです。「天気」をカテゴリ変数にするべきかどうかは、判断が難しいところですが、両パターンで精度評価した結果、「天気」も含めるのがいいという結論に達したのでこの方針になったと考えてください。

---

[4] この詳しい解説は講座 2.1 にあるのでそちらを参照してください。

プロンプト 7-4-1

「季節」「曜日」「天気」をカテゴリ変数に変更してください

レスポンス例 7-4-1

「季節」「曜日」「天気」をカテゴリ変数に変更しました。データの型も確認済みです。次に行う分析や処理があればお知らせください。

コードを確認します。次の生成コード例 7-4-1 のようになります。

Python 生成コード例 7-4-1

```
1    # 「季節」「曜日」「天気」列をカテゴリ変数に変換
2    df['季節'] = df['季節'].astype('category')
3    df['曜日'] = df['曜日'].astype('category')
4    df['天気'] = df['天気'].astype('category')
5
6    # データ型を確認
7    df.dtypes
```

2～4行目が、データ型をカテゴリ変数に変更している箇所です。「astype('category')」という関数を呼び出すことで、このような変換が行われることになります。

今回は、実行結果例も以下に示します。

実行結果例 7-4-1

```
1    日付           object
2    季節         category
3    年             int64
4    月             int64
5    祝日            int64
6    曜日         category
7    勤務日           int64
```

```
 8   天気              category
 9   気温               float64
10   体感温度            float64
11   湿度               float64
12   風速               float64
13   臨時ユーザー利用数      int64
14   登録ユーザー利用数      int64
15   全体ユーザー利用数      int64
16   dtype: object
```

「季節」「曜日」「天気」の項目のデータ型が category になっていることが確認できました。

7.4.2　目的変数 y の設定

データ前処理の次のステップは、データフレーム df から目的変数 y と説明変数 X を抽出することです。まず、次のプロンプト 7-4-2 で目的変数 y の設定を行います。

プロンプト 7-4-2

> 目的変数 y を登録ユーザー利用数で設定してください

レスポンス例 7-4-2

> 目的変数 y を「登録ユーザー利用数」に設定しました。次に行う処理があればお知らせください。

3 章の実習で説明済みなので、解説と Python 実装例は省略します。

7.4.3　説明変数 X の設定

引き続き df から説明変数 X を設定します。目的変数である「登録ユーザー利用数」以外に、次の項目も df から落とします。

日付：日付型という特殊なデータ型であるため、このままモデルの説明変数にできない。「年」「月」「日」という個別の要素はすでに説明変数として含まれており、これらの情報から日付を組み立てることが可能。つまり、日付項目の情報量はゼロなので落として構わない

臨時ユーザー利用数：元データに目的変数用に含まれていた項目で説明変数に入れるべきでない

全体ユーザー利用数：臨時ユーザー利用数と同じ理由

これらを考慮に入れた結果、プロンプトは次のようになります。

プロンプト 7-4-3

> 説明変数Xとして、dfから次の項目を落としたデータを設定してください
> 「日付」「登録ユーザー利用数」「臨時ユーザー利用数」「全体ユーザー利用数」

レスポンス例 7-4-3

> 説明変数 X を「日付」「登録ユーザー利用数」「臨時ユーザー利用数」「全体ユーザー利用数」の列を除いて設定しました。次に行う処理があればお知らせください。

生成コード例については、3章で説明済みなので省略します。

7.4.4　訓練データとテストデータへの分割

7.1.3項で説明した通り、時系列の学習データの場合、乱数を用いて訓練データとテストデータに分割するのでなく、特定の基準日を設定して

訓練データ：基準日より前の日付のデータ
テストデータ：基準日以降の日付のデータ

という形で分割する必要があります。今回のデータは 2011-01-01 から 2012-12-31 までの丸2年分あります。そこで、**テストデータとしては、2012-11-01 以降の、最後の2カ月分を利用**する方針としました。

この点を踏まえた、データ分割のためのプロンプトは以下の形になります。

プロンプト 7-4-4

2012-11-01より前のデータを訓練用、2012-11-01以降のデータをテスト用とします
このルールに基づき、y_train, y_test, X_train, X_testを設定してください

レスポンス例 7-4-4

指定のルールに基づき、データを訓練用とテスト用に分割しました。訓練データは 670
件、テストデータは 61 件です。次に進めたい作業があればお知らせください。

Python 生成コード例を見た上で、簡単な解説をします。

Python 生成コード例 7-4-4

```
1   # 訓練データとテストデータの分割条件を定義
2   train_condition = df['日付'] < '2012-11-01'
3   test_condition = df['日付'] >= '2012-11-01'
4
5   # 訓練データとテストデータをそれぞれ設定
6   X_train = X[train_condition]
7   X_test = X[test_condition]
8   y_train = y[train_condition]
9   y_test = y[test_condition]
10
11  # 各データのサイズを確認
12  X_train.shape, X_test.shape, y_train.shape, y_test.shape
```

df[' 日付 '] の項目の値により該当行を含める、含めないを決めていくのですが、難しいのは、この項目が timestamp 型という特殊なデータ型になっている点です。

しかし、結果からいうと、'2011-11-01' のような日付を意味する文字列と比較すると、自動的にデータ型を変換してくれて、事前に設定した基準日前後で「訓

練データ」と「テストデータ」に分けることが可能です[5]。Python 生成コード例 7-4-4 はその性質を使っています[6]。

7.5 モデル構築

前節までで、モデル構築に必要な準備作業はすべて完了しました。いよいよモデルを構築することになります。

7.5.1 予測モデルの構築

すでに説明した通り、本章の例題では lightgbm というライブラリを利用します。このライブラリを選択した理由は、

- 一般的に精度が高い
- 軽量なモデルで処理に計算資源をあまり使わない
- カテゴリ変数を利用可能
- 重要度分析を実施可能

といった点になります。あまり分析業務に慣れていない初心者が、高い精度を出したいときに最初に用いるモデルとして、無難な選択といえます。モデル構築のためのプロンプトは以下の形になります。

---

[5] 細かい実装について補足すると、train_condition と test_condition には、日付別に「その日が 2012-11-01 より前の日か（train_condition の場合）」を示すブーリアン型数値（True/False）の配列ができます。この配列はこの後、可視化のときにも利用することになります。
[6] このプロンプトに対してはそれ以外の生成コードになることもあります。しかし、目的は事前に設定した基準日に対して、その前・後でグループ分けすることなので、この点を頭に置いておけば、実装コードを理解できるはずです。

プロンプト 7-5-1

📄 lightgbm-4.5.0-py3-none-manylinux_2_28_x86_64.whl

> lightgbmを用いて、X_trainとy_trainにより回帰モデルを構築してください
> 学習はscikit-learn互換の関数で行い、num_threads=4、メッセージ出力はOFFにしてください
> タスクはモデル構築のみとし、精度評価は行わないでください
> lightgbmは添付のwhlファイルを!pipコマンドで導入します

レスポンス例 7-5-1

> LightGBMを用いて、指定された訓練データx_trainとy_trainに基づき回帰モデルを構築しました。次に進める内容がありましたらお知らせください。

　今回はかなり長いプロンプトになりました。重要な箇所なので、1行目から順に丁寧に解説します。

「lightgbmを用いて、X_trainとy_trainにより回帰モデルを構築してください」
　学習データとして準備したX_trainとy_trainを用いて回帰モデルを作りたいという指示で、このプロンプトの一番中心的なところです。

「学習はscikit-learn互換の関数で行い、num_threads=4、メッセージ出力はOFFにしてください」
　lightgbmは、独自の学習用の呼び出し方を持っていて、一般的にはこの呼び出し方を用いた方が精度が高いとされています。しかし、固有のパラメータ設定をいくつか行う必要があり、初心者が利用するには難しいです。3章でも利用したscikit-learnと同じ呼び出し方をすることで、この問題を解決できるので、この指示をしています。
　num_threads=4は、本書の校正中に急にモデル構築ができない事象が発生し、その対策として追加したオプションです。メッセージ出力OFFは、なくても動くのですが、コンソール出力に余分な情報を出さないために追加しています。

「タスクはモデル構築のみとし、精度評価は行わないでください」
　機械学習はタスクのパターンが決まっているため、ChatGPTは気をきかせて

どんどん先の処理までやってしまうことがあります。そうしたことを起こさないように、この指示を出しています。

「lightgbm は添付の whl ファイルを !pip コマンドで導入します」

Matplotlib の日本語化ライブラリと同じで、lightgbm は ChatGPT の分析環境に最初から入っていません。そのため、whl ファイル[7]を添付して、この指示を出す必要があります。

生成コードは以下のようになります。

Python 生成コード例 7-5-1

```
1    # 添付されたLightGBMのライブラリをインストール
2    !pip install /mnt/data/lightgbm-4.5.0-py3-none-manylinux_2_28_x86⤦
     _64.whl
3
4    # 必要なライブラリをインポート
5    from lightgbm import LGBMRegressor
6
7    # LightGBM回帰モデルを構築
8    # モデルを初期化。num_threads=4、メッセージ出力をオフ
9    model = LGBMRegressor(num_threads=4, verbose=-1)
10
11   # モデルを訓練データで学習
12   model.fit(X_train, y_train)
```

本質的なのは、5 行目のインポート文、9 行目の回帰モデル作成、そして 12 行目の学習です。この 3 行だけでモデルの学習ができてしまう点は 3 章のコード 3-7-1 の場合とまったく同じです。

7.6　結果分析

結果分析では、予測結果の評価に関する一連のタスクを実施した後、

---

[7] whl ファイルは、Python のライブラリをパッケージ化したファイルです。

lightgbm の特性を生かし、重要度分析も実施することとします。

7.6.1 予測結果の算出

　事前に準備したテストデータを用いて、予測値を導出します。プロンプトは以下のものになります。

プロンプト 7-6-1

> 構築したモデルを用いて、テストデータX_testに対する予測結果を算出しy_predに代入してください
> タスクは予測のみとし、精度評価は行わないでください

レスポンス例 7-6-1

> 構築したモデルを用いて、テストデータX_testに対する予測結果を算出し、予測結果は変数y_predに代入しました。最初の5件の予測値を表示しています。
> 次に進めたい作業があればお知らせください。

　このプロンプトに対応した生成コードは以下のものとなります。3章（分類モデルのケース）で一度説明していますが、重要なので、改めて示すこととします。

Python 生成コード例 7-6-1

```
1   # 構築したモデルを用いて、テストデータX_testに対する予測を行う
2   y_pred = model.predict(X_test)
3
4   # 予測結果の確認
5   y_pred[:5] # 先頭5件の予測結果を表示
```

実行結果例 7-6-1

```
1   array([4496.34579348, 4890.46846422, 4077.05612971, 3634.38527953
    , 4072.81796568])
```

　2行目の「model.predict(X_test)」が学習の本質的な部分です。事前に準備

したX_testに対して、予測結果を算出します。その結果はy_predという変数に代入しています。

5行目の「y_pred[:5]」は、予測結果の先頭5行を画面表示するプログラムです。実行結果例7-6-1が、その結果となっています。4496.345..のような浮動小数点数値となっており、確かに回帰モデルの予測結果であることが確認できました。

7.6.2 予測結果の可視化

次に予測結果を、正解データと合わせた形でグラフ表示してみます。プロンプトは以下のものになります。

プロンプト 7-6-2

> 正解データ（青）と予測結果（黒）をグラフ表示してください
> 横軸は日付とし、日付ラベルは90度回転して1週間単位で表示します

レスポンス例 7-6-2

> 正解データ（青）と予測結果（黒）を日付を横軸にしてグラフ表示しました。日付ラベルは90度回転し、1週間単位で表示されています。他にご要望がありましたら教えてください。

青と黒のグラフを比較すると、ほぼ同じグラフの波形になっていることが読み取れます。目的の回帰予測がある程度できていそうです。

今回も生成コード例を見てみます。次のものになります。

Python 生成コード例 7-6-2

```
1    # 正解データと予測結果をグラフに表示
2    plt.figure(figsize=(12, 4))
3
4    # 正解データ（青）
5    plt.plot(df.loc[test_condition, '日付'], y_test, color='blue', lab
     el='正解データ')
6
7    # 予測結果（黒）
8    plt.plot(df.loc[test_condition, '日付'], y_pred, color='black', la
     bel='予測結果')
9
10   # グラフの設定
11   plt.xlabel('日付')
12   plt.ylabel('登録ユーザー利用数')
13   plt.title('登録ユーザー利用数の正解データと予測結果')
14
15   # 日付ラベルを90度回転し、1週間単位で表示
16   plt.xticks(rotation=90)
17   plt.gca().xaxis.set_major_locator(plt.MultipleLocator(7))
18
19   # 凡例の表示
20   plt.legend()
21
22   # グラフの表示
23   plt.show()
```

このコードでやや高度な部分を解説します。

最初は、5行目と8行目に出てきている「df.loc[test_condition, '日付']」という部分です。test_condition というのは、訓練データとテストデータの分割のときに利用したブーリアン型数値の配列です。この配列を使うことで、「テストデータに対応する日付の配列」を作っています。

もう一つは、16行目と17行目です。この2行でx軸ラベルを90度回転し、また、x軸ラベルを1週間刻みにしています。

7.6.3 　予測結果の精度評価

前項で、可視化により予測モデルの精度を評価したのですが、本項では、数

値指標による評価を実施します。回帰モデルの評価指標はいくつかあるのですが、今回はこのうち RMSE と R2 値を用います。

プロンプトは以下の形になります。

プロンプト 7-6-3

> 予測結果の精度を、RMSE と R2 値で算出してください
> どちらの値も小数点 4 位までとします

レスポンス例 7-6-3

> 予測結果の精度を以下の通り算出しました。
>
> - RMSE(Root Mean Squared Error)：918.622
> - R2 値（決定係数）：0.6162
>
> さらに分析や調整が必要な場合はお知らせください。

これらの指標値がどういうものであるかは、講座 2.1 で詳しく説明しますが、それぞれの簡単な意味を説明します。

RMSE：平均 2 乗誤差のルートを取ったもので、平均的な誤差の値を示しています。実行結果例 7-6-1 を見ると、1 日当たりの利用者の平均はおよそ 4000 台です。この利用数に対する予測結果の誤差が平均的におよそ 900 台程度あることを示しています。

R2 値：RMSE が絶対的な誤差の大きさを示していたのに対して、R2 値はモデルの正確さを相対値で示します。完全に正確な予想ができている場合、R2 値は理論上 1.0 になります。

値が 0 に近づく程、モデルの正確性が下がります（条件により負の値を取ることもありえます）。通常 0.9 〜 0.6 程度であれば、実用に足るモデルであるとされています[8]。

今回のモデルは R2 値で見た場合も、ある程度実用に足るモデルであると判断できます。

---

[8] ここで示した値はあくまで目安の数値であり、目的により判断基準は変わってきます。

これらの数値指標の観点でも、ある程度の精度のモデルができているようです。

7.6.4 重要度分析

結果分析の最後に重要度分析を実施します。これは、モデル予測に際して、どの項目がよく使われたかを示す値で、値が大きければ大きいほど、モデルの予測によく使われたことを意味します。この分析を行うためのプロンプトは次のようになります[9]。

プロンプト 7-6-4

> 重要度分析を行い、結果をグラフ表示してください
> importance_type='gain'でお願いします

レスポンス例 7-6-4

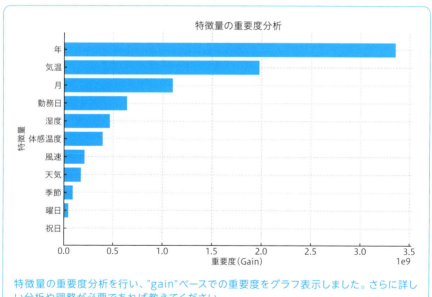

> 特徴量の重要度分析を行い、"gain"ベースでの重要度をグラフ表示しました。さらに詳しい分析や調整が必要であれば教えてください。

---

[9] この他、importance_type='split' とする方法もあります。この二つの使い分けには高度な統計知識が必要なので、初心者は 'gain' を使うように覚えておくのが無難です。

今回も生成コード例を見てみます。次の形になります。

Python 生成コード例 7-6-4

```python
1   # 特徴量の重要度を取得(importance_type='gain' を使用)
2   feature_importances = model.booster_.feature_importance(importanc
    e_type='gain')
3
4   # 特徴量名を取得
5   feature_names = X_train.columns
6
7   # 特徴量の重要度をデータフレームにまとめる
8   importance_df = pd.DataFrame({'特徴量': feature_names, '重要度': fe
    ature_importances})
9
10  # 重要度の高い順に並び替え
11  importance_df = importance_df.sort_values(by='重要度', ascending=
    False)
12
13  # グラフの描画
14  plt.figure(figsize=(10, 6))
15  plt.barh(importance_df['特徴量'], importance_df['重要度'], color=
    'blue')
16  plt.xlabel("重要度 (Gain)")
17  plt.ylabel("特徴量")
18  plt.title("特徴量の重要度分析")
19  plt.gca().invert_yaxis()  # 上位を上にする
20
21  # グラフを表示
22  plt.show()
```

簡単にコードの説明をします。

2、3行目で、説明変数（特徴量）ごとの重要度を取得し、説明変数のリストfeature も取得しています。

6行目では、この二つを列として持つデータフレームを作っています。

9行目で、このデータフレームをソートして、12行目以下でその結果をグラフに表示しています。

7.7 結果解釈

7.6.4項で実施した重要度分析は、その結果を受けて解釈を行うことも可能です。ここはいろいろなアプローチのあるところですが、本章の最後にその一例を示すこととします。

7.7.1 重要度分析結果からの仮説立案

次のプロンプトで、ChatGPTに重要度分析の結果を受けた仮説を作ってもらいます。

プロンプト 7-7-1

重要度分析の結果から考え得る仮説を提示してください

レスポンス例 7-7-1

重要度分析の結果から、各特徴量がモデルにどの程度影響を与えているかがわかります。これを基に、以下のような仮説を立てることができます。

仮説1: 気温や体感温度がユーザー利用数に大きな影響を与えている

- 気温や体感温度が高い重要度を示している場合、気候が自転車の利用に大きな影響を与えていると考えられます。例えば、暑すぎたり寒すぎたりする日には、自転車の利用が減少し、快適な温度の日には利用が増加する可能性があります。
- 仮説:「気温が適度な範囲にある日は、自転車の利用者数が増える」

仮説2: 曜日や勤務日が利用に影響する

- 曜日や勤務日の重要度が高い場合、特定の曜日や仕事の日(平日・休日)によって利用パターンが変化していると推測できます。平日は通勤通学で自転車がよく利用され、週末は利用が減少するか、逆にレジャー目的で増加することが考えられます。
- 仮説:「平日は登録ユーザーの利用が増加し、休日は臨時ユーザーが増える傾向がある」

仮説3: 天気の影響

- 天気の重要度が高ければ、雨や曇りの日は自転車の利用が減少し、晴れの日には利用が増えると考えられます。
- 仮説:「天気の悪い日は自転車の利用者数が大幅に減少する」

仮説 4: 月ごとの季節的変動

- **月**や**季節**が重要であれば、季節による利用パターンの違いが影響している可能性があります。夏や冬に比べて、春や秋の気候が良い季節に自転車の利用が増加するかもしれません。
- 仮説：「季節によって自転車利用のピークが異なる」

仮説 5: 風速の影響

- **風速**が高い重要度を示している場合、強風の日には自転車の利用が減少し、風が穏やかな日には利用が増加することが推測されます。
- 仮説：「強風の日は自転車の利用が減少する」

これらの仮説は、データをもとにさらに深掘りすることで検証可能です。季節や気温の変化に応じた自転車利用の動向や、特定の曜日や天気条件に関連する利用パターンを分析することで、ユーザーの行動特性を明らかにできるかもしれません。

　実際のデータ分析時には、ここで候補として挙げられた仮説のそれぞれに対してデータに基づく検証を実施し、その結果、確からしいことが実証された仮説に対して、ビジネス施策の立案を行います。

　本項のプロンプトはオープンな質問で、ChatGPT のレスポンス例も 1 回 1 回大きく異なるので、紙面上ではこれ以上の深掘りはしません。読者の皆様は、上の話をヒントに、より深掘りの分析を続けてみてください。

8章

営業成約予測
（分類モデル）

本章では教師あり学習モデルの中でも最もよく用いられる分類モデルの実習を行います。分類モデルの実習自体は3章でも一度やっています。本章の実習との最大の違いは、説明変数にあります。3章では説明変数が最初から数値データになっていたのに対し、**本章のデータは実際の業務データに近い状態になっていて、そのためデータ前処理に大きな工数を必要**とします。その点を意識して、実習を進めるようにしてください。

8.1 分析テーマと分析対象データ

本章で取り上げる2値分類モデルとは、要するにYesかNoかを予測するモデルです。出力の仕組みだけ見ると非常に単純なようですが、応用範囲は極めて広いモデルです。例えば「クレジットカードのユーザーが不正利用をしているかどうかを調べる」目的であれば「**不正検知モデル**」になります。「機械が故障するかどうかを予測する」モデルであれば「**故障予知モデル**」になります。本章では、**「営業活動が成功するかどうか」を予測**するモデルを取り上げます。

8.1.1 分析テーマ

あなたは、銀行で電話によるテレマーケティングをしている担当者とします。今回の目的は定期預金口座の開設です。手元には、顧客名簿があり、この顧客名簿から対象を選定して電話をかけ営業をします。

このようなユースケースは、2値分類モデルによる予測が活用できる典型的なケースです。営業実績データを基に予測モデルを作り、**予測結果を基に、まだアプローチしていない顧客に対する優先順位を設定**します。このような手法を用いることで、**ランダムに顧客に電話するのと比べて効率の良い営業活動**が可能になります。

8.1.2 分析対象データ説明

今回の分析で用いる公開データセット（Bank Marketing Dataset）には、次のような項目が含まれています。

https://archive.ics.uci.edu/dataset/222/bank+marketing

表8-1　Bank Marketing Dataset の項目一覧

項目名（日本語）	項目名（英語）	説明	サンプル値
年齢	age		35
職業	job		management
婚姻状況	marital	結婚しているかどうか	single
学歴	education	初等 / 中等 / 高等	tertiary
債務不履行	defalut	債務不履行があるか	True/False
残高	balance	銀行口座の残高	1350
住宅ローン	housing	住宅ローンがあるか	True/False
個人ローン	loan	個人ローンがあるか	True/False
連絡手段	contact	携帯・固定電話	cellular
日	day_of_week	前回連絡日	16
月	month	前回連絡月	apr
通話時間	duration	通話時間	185
キャンペーン	campaign	キャンペーン回数	1
直前接触日	pdays	何日前に前回連絡したか	330
過去接触回数	previous	過去に何回接触したか	1
前回接触結果	poutcome	前回の連絡に成功したか	failure
申込有無	y	今回の営業に成功したか	True/False

　このデータは、ポルトガルでのマーケティングキャンペーンの結果を基にしており、定期預金の申し込みを促すための電話ベースのキャンペーンに関する情報を含んでいます。最後の項目が、この電話キャンペーンで目標とする定期預金の申し込みに成功したかどうかを示すフラグです。このデータを用いて機械学習モデルを作る場合、最後の「申込有無」を目的変数とし、それ以外の項目を説明変数とすることになります。

　本実習では、この立て付けで教師あり学習モデルを構築します。

8.1.3　分析プロセス

　本章の実際の分析プロセスを次の表8-2で示します。

8章　営業成約予測（分類モデル）

243

表8-2　本章の分析手順と対応プロンプト一覧

項	タスク名	処理内容	プロンプト
(共通)	(共通)	(共通)	これから依頼する内容に対して、以下のルールでデータ分析を願いします (1) 生成される Python コードのコメントは日本語にする (2)「データの先頭5行を表示してください」のような指示に対して以下の対応をする (2-A) 生成する Python コード実装では、最後の行を df.head() の形式にする (2-B) df.head() の結果はをブラウザ画面にも表示する。この段階で、初めて整形表示する
8-2-2	データ読み込み	データ読み込み	(bank-j.csv) 添付の CSV ファイルを読み込み、データフレーム変数 df に代入してください 先頭5行を表示してください
8-3-1	データ理解	数値項目の統計分析	select_dtypes 関数で df の数値項目を選定し、統計的な分析をしてください
8-3-2	データ理解	カテゴリ項目の統計分析	select_dtypes 関数で df のカテゴリ項目を選定し、統計的な分析をしてください
8-3-3	データ理解	項目値ごとの件数調査	学歴の項目値ごとの件数を調べてください
8-3-4	データ理解	学歴項目値の意味理解	学歴の項目値はそれぞれ具体的にどの学校を卒業したことを意味するのか教えてください
8-4-1	データ前処理	特殊な値の処理	直前接触日の -1 は一度も接触がないことなので、9999 で置き換えてください 結果の先頭5行を表示してください
8-4-2	データ前処理	月名称の処理	月は1から12までの数字で置き換えてください 結果の先頭5行を表示してください
8-4-3	データ前処理	データ型のカテゴリ型化	df の中で、select_dtypes 関数で数値項目を選定し、数値項目以外のデータはデータ型をカテゴリ型にしてください 変換後のデータ型一覧を表示してください
8-4-4	データ前処理	ラベルエンコーディング	df のカテゴリ項目をラベルエンコーディングしてください 結果の先頭5行を表示してください
8-4-5	データ前処理	説明変数と目的変数の分離	df を説明変数 X と目的変数（申込有無）y に分離してください 通話時間は予測モデル構築に際してデータリークのリスクがあるので、説明変数 X からはずしてください X の先頭5行を表示してください
8-4-6	データ前処理	訓練データとテストデータの分離	説明変数 X を X_train と X_test に、目的変数 y を y_train と y_test に分割してください 分割比は 4:1 とし、乱数シードは 123 を用います X_train と y_train の先頭5行を表示してください

項	タスク名	処理内容	プロンプト
8-5-1	モデル構築	予測モデルの構築	(lightgbm-4.5.0-py3-none-manylinux_2_28_x86_64. whl) lightgbm を用いて、X_train と y_train により分類モデルを構築してください 学習は scikit-learn 互換の関数で行い、num_threads =4、メッセージ出力は OFF にしてください タスクはモデル構築のみとし、精度評価は行わないでください lightgbm は添付の whl ファイルを !pip コマンドで導入します
8-6-1	結果分析	テストデータに対する予測	構築したモデルを用いて、テストデータ X_test に対する予測結果を算出し y_pred に代入してください タスクは予測のみとし、精度評価は行わないでください
8-6-2	結果分析	精度評価	y_test と y_pred を用いてクラス 1（申込あり）に対して、適合率、再現率、F 値を算出してください
8-6-3	結果分析	混同行列表示	(japanize_matplotlib-1.1.3-py3-none-any.whl) 予測結果の混同行列を heatmap 表示してください figsize=(3, 3)、カラーバーは非表示でお願いします グラフが文字化けしないよう、添付のライブラリを !pip コマンドで導入してください
8-6-4	結果分析	重要度分析	重要度分析を行い、結果をグラフ表示してください importance_type='gain' でお願いします
8-7-1	結果解釈	重要度分析結果の解釈	重要度分析の結果から考え得る仮説を提示してください

今回も「データ前処理」の工程に多くの工数がかかっていることがわかります。実業務でのデータ前処理は、この実習よりはるかに大変ですが、主要なタスクが出てきており、実業務の前処理のイメージを理解するにはちょうど良い事例だと考えられます。

いつものように各タスクの概要を説明します。

データ読み込み

各章の実習の冒頭でいつも実施するタスクであり、本章で特別に説明することはありません。

データ理解

本書で何度か言及したように、データ理解には、統計処理で機械的にできるタスクと、業務とのつながりを理解するタスクがあります。後者は「データの

意味理解」にあたるタスクで、具体的な実現方法はケースバイケースで考える
必要があります。

　本章の実習では最初の三つのタスクが前者、最後の一つのタスクが後者です。
前者の三つのタスクのうち、最初の二つは pandas の describe 関数を用いて複
数の統計処理を一気に行う手法です[1]。

　本書で初めて登場する手法ですが、実業務で非常によく利用される手法なの
で、その結果の意味するところの理解を含め、ぜひ使いこなせるようにしてく
ださい。

　四つのタスクのうち、業務とのつながりを調べる最後のタスクは、前の実習
でも出てきたものです。当実習でも、筆者自身が ChatGPT に教えてもらった
事例として紹介します。

データ前処理

　データ前処理は今回、全部で 6 個のタスクで構成されます。このうち、最初
の四つのタスクを一言でまとめると、「**元の分析データに対してそれぞれの業務
的意味も加味した上で機械学習モデルで理解できるように加工してあげる**」処
理とすることができます。これはデータ前処理の根幹部分といえます。特に本
章の例題のような「教師あり学習モデル構築」がタスクの主目的である場合、
いかにこの前処理がうまくできるかで、構築したモデルの精度が大きく変わっ
てきます。具体的な内容は実習の中で詳しく説明しますので、今は、本章にお
けるこのパートの重要性を認識するようにしてください。

　後ろの二つのタスクは 3 章で説明したものと同じで、教師あり学習モデル構
築で必ず必要になるタスクです。

モデル構築

　3 章でも説明した通り、データ前処理によるお膳立てが十分にできていれば、
その先のモデル構築は Python のプログラムでいうと、たかだか 2 行程度で実
現可能です。

---

[1] プロンプトの日本語ではここまで具体的なところを言及していませんが、筆者が何度か試
した範囲では必ず describe 関数を呼び出しているのでこのように言い切りました。

今回のモデル構築では、7章と同様にlightgbmを利用しました。このモデルは高い精度を出せるだけでなく、カテゴリデータ[2]に対して簡単な前処理でモデルを作れる特徴を持っています。本章の実習では特にこの後者の特徴に着目して利用しています。

結果分析

結果分析のうち、8-6-1から8-6-3までのタスクは精度評価に関連するタスクです。

そのうち、一つめのタスクは、学習に用いなかったテストデータを用いて学習済みモデルの予測結果を取得するタスクで、3章の実習と同じです。

その次のタスクで、テストデータ用の正解データと予測結果データをぶつけて精度を評価するのですが、3章の実習と異なる点があります。それは単に「精度」を評価するのでなく、**「適合率」と「再現率」と呼ぶ別の指標を評価**している点です。これは通常の営業活動において営業が成功する可能性は低く、その結果「成功数」と「失敗数」の数がアンバランスである点と関連しています。詳細は、実習の中で説明します。

また、この「適合率」「再現率」の評価と関連して**「混同行列」**と呼ばれる表を作ることもよく行われます。本章の結果分析の三つめのタスクは、まさにこの表を作るタスクとなります。

実業務におけるデータ分析では、教師あり学習により予測モデルを作るタスクであっても、予測以外のタスクを最終的な目的とする場合があります。具体的には、できたモデルの**説明変数ごとの重要度を調べ、この重要度の大きさを業務に間接的に活用する手法**です。重要度の分析にもいろいろな手法があるのですが、本章実習の最後のタスクとしてその一例を示すこととします。

8.2 データ読み込み

今回もサポートサイトから、実習で必要なファイル一式をダウンロード・準

---

[2] 例えば「血液型」のように「有限個のいずれかの値を必ずとるデータ項目」のことです。詳しくは講座2.1を参照してください。

備した後、分析対象データを読み込みます。

8.2.1　事前準備ファイル

本書サポートサイトから、以下のファイルを事前にダウンロードしておきます。

表8-3　サポートサイトからダウンロードするファイル

No	ファイル名	利用目的
1	bank-marketing-prompt.txt	プロンプト集
2	bank-j.csv	分析対象データ
3	lightgbm-4.5.0-py3-none-manylinux_2_28_x86_64.whl	予測モデル用ライブラリ
4	japanize_matplotlib-1.1.3-py3-none-any.whl	グラフ表示日本語化ライブラリ

2は、UCIサイトの以下のリンク先からダウンロードしたデータに対し、項目名を日本語化しました。

https://archive.ics.uci.edu/dataset/222/bank+marketing

3は、次のサイトにあるlightgbmのライブラリをwhlファイルとしてダウンロードしたものです。

https://pypi.org/project/lightgbm/

4については説明済みなので省略します。

これら四つのファイルは、次のリンクの本書サポートサイトからダウンロードしてください。

サポートサイトリンク：

https://github.com/makaishi2/profitable_data_analysis/tree/main/ai_materials/CH08

短縮URL：https://bit.ly/4gVG2Bx

QRコード

248

8.2.2 データ読み込み

データを分析する Python プログラムの出発点はデータ読み込みです。次のプロンプトにより CSV データをデータフレーム変数 df に読み込み、先頭 5 行の内容を確認します。

プロンプト 8-2-2

 bank-j.csv

> 添付の CSV ファイルを読み込み、データフレーム変数 df に代入してください
> 先頭 5 行を表示してください

レスポンス例 8-2-2

年齢	職業	婚姻状況	学歴	債務不履行	残高	住宅ローン	個人ローン
30	unemployed	married	primary	False	1787	False	False
33	services	married	secondary	False	4789	True	True
35	management	single	tertiary	False	1350	True	False
30	management	married	tertiary	False	1476	True	True
59	blue-collar	married	secondary	False	0	True	False

連絡手段	日	月	通話時間	キャンペーン	直前接触日	過去接触回数	前回接触結果	申込有無
cellular	19	oct	79	1	-1	0	NaN	False
cellular	11	may	220	1	339	4	failure	False
cellular	16	apr	185	1	330	1	failure	False
NaN	3	jun	199	4	-1	0	NaN	False
NaN	5	may	226	1	-1	0	NaN	False

> CSV ファイルの読み込みが完了し、データフレームの先頭 5 行を表示しました。次にどのような分析を行いますか？

Python 生成コード例については、特筆すべき点がないので省略します。

8.3　データ理解

本章のデータ分析では、データ理解として四つのタスクを実施します。それぞれの具体的な目的と結果の解釈の仕方について順に説明します。

8.3.1　数値項目の統計分析

統計的手法でデータ分析をする場合、対象の項目が数値データであるのか、文字列データであるのかで、具体的な分析手法が大きく異なります。

まず、わかりやすい数値データに対する統計分析を実施します。プロンプトは以下の形になります。

プロンプト 8-3-1

> select_dtypes 関数で df の数値項目を選定し、統計的な分析をしてください

結果は次のようになります。

レスポンス例 8-3-1

	年齢	残高	日	通話時間	キャンペーン
count	4521	4521	4521	4521	4521
mean	41.17009511	1422.657819	15.91528423	263.9612917	2.793629728
std	10.57621096	3009.638142	8.247667327	259.8566326	3.10980666
min	19	-3313	1	4	1
25%	33	69	9	104	1
50%	39	444	16	185	2
75%	49	1480	21	329	3
max	87	71188	31	3025	50

数値データの統計的な分析結果を表示しました。平均や標準偏差、最大値・最小値などが含まれています。次にどのような分析を行いますか？

countはデータ件数を、meanは平均を、stdは標準偏差を意味しています。

平均については、特別の説明は不要と思います。**標準偏差**は、データのバラツキの度合いを示す統計値です。値が大きいほどその項目値がばらついていることを示しています。

残りの五つはまとめて「**パーセンタイル値**」と呼ばれている、セットになっている統計値です。どのような意味を持つか、「年齢」のケースを題材に、図8-1で表現しました。

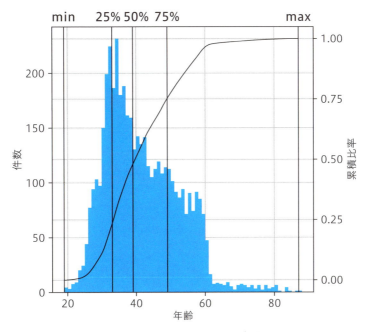

図8-1　パーセンタイル値の意味

図8-1で、棒グラフは、横軸の値（年齢）のデータ件数（左のスケール）を、曲線グラフはその値までの累積比率（右のスケール）を示しています。項目値を小さい順に並べ替えたとき、全体のx%番目の項目値がxパーセンタイル値になります。この定義から0パーセンタイル値が**最小値**と、100パーセンタイル値が**最大値**と同じ意味だとわかります。

50パーセンタイル値は全体のちょうど中間の順位の値であり「**中央値**」とも

呼ばれています。状況によっては平均値より標準的な値として利用するのに適していることがあり、統計分析でよく用いられます。

第一四分位数（25 パーセンタイル値）と**第三四分位数（75 パーセンタイル値）**の間には全体の半分の件数のデータが含まれているので、データ分布をおおまかに把握するときに便利です。**箱ひげ図**という可視化手法ではこの性質を利用してデータ分布を視覚的に表現します。

このときの Python コード例を確認します。

Python 生成コード例 8-3-1

```
1   # 数値データ型の列のみを選定
2   numeric_df = df.select_dtypes(include='number')
3
4   # 数値データの統計的な分析を実施
5   numeric_summary = numeric_df.describe()
6
7   # 結果を表示
8   numeric_summary
```

2 行目で select_dtypes 関数により、元のデータフレームのデータから数値項目のみを抽出しています。

5 行目でその結果に対して引数なしで describe 関数を呼び出しています。この describe 関数が、各種の統計計算をまとめて一気に行うことのできる関数で、統計処理でよく用いられます。

8.3.2　カテゴリ項目の統計分析

カテゴリ項目とは、統計の用語で、**特定の値のみを取る種類の項目**のことをいいます。例えば、今回の例だと「学歴」という項目は primary、secondary、tertiary の三つの値しか取らないので、カテゴリ項目となります。describe 関数はカテゴリ項目に対して統計情報を出力することも可能です。具体的には次のプロンプトを用います。

プロンプト 8-3-2

select_dtypes 関数で df のカテゴリ項目を選定し、統計的な分析をしてください

結果は次のようになります。

レスポンス例 8-3-2

	職業	婚姻状況	学歴	債務 不履行	住宅 ローン	個人 ローン	連絡手段	月
count	4483	4521	4334	4521	4521	4521	3197	4521
unique	11	3	3	2	2	2	2	12
top	management	married	secondary	FALSE	TRUE	FALSE	cellular	may
freq	969	2797	2306	4445	2559	3830	2896	1398

カテゴリデータの統計的な分析結果を表示しました。各カテゴリ変数のユニークな値の数や最頻値（最も頻繁に出現する値）とその出現回数が含まれています。次にどのような分析を行いますか？

count は先ほどと同じでデータ件数を、unique はユニークな件数（同一の値を取るデータは 1 件とカウントする）を示しています。

top は最も件数の多い項目値がなんであるか、そして freq はその項目の件数です。

例えば「学歴」という項目に注目すると、ユニークな件数は 3、最も件数の多い項目値は「secondary」でその件数は 2306 件ということになります。

今回も Python 生成コード例を確認してみます。

Python 生成コード例 8-3-2

```
1   # 数値データ以外（カテゴリデータ）の列を選定
2   categorical_df = df.select_dtypes(exclude='number')
3
4   # カテゴリデータの統計的な分析を実施（値の頻度などを確認）
```

8章 営業成約予測（分類モデル）

253

```
5    categorical_summary = categorical_df.describe()
6
7    # 結果を表示
8    categorical_summary
```

2行目の select_dtypes 関数の呼び出しで、先ほどの「include='number'」の代わりに「exclude='number'」のオプションを付けている点が違いです。こうやって、分析対象項目を数値データ以外に絞り込むことにより、5行目の describe 関数呼び出しで異なる統計結果を取得しています。

8.3.3　項目値ごとの件数調査

8.3.2項で、カテゴリ変数の項目ごとに、最頻値とその頻度は調べているのですが、より詳細に、すべての項目値とその頻度を知りたい場合があります。項目「学歴」に対して、次のプロンプトでそのことを調べてみます。

プロンプト 8-3-3

学歴の項目値ごとの件数を調べてください

以下のような結果が返ってきます。

レスポンス例 8-3-3

学歴	count
secondary	2306
tertiary	1350
primary	678

学歴ごとの件数を集計し表示しました。次に進めたい分析や作業があればお知らせください。

secondary の件数はすでにわかっていたのですが、それ以外の primary と tertiary の件数を知ることができました。

このプロンプトに対応した実装コード例については、別の章で説明しているので省略します。

8.3.4 「学歴」項目値の意味理解

「学歴」という項目は primary、secondary、tertiary の三つの値を取ることはわかっているのですが、tertiary という言葉はあまり聞き慣れない言葉であり、3 種類の学歴が日本だとどういう学校に該当するのかは今一つよくわからない部分があります。

このように「データ項目値の意味」がわからない場合は ChatGPT にそのことを質問してみることをお勧めします。今回の場合だと、次のようなプロンプトを与えることになります。

プロンプト 8-3-4

> 学歴の項目値はそれぞれ具体的にどの学校を卒業したことを意味するのか教えてください

次のような結果が返ってきます。

レスポンス例 8-3-4

> 「学歴」の項目値が指す具体的な意味は、以下のように解釈されることが一般的です:
>
> **1. primary（初等教育）**
> - 小学校(Primary School) 卒業レベルを意味します。通常、12 歳前後までの教育段階です。
> **2. secondary（中等教育）**
> - 中学校や高校(Secondary School) 卒業レベルを指します。この段階では、通常16歳〜18歳くらいまでの教育が完了していることを示します。

3. tertiary（高等教育）

● 大学や専門学校（Tertiary Education）などの高等教育機関を卒業していることを示します。通常は学士、修士、または博士課程を含みます。

これらは一般的な定義であり、国や教育システムによって異なる場合があります。具体的な状況に応じて意味が若干変わることもあります。

意味が不明確だった tertiary の定義が明確になり、今後の分析の参考情報が得られました。

8.4 データ前処理

データ分析における次のステップは、**データ前処理**です。このタスクは、データ分析の個別工程で最も重要といえます。モデル構築そのものは、分析用のライブラリに関数が用意されているので、それを呼び出すだけで簡単にできます。逆にモデル構築の準備作業は、扱うデータによりケースバイケースの判断が必要で、非常に高度で工数のかかるタスクなのです。

今回のケースで、その具体例を見ていきましょう。

8.4.1 特殊な値の処理

先ほど紹介した UCI サイトの項目「直前接触日」（pdays）の description に、次のような記載があります。

pdays: number of days that passed by after the client was last contacted from a previous campaign (numeric, -1 means client was not previously contacted)

これによると、値「-1」は一度も接触がなかったことを意味する数値ということです。モデルを構築する際にこの値のまま数値情報として扱うと、一度も接触がないことが1日前（1）に極めて近いことになるので、説明変数の状態として望ましくないです。この問題への対応として、次のプロンプトを与えて、データに修正をかけます。

プロンプト 8-4-1

> 直前接触日の -1 は一度も接触がないことなので、9999 で置き換えてください
> 結果の先頭 5 行を表示してください

その結果例は次のようになります。

レスポンス例 8-4-1

	年齢	職業	直前接触日	過去接触回数	前回接触結果	申込有無
0	30	unemployed	9999	0	NaN	False
1	33	services	339	4	failure	False
2	35	management	330	1	failure	False
3	30	management	9999	0	NaN	False
4	59	blue-collar	9999	0	NaN	False

（以下略）
「直前接触日」の -1 を 9999 に置き換えました。更新後の件数も表示しました。次に行いたい作業や分析があればお知らせください。

　レスポンス例 8-4-1 の結果表を右にスクロールして「直前接触日」の列を見ると、従来「-1」だった値が「9999」になっていることがわかります。

　今回のプロンプトに対する生成コード例を見てみましょう。次のようになっているはずです。

Python 生成コード例 8-4-1

```
1  # 直前接触日の-1を9999で置き換える
2  df['直前接触日'] = df['直前接触日'].replace(-1, 9999)
3
4  # 結果の先頭5行を表示
5  df.head()
```

　pandas では、このような目的の場合 **replace 関数**を利用します。第 1 引数が元の値、第 2 引数が変更後の値です。上のコード例の 2 行目でその対応をしています。

8.4.2 月名称の処理

現在のデータで項目「月」の値は 'jan'、'feb' など月の略称です。この後で「**ラベルエンコーディング**」という前処理をするのですが、このままエンコーディングをかけると月の順序性が保持されません。そこで、このタイミングで月名称に関しては、数値データに変換します。プロンプトは次のようになります。

プロンプト 8-4-2

> 月は1から12までの数字で置き換えてください
> 結果の先頭5行を表示してください

レスポンス例 8-4-2

	年齢	職業	日	月	通話時間	キャンペーン	直前接触日	過去接触回数	前回接触結果	申込有無
0	30	unemployed	19	10	79	1	9999	0	NaN	False
1	33	services	11	5	220	1	339	4	failure	False
2	35	management	16	4	185	1	330	1	failure	False
3	30	management	3	6	199	4	9999	0	NaN	False
4	59	blue-collar	5	5	226	1	9999	0	NaN	False

月の項目を1から12の数字に置き換えました。置き換え後の件数も表示しています。次に行いたい作業や分析があればお知らせください。

レスポンス例8-4-2の表を右にスクロールして、「月」の列を表示すると、値がすべて1から12までの数値になっており、意図した変更ができていることがわかります。

生成コード例を確認します。次のようになっているはずです。

Python 生成コード例 8-4-2

```
1    # 月の文字列を1から12までの数字に置き換えるマッピングを作成
2    month_mapping = {
3        'jan': 1, 'feb': 2, 'mar': 3, 'apr': 4, 'may': 5, 'jun': 6,
4        'jul': 7, 'aug': 8, 'sep': 9, 'oct': 10, 'nov': 11, 'dec': 12
5    }
6
7    # 月の文字列を数字に置き換える
8    df['月'] = df['月'].map(month_mapping)
9
10   # 結果の先頭5行を表示
11   df.head()
```

コードの2〜5行目で「辞書」と呼ばれるキーバリュー型のデータ[3]を定義しています。

コードの8行目ではデータフレームの map 関数を、上で定義した辞書データを引数に呼び出しています。これによりプロンプトに示されたデータ加工が可能です。

8.4.3 データ型のカテゴリ型化

データフレームでは、それぞれの項目でデータ型を持っています。整数型、浮動小数点数型、ブーリアン型、文字列型などがあり、通常は read_csv 関数などでデータを読み込むときに自動的に設定されます。特殊なデータ型としてカテゴリ型があり、データ型をカテゴリ型にしたい場合は、データを読み込んだ後で明示的に設定する必要があります。

今回のタスクでこの設定をする目的は、8.5 節のモデル構築で lightgbm を使うことと関係しています。Python を使った通常のモデル構築ではカテゴリ型のデータ変数はワン・ホット・エンコーディング[4]をする必要があるのですが、使うアルゴリズムが lightgbm であり、かつデータ型がデータフレームとしての

---

[3] 詳細を知りたい読者は講座 1.2 Python入門のL1.2.3 辞書を参照してください。
[4] ワン・ホット・エンコーディングに関しては講座 2.2 のエンコーディングの項目に説明があります。関心ある読者はそちらを参照してください。

カテゴリ型になっている場合、**ワン・ホット・エンコーディングをせずに効率よくモデル構築ができる**のです。その仕組みを使うことが本タスクの目的です。

プロンプトとしては以下の形になります。

プロンプト 8-4-3

> dfの中で、select_dtypes関数で数値項目を選定し、数値項目以外のデータはデータ型をカテゴリ型にしてください
> 変換後のデータ型一覧を表示してください

レスポンス例 8-4-3

	0
年齢	int64
職業	category
婚姻状況	category
学歴	category
債務不履行	category
残高	int64
住宅ローン	category
個人ローン	category
連絡手段	category
日	int64
月	int64
通話時間	int64
キャンペーン	int64
直前接触日	int64
過去接触回数	int64
前回接触結果	category
申込有無	category

（以下略）

カテゴリ変数をカテゴリ型に変更しました。データ型の確認結果を表示しています。さらに行いたい作業や分析があればお知らせください。

　レスポンス例 8-4-3 の表を見ると、職業、婚姻状況、学歴などの項目のデー

タ型が「category」となっています。

今回もどのような実装なのか、生成コード例を確認していきます。

Python 生成コード例 8-4-3

```
1   # カテゴリ変数をカテゴリ型に変更する
2   categorical_columns = df.select_dtypes(exclude='number').columns
3
4   # カテゴリ変数をカテゴリ型に変換
5   df[categorical_columns] = df[categorical_columns].astype('categor
    y')
6
7   # データ型が正しく変換されたか確認
8   df_dtypes = df.dtypes
9
10  # 結果を表示
11  dt_dtypes
```

2行目で、今回の変換対象になる、カテゴリ項目リスト categorical_columns を作成します。項目の抽出に統計情報算出で用いた select_dtypes 関数を使っています。さらにその結果に対して columns 属性を指定することで項目名リストを取得可能です。

5行目では、こうやって抽出した項目名のリストである categorical_columns を用いて、astype 関数により、項目の属性をカテゴリ型に変換しています。

8行目では df.dtypes の結果を変数 df_dtypes に代入し、この結果を画面に表示しています。

筆者も感心する、シンプルで美しい生成コード例でした。

8.4.4　ラベルエンコーディング

Python で機械学習モデルを構築するためには、最終的に入力項目がすべて数値になっている必要があります[5]。

---

[5] これは Python でモデルを構築する場合の制約です。他の言語・ツールでカテゴリ型変数を文字列のままで説明変数として利用できるものが存在します。代表的なツールとしては IBM 社の SPSS Modeler などがあります。

そのために行われる前処理のタスクが**エンコーディング**です。代表的な手法としては**ラベルエンコーディング**と**ワン・ホット・エンコーディング**があります。今回は簡易的に実現できるラベルエンコーディングを用いることにします。これはカテゴリ項目に対して0、1、2.. といった整数値を割り当てる手法です。エンコーディングの詳細については、本書の講座 2.2 Python による統計処理を参照してください。

エンコーディングを実施するための指示が次のプロンプトになります。

プロンプト 8-4-4

df のカテゴリ項目をラベルエンコーディングしてください
結果の先頭5行を表示してください

今回は実行結果も確認したいので、プロンプトの中に画面表示用の指示も加えました。

これに対して次のような実行結果が返ってきます。

レスポンス例 8-4-4

	年齢	職業	婚姻状況	学歴	債務不履行	残高	住宅ローン	個人ローン	連絡手段
0	30	10	1	0	0	1787	0	0	0
1	33	7	1	1	0	4789	1	1	0
2	35	4	2	2	0	1350	1	0	0
3	30	4	1	2	0	1476	1	1	2
4	59	1	1	1	0	0	1	0	2

	日	月	通話時間	キャンペーン	直前接触日	過去接触回数	前回接触結果	申込有無
0	19	10	79	1	9999	0	3	0
1	11	5	220	1	339	4	0	0
2	16	4	185	1	330	1	0	0
3	3	6	199	4	9999	0	3	0
4	5	5	226	1	9999	0	3	0

> ラベルエンコーディングを実行し、カテゴリ変数を数値に変換しました。結果の先頭5行を表示しています。次に行いたい作業や分析があればお知らせください。

　レスポンス例8-4-4を見ると、今まで文字列が入っていた「職業」「婚姻状況」「学歴」といった項目の値がすべて整数値になっています。これがラベルエンコーディング処理をした結果です。

　今回も生成コード例を確認してみましょう。

Python 生成コード例 8-4-4

```
1   # ラベルエンコーディングを実行
2   from sklearn.preprocessing import LabelEncoder
3
4   # カテゴリ変数に対してラベルエンコーディングを適用
5   label_encoders = {}
6   for column in categorical_columns:
7       le = LabelEncoder()
8       df[column] = le.fit_transform(df[column])
9       label_encoders[column] = le
10
11  # ラベルエンコーディング後のデータフレームの先頭5行を表示
12  df.head()
```

　今回は、今までのPythonコードと比べるとやや複雑です。その本質的な理由は、7行目に始まる処理ブロックで「ループ処理」が行われている点にあります。具体的な処理の中身を理解したい場合、Python文法のループ処理の理解が必要です[6]。

　ラベルエンコーディング処理の本質的な部分は、8行目の

```
df[column] = le.fit_transform(df[column])
```

のコードです。このコードにより、エンコード対象の項目それぞれに対してラベルエンコーディング処理が行われることになります。

----

[6] 本書では講座1.2 Python入門のL1.2.4 制御構造に説明があるので、このコードを完全に理解したい読者はそちらを参照してください。

8.4.5　説明変数と目的変数の分離

　説明変数と目的変数の分離については、3.6節で説明しているので省略します。

　本章の例題固有の注意すべき点として、「通話時間（duration）」の扱いがあります。重要な点なので、前述のUCIサイトに記載されているこの項目に関する「description」を全文引用します。

> last contact duration, in seconds (numeric). Important note: this attribute highly affects the output target (e.g., if duration=0 then y='no'). Yet, the duration is not known before a call is performed. Also, after the end of the call y is obviously known. Thus, this input should only be included for benchmark purposes and should be discarded if the intention is to have a realistic predictive model.

　営業がうまくいけば通話時間は長くかかりそうですし、逆に営業して断られた場合は、すぐに通話が終わりそうです。「営業の成否」が目的変数なのであれば、相関が強そうなので説明変数として有力です。

　しかし、この「通話時間」は実際の営業活動をして、営業活動の成否とセットで初めて得られる情報です。業務観点で予測が意味を持つ営業活動直前の状態では、「説明変数」として入手できないのです。これから営業をかけるべき顧客を選別したい段階では、「通話時間」はわかっていないので、「使ってはいけない説明変数」です。

　このような事象を機械学習の用語で**「データリーク」**と呼び、説明変数を検討するときに注意すべき点です。今回の例題に即していうと、**「通話時間」はデータリークのリスクがあるので説明変数に含めてはいけない**ということになります。

　8.4.4項までで準備したデータから説明変数Xと目的変数yを作るためのプロンプトは、この点を加味して次のようになります。

プロンプト 8-4-5

> dfを説明変数Xと目的変数（申込有無）yに分離してください
> 通話時間は予測モデル構築に際してデータリークのリスクがあるので、説明変数からはずしてください
> Xの先頭5行を表示してください

レスポンス例 8-4-5

	年齢	職業	婚姻状況	学歴	債務不履行	残高	住宅ローン	個人ローン	連絡手段	日	月	キャンペーン	直前接触日	過去接触回数	前回接触結果
0	30	10	1	0	0	1787	0	0	0	19	10	1	9999	0	3
1	33	7	1	1	0	4789	1	1	0	11	5	1	339	4	0
2	35	4	2	2	0	1350	1	0	0	16	4	1	330	1	0
3	30	4	1	2	0	1476	1	1	2	3	6	4	9999	0	3
4	59	1	1	1	0	0	1	0	2	5	5	1	9999	0	3

説明変数 X と目的変数 y を分離し、説明変数から「通話時間」を除きました。X の先頭 5 行を表示しています。次に行いたい作業や分析があればお知らせください。

　レスポンス例 8-4-5 の表をレスポンス例 8-4-4 の表と比較すると、「通話時間」「申込有無」の二つの項目がなくなっていることがわかります。そのことも頭に置いた上で、Python 生成コード例を確認しましょう。

Python 生成コード例 8-4-5

```
1   # 説明変数Xと目的変数yに分離
2   # 目的変数 y は「申込有無」
3   y = df['申込有無']
4
5   # 説明変数 X は「申込有無」と「通話時間」を除いた全ての列
6   X = df.drop(columns=['申込有無', '通話時間'])
7
8   # 結果の確認（先頭5行を表示）
9   X.head()
```

　3 行目が目的変数 y を抽出するコードで以前の実習で説明しました。

　6 行目が説明変数 X を抽出するコードです。drop 関数を使う点と、目的変数である「申込有無」を落とす点は以前の実習と同じですが、同時にデータリークのリスクのある「通話時間」も落としている点が、今回新しい部分になります。

　実装コードとしては「df.drop(columns=[' 申込有無 ', ' 通話時間 '])」という形になります。

8.4.6 訓練データとテストデータの分離

　教師あり学習を実施するにあたって、前項で説明した「説明変数」と「目的変数」とは別に「訓練データ」と「テストデータ」の分離をする必要があります。その理由については3章で説明しました。

　プロンプトとしては、次のプロンプト8-4-6の形になります。

プロンプト8-4-6

> 説明変数XをX_trainとX_testに、目的変数yをy_trainとy_testに分割してください
> 分割比は4:1とし、乱数シードは123を用います

　分割後の変数名は、慣用的に X_train、X_test、y_train、y_test を使うことが多いです。そこも加味したプロンプトの指示としました。

　これに対するレスポンス例は、以下のようになります。

レスポンス例8-4-6

	年齢	職業	婚姻状況	学歴	債務不履行	残高	住宅ローン	個人ローン	連絡手段	日	月	キャンペーン
3208	30	1	1	0	0	-518	1	1	2	28	5	6
146	56	5	1	0	0	1906	0	1	2	19	6	9
1114	36	9	0	1	0	487	0	1	0	11	8	3
2465	44	10	2	0	0	4232	0	0	2	16	6	1
2508	42	8	1	3	0	-7	0	0	1	31	7	6

	申込有無
3208	0
146	0
1114	0
2465	0
2508	0

> 説明変数 X と目的変数 y を 4:1 の割合で訓練データとテストデータに分割し、乱数シード 123 を使用しました。結果として、訓練データ X_train と y_train の先頭 5 行を表示しています。次に進めたい作業があればお知らせください。

Python 生成コード例については、3 章で説明済みなので省略します。

8.5 モデル構築

　データ前処理は長い道のりでしたが、すべて完了しました。本節ではいよいよモデル構築を行います。

　構造化データを対象とした教師あり学習のアルゴリズムは、数多く存在します。その中でどれを選択するかは難しいテーマですが、ある程度のデータ件数が揃っている場合（目安として数千件程度）lightgbm を選択するのが、短い処理時間で簡単に高い精度が実現できるという意味において無難な方法です。特に初級者に適しているのは、**カテゴリ型の項目がある場合のデータ前処理が比較的簡単にできる**点です。以上の理由で今回は lightgbm をアルゴリズムに選定することにします。

8.5.1 予測モデルの構築

　これですべての準備が整ったので、いよいよ予測モデル構築タスクに取りかかります。lightgbm には、2 通りのモデル構築の方法があります。一つは、lightgbm 固有のインターフェイスを用いる方法です。この場合、訓練データや予測データに関しても事前に特別な加工をする必要があります。もう一つの方法は scikit-learn という Python で標準的な機械学習ライブラリと互換性のあるインターフェイスを用いる方法です。後者はシンプルな実装コードで実現できるので、今回は後者の方式をとることにします。

　予測モデルの構築は、機械学習モデルでよく行われるタスクです。その後の評価タスクも定型的なものであるため、ChatGPT は先回りして次の処理も行ってしまうことが時々あります。その動きを抑止するため、タスクの範囲を限定する指示もプロンプトに追加します。

8 章　営業成約予測（分類モデル）

7章の実習と同様に、プロンプトの中に num_threads=4 の指示を加えることも重要です。この指示がないと、執筆時点の ChaGPT-4o の Python 環境では、タイムアウトで学習ができない結果になります。

最終的に今回は、次のプロンプトでモデル構築の指示を出しました。

プロンプト 8-5-1

lightgbm-4.3.0-py3-none-manylinux_2_28_x86_64.whl

> lightgbm を用いて、X_train と y_train により分類モデルを構築してください
> 学習は scikit-learn 互換の関数で行い、num_threads=4、メッセージ出力は OFF にしてください
> タスクはモデル構築のみとし、精度評価は行わないでください
> lightgbm は添付の whl ファイルを !pip コマンドで導入します

次のようなレスポンスが返ってきました。

レスポンス例 8-5-1

> LightGBM を用いた分類モデルの構築が完了しました。今回はモデル構築のみで、精度評価は行っていません。次のステップや追加のリクエストがありましたらお知らせください。

生成 Python コード例を確認します。

生成 Python コード例 8-5-1

```python
# 日本語のコメント: lightgbmのインストール
!pip install /mnt/data/lightgbm-4.3.0-py3-none-manylinux_2_28_x86_64.whl --quiet

# 日本語のコメント: lightgbmを使用して分類モデルを構築します
import lightgbm as lgb

# scikit-learn互換APIを使用してモデルを作成
lgb_classifier = lgb.LGBMClassifier(num_threads=4, verbose=-1)

# モデルをトレーニング
lgb_classifier.fit(X_train, y_train)
```

生成コード例の5行目が、lightgbmライブラリのインポート、8行目がモデルインスタンスの生成、そして11行目が学習です。たった3行で機械学習モデルの学習ができたことになります。

8.6　結果分析

予測モデル構築の次のステップは、結果分析です。分類モデルを対象とした分析タスクの中でわかりやすいのは「精度評価」ですが、どのような指標値を用いるかには注意が必要です。今回のように、正例（申し込みあり）数が負例（申し込みなし）数と比較して非常に少ない場合は、単なる精度よりむしろ、適合率や再現率といった指標値が用いられます。

その点について、本節で簡単に説明します。

2値分類モデルと混同行列

2値分類モデルとは、目的変数が0か1かの二つの値を取るときにその結果を予測するモデルです。正解値（0/1）、予測値（0/1）でモデルの予測結果と正解で4通りの組み合わせが存在します。それぞれの組み合わせの件数を2×2の行列の形で表現した表を混同行列と呼びます。

図8-2に混同行列の例を示します。これは、本章の実習で構築した機械学習モデルで実際に算出することになる事例です。

図8-2　混同行列の例

2 値分類モデルの精度評価

図 8-2 の例において、正解値 0 のデータは 792+16=808 件、正解値 1 のデータは 80+17=97 件あります。全体件数は 808+97=905 件です。

このうちモデルが正解だったケースは水色の領域、つまり 792+17=809 件です。3 章の乳がんデータの実習で計算した「精度」(accuracy) の値は 809/905 ≒ 89.39% ということになります。

ここで仮にすべての入力データに対して必ず予測値 0 を出力するモデルを考えてみます。モデルとしての判断は何もしていないのですが、精度を計算してみると 808/905 ≒ 89.28% と、上のモデルと遜色ない「精度」が出ています。なぜ、このような結果になるのでしょうか。

問題の本質は正解値の比率がアンバランスな点にあります。そのような場合、**数の多い方を常に予測すると「精度」は良くなってしまう**のです。しかし、**アンバランスなケースで予測に価値があるのは常に数の少ない方**です。今回のケースであれば 1（営業に成功する）ですし、不正利用検知モデルの場合、「不正利用」というめったにないケースをいかに見つけるかに予測モデルの価値があります。この価値を調べるためには、通常の「精度」と別の評価指標が必要になります。

適合率・再現率・F 値

このことに基づいて考えられたのが、適合率、再現率、F 値です。各計算式の説明のため、図 8-3 を示します。

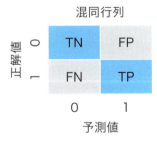

図 8-3　四つの数値の名称

この図で P は Positive のことで、「**モデルが予測して意味のある結果**」を指しています。今回の営業予測モデルの場合「**1: 営業に成功した**」が Positive です。

T は True を F は False を意味しており、モデルの予測結果があっていたか、間違っていたかを示します。

機械学習モデルでは、「いかに TP の数を多くするか」が重要ということになります。

ここで、**適合率**と**再現率**は次の式で計算されます。

(適合率) = TP/(TP + FP)
(再現率) = TP/(TP + FN)

適合率は、**モデルが Positive と予測したもののうち本当に Positive だった比率**を示しています。モデルの目的が営業予測である場合、この比率が高いことは営業の成功率が高いことを意味します。

再現率は、**本当に Positive だった事象のうち何 % をモデルは見つけることができたかの比率**です。モデルの目的がカードの不正利用検知である場合、この比率が高いことは、より多くの不正利用を見つけられることを意味します。

二つの指標値は業務目的により使い分ける形になりますが、基本的にトレードオフの関係にあり、二つの数値をバランス良く評価したい場合があります。そのような場合に利用されるのが、F 値です。この指標値は、適合率と再現率の調和平均[7]により求められる値で、二つの値のおおよそ中間程度の値になると考えてください。

8.6.1 テストデータに対する予測

構築したモデルに対する予測結果を取得します。この場合も定型的にその後精度評価をすることが多く、ChatGPT は先走ってそのタスクも実施しがちです。この点への歯止めも配慮して、プロンプトは次のようになります。

---

[7] 二つの比率の逆数の平均をとり、もう一度逆数計算をします。

プロンプト 8-6-1

> 構築したモデルを用いて、テストデータX_testに対する予測結果を算出しy_predに代入してください
> タスクは予測のみとし、精度評価は行わないでください

レスポンス例 8-6-1

> 予測モデルを用いて、テストデータ X_test に対する予測結果をy_predに代入しました。追加の処理や他のリクエストがあればお知らせください。

生成コード例を確認します。

Python 生成コード例 8-6-1

```python
# テストデータに対する予測を行い、y_predに代入
y_pred = lgbm_model.predict(X_test)

# 予測が完了しました
y_pred
```

2行目がこの実装の本質的な部分で、学習済みのモデル lgbm_model の predict 関数をテスト用の説明変数である X_test を引数にして呼び出しています。この結果が予測値 y_pred になります。

8.6.2 精度評価

テストデータに対する正解データである y_test と、モデルの予測結果である y_pred を使って、様々な観点の精度評価が可能です。次のプロンプトで精度評価タスクを行います。

プロンプト 8-6-2

y_testとy_predを用いてクラス1（申込あり）に対して、適合率、再現率、F値を算出してください

レスポンス例 8-6-2

クラス1（申込あり）に対する評価指標の結果は以下の通りです。

- **適合率（Precision）**：0.5152
- **再現率（Recall）**：0.1753
- **F値（F1-Score）**：0.2615

さらに分析や調整が必要な場合はお知らせください。

　前述の通り、銀行営業の場合に役立つ評価指標は適合率です。データ全体で見た場合、営業が成功する可能性は約10%であるのに対して、今回構築したモデルが「成功の見込みあり」と判断した顧客に絞って営業をかけると、約52%の成功率を見込めるということになります。予測モデルとして意味のあるモデル構築に成功したといえるでしょう。

　今回も生成コード例を確認します。次の形になります。

Python 生成コード例 8-6-2

```python
from sklearn.metrics import precision_score, recall_score, f1_score

# クラス1（申込あり）に対する評価指標を計算
precision = precision_score(y_test, y_pred, pos_label=1)
recall = recall_score(y_test, y_pred, pos_label=1)
f1 = f1_score(y_test, y_pred, pos_label=1)

# 結果を表示
precision, recall, f1
```

　scikit-learnでは、精度評価のための関数も用意されています。ここではそれらの関数からprecision_score、recall_score、f1_scoreの三つをインポートして利用します。

4～6行目が実際の関数呼び出しです。関数の引数はそれぞれ「正解値（y_test）」と「予測値（y_pred）」ですが、8.6節の冒頭で説明したようにこれらの計算では「どの値がPositiveか」を示す必要があります。その指定がオプションパラメータ「pos_label=1」になります。

この生成コード例については、実行結果例も以下に示します。

Python 実行結果例 8-6-2

```
1    (0.5151515151515151,
2    0.17525773195876287,
3    0.26153846153846155)
```

Python上はこのように細かい桁数まで計算されていますが、UIに戻すときに見やすく丸め処理がされています。

8.6.3　混同行列表示

scikit-learn、Matplotlib、seabornのライブラリを組み合わせて使うと、本節の冒頭で説明した混同行列をヒートマップ形式（値の大小を色の濃淡で表現する可視化手法）で表示することも可能です。次のプロンプトでそのことを確認します。

プロンプト 8-6-3

japanize_matplotlib-1.1.3-py3-none-any.whl

予測結果の混同行列をheatmap表示してください
figsize=(3, 3), カラーバーは非表示でお願いします
グラフが文字化けしないよう、添付のライブラリを!pipコマンドで導入してください

レスポンス例 8-6-3

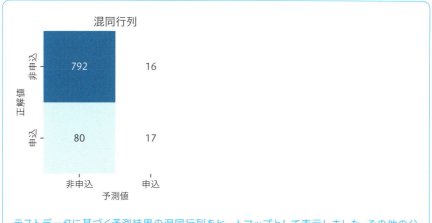

テストデータに基づく予測結果の混同行列をヒートマップとして表示しました。その他の分析やリクエストがあればお知らせください。

見た目をきれいにするため、figsize を指定している点と、日本語化ライブラリの導入を指示している点を除くとプロンプトの本質部分は「予測結果の混同行列を heatmap 表示してください」だけであり、とてもシンプルな指示で混同行列を表示できていることがわかります。参考までにこの場合の生成コード例も確認してみましょう。

Python 生成コード例 8-6-3

```
1   # 日本語フォント対応のためのライブラリをインストール
2   !pip install /mnt/data/japanize_matplotlib-1.1.3-py3-none-any.whl ↗
    --quiet
3
4   # 必要なライブラリのインポート
5   import matplotlib.pyplot as plt
6   import seaborn as sns
7   from sklearn.metrics import confusion_matrix
8   import japanize_matplotlib
9
10  # 混同行列の作成
11  cm = confusion_matrix(y_test, y_pred)
12
```

```
13    # ヒートマップの描画
14    plt.figure(figsize=(3, 3))
15    sns.heatmap(cm, annot=True, fmt='d', cmap='Blues', cbar=False, xti⏎
      cklabels=["非申込", "申込"], yticklabels=["非申込", "申込"])
16    plt.xlabel("予測値")
17    plt.ylabel("正解値")
18    plt.title("混同行列")
19
20    # グラフを表示
21    plt.show()
```

やや長いコードですが、本質的な部分のみ説明します。

最初のポイントが 11 行目の confusion_matrix 関数の呼び出しです。この呼び出しにより 2×2 の NumPy 配列 [8] が戻されます。

次のポイントは 15 行目の heatmap 関数呼び出しです。この関数により数値の大きさを色の濃さで表現するヒートマップ表示がされることになります。ヒートマップ表示は可視化の中でもよく用いられる手法であるため、ぜひ覚えるようにしてください。

後半部分のそれ以外の行はグラフの見た目をきれいにするための関数呼び出しです。細かい動きを理解したい読者は、講座 1.5 Matplotlib 入門の解説を読んでいただくか、同じコードを Google Colab で動かして、関数の 1 行 1 行の結果を確認するといいと思います。

8.6.4 重要度分析

今回の分類モデルの主目的は営業成功率の向上という「予測」に重きを置いたものですが、このモデルに対してどの説明変数が大きな影響を持っていたかを調べることも可能です。本項では、そのための分析をします。

この場合、プロンプトとしては、次の形になります。

---

[8] NumPy については講座 1.3　NumPy 入門の解説を参照してください。

プロンプト 8-6-4

> 重要度分析を行い、結果をグラフ表示してください
> importance_type='gain' でお願いします

レスポンス例 8-6-4

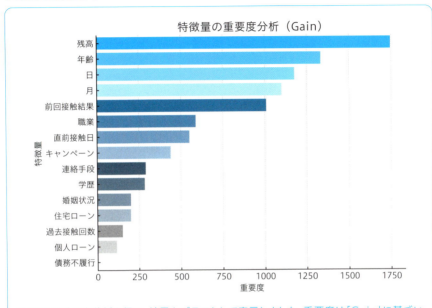

特徴量の重要度分析を行い、結果をグラフとして表示しました。重要度は「Gain」に基づいています。さらに分析が必要な場合や別のリクエストがありましたら、お知らせください。

　複数の説明変数のうち、どの項目が予測結果に大きく寄与しているのかが、グラフ表示されました。この結果は、営業施策立案に活用できる可能性があります。

　今回も、このグラフがどのように描画されたのか、生成コード例を確認してみます。

Python 生成コード例 8-6-4

```
1    # 特徴量の重要度を取得
2    feature_importances = lgbm_model.booster_.feature_importance(impo
     rtance_type='gain')
3    feature_names = X_train.columns
4
5    # 重要度をデータフレームに変換
6    importance_df = pd.DataFrame({'特徴量': feature_names, '重要度': fe
     ature_importances})
7
8    # 重要度でソート
9    importance_df = importance_df.sort_values(by='重要度', ascending=F
     alse)
10
11   # 重要度のグラフを描画
12   plt.figure(figsize=(8, 6))
13   sns.barplot(x='重要度', y='特徴量', data=importance_df)
14   plt.title('特徴量の重要度分析(Gain) ')
15   plt.show()
```

処理概要だけ説明すると、以下のようになります。

2行目：特徴量（説明変数）ごとの重要度の取得

6行目：特徴量と重要度を値として持つデータフレーム生成

9行目：データフレームを重要度の大きい順にソート

12行目以降：データフレームの可視化（棒グラフ表示)

8.7　結果解釈

　8.6.4項による重要度分析については、通常のデータ分析同様に結果を解釈し、さらに施策につなげることが可能です。本章の最後にその一端を紹介します。

8.7.1　重要度分析結果の解釈

　次のようなプロンプトを与えることで、重要度分析の結果の解釈を検討することが可能です。

プロンプト 8-7-1

重要度分析の結果から考え得る仮説を提示してください

レスポンス例 8-7-1

重要度分析の結果から考えられる仮説を以下にまとめます。これらの仮説は、重要度の高い特徴量がモデルの予測に強く影響していることを前提にしています。

仮説1:「残高」や「住宅ローン」が顧客の申込有無に大きな影響を与えている

- 「残高」が高いほど、顧客が金融商品の申し込みを行う余裕がある可能性があります。逆に、残高が低い場合、資金的な余裕がなく新たな金融商品の申し込みを避けるかもしれません。
- 「住宅ローン」の有無も影響が大きい場合、住宅ローンを抱える顧客は新たなローンを控える傾向があるか、またはローンのニーズが高いことが考えられます。

仮説2:「職業」や「学歴」が申込の意思決定に関与している

- 「職業」や「学歴」が高い重要度を持つ場合、特定の職業や学歴レベルの顧客が金融商品のターゲットになる可能性があります。例えば、管理職や高学歴の人は新しい金融商品に興味を持つ傾向があるかもしれません。
- 特に学歴は、金融リテラシーの高さと関連している可能性があり、学歴が高い人ほど金融商品に対する理解が深く、申込に積極的であると考えられます。

仮説3:「直前接触日」や「過去接触回数」など、過去の営業活動の影響

- 「直前接触日」や「過去接触回数」が高い重要度を持つ場合、過去の営業活動が顧客の申込行動に影響していると考えられます。
- 特に、直前に営業活動を受けている顧客や、過去に何度も接触している顧客は、信頼関係が築かれやすく、申込に至る可能性が高まるのではないかと推測されます。

仮説4:「婚姻状況」や「個人ローン」の影響

- 「婚姻状況」は、家庭環境や生活設計に基づくローンのニーズに影響を与える可能性があります。例えば、既婚者は家庭の支出が多く、家族のための資金確保が必要な場合、ローンの申し込みを行うかもしれません。
- 「個人ローン」の有無も申込意欲に影響を与えると考えられます。既に個人ローンを持つ顧客は新たなローンを避けるか、逆に資金の追加を求めるかもしれません。

これらの仮説は、モデルの学習結果に基づいていますが、あくまで統計的な特徴から導き出された仮説です。より詳細な分析を行うためには、各特徴量がどのように申込有無に影響しているかをさらに掘り下げて調べることが必要です。

それぞれについて、一見すると確からしい仮説が提示されました。今回のプロンプトはかなりオープンな質問であったため、ChatGPT のレスポンスは 1 回 1 回異なるものになることが想定されます。そのため、これ以上の深掘りのプ

ロンプトを提示することはしませんが、例えば上のようなレスポンスが返ってきた場合、

(1) 特定の仮説に注目して、「その仮説が正しいかデータで検証してほしい」というプロンプトを与え、仮説の正しさが検証された場合
(2) 「この仮説に基づいた営業施策を提案してほしい」というプロンプトを与える

みたいな進め方をすることで、ビジネス施策を立案できる可能性があります。読者の皆様もぜひ、試してみてください。

第3部

プロジェクト編

9章　データ分析・AI プロジェクトを成功させる
上流工程のツボ

9章

データ分析・AI プロジェクトを成功させる 上流工程のツボ

本章では、データ分析・AIプロジェクトを成功させるためのポイントを筆者の経験も踏まえて説明します。

9.1 ソリューショニングのツボ

読者も本書のいくつかの事例を通じて、データ分析・AIプロジェクトで最も重要なのが「ソリューショニング」と呼ばれる、業務課題にどのような手法を適用して解決策を導出するか、そのシナリオを描くことである点はご理解いただけたかと思います。

本書の事例の中では、筆者が自分で考えたシナリオを、各章の冒頭で天下り的に提示していました。では、自分の業務に対してソリューショニングを検討するにはどうしたらいいのでしょうか。

ここは、データ分析・AIプロジェクトの難しさの根幹部分であり、数年前までは「有識者と相談して決めていくしかない」というのが答えでした。

しかし、昨今の生成AIの発達で、状況は大きく変わりました。いわゆる、ハルシネーションの発生するリスクが高い領域ではありますが、生成AIはこのようなタスクの格好の相談相手になったのです。その具体的な進め方を、3章で紹介済みの方法を含めて2パターン紹介します。

9.1.1 既存データから逆算してソリューショニングを検討

本書の中で、データ分析のテーマ選定の手法として、「既存データから逆算してソリューショニングを考える」方法を提示しました。3章の冒頭で提示した事例をここで再掲します。

プロンプト 9-1-1（再掲）

> このデータの各項目の説明を添付しました。このデータを使って実現できそうなデータ分析を提案してください

レスポンス例 9-1-1 （再掲）

提案できるデータ分析の例

1. 分類モデルの構築：
- ロジスティック回帰、決定木、ランダムフォレスト、SVM、ニューラルネットワークなどを使用して、顧客が定期預金に申し込むかどうかを予測するモデルを構築します。
- モデルの評価には、精度、再現率、F1スコア、ROC曲線などの評価指標を使用します。

2. 特徴量の重要度分析：
- モデルを用いて、どの特徴量が定期預金の申し込みに対して最も影響力があるかを特定します。これにより、マーケティングキャンペーンのターゲットを絞り込む際に有用な洞察が得られます。

3. クラスタリング分析：
- K-meansクラスタリングや階層的クラスタリングを用いて、顧客を異なるセグメントに分類します。各クラスタの特性を分析し、それに基づいたマーケティング戦略を立案します。

4. 時系列分析：
- 月ごとの連絡回数や成功率を分析し、季節性やトレンドを特定します。これにより、キャンペーンの最適な実施時期を見つけることができます。

5. アソシエーションルールマイニング：
- アソシエーションルールを用いて、特定の条件下での定期預金申し込みのパターンを発見します。例えば、特定の職種や教育レベルの顧客がどのような条件で申し込みやすいかを分析します。

6. データの可視化：
- 特徴量ごとにデータを可視化し、分布や相関関係を把握します。ヒートマップ、散布図、箱ひげ図などを使用して、データの傾向や異常値を発見します。

うしろの方の提案は本当に実現可能かと思われるものもありますが、少なくとも最初の三つに関しては、このまま、データ分析ができそうな感じです。

9.1.2　業務内容から必要データを導出

前項で紹介したのは、比較的取り組みやすい「データから逆算したソリューショニング」でしたが、ChatGPT は、もっとハイレベルの「業務課題から落とし込む形のソリューショニング」「ソリューショニングで必要となるデータ」な

どについても答えてくれます。

「ソリューショニングで必要となるデータ」のリストアップの一例として、次のプロンプトとレスポンス例を示します。

プロンプト 9-1-2

銀行のテレマーケティング営業で、データ分析に基づいて営業対象顧客の優先順位を設定したいです
予測モデルの説明変数としてどのようなデータがあれば効果的な予測ができますか

レスポンス例 9-1-2

銀行のテレマーケティング営業において、営業対象顧客の優先順位を予測モデルを用いて設定する場合、効果的な予測を行うためには、顧客の属性や行動に関するさまざまなデータを説明変数（特徴量）として活用することが重要です。以下は、特に効果的である可能性の高いデータ項目をいくつかのカテゴリに分けて紹介します。

1. 顧客の基本的な属性データ

これらのデータは、顧客の背景やプロフィールに基づくもので、基本的なセグメンテーションに役立ちます。
- **年齢**：特定の商品やサービスは、年齢層によって効果が異なる場合があります。
- **性別**：男性、女性などの性別によって異なるニーズがあることがあります。
- **職業**：顧客の職業は、その資産状況や投資のニーズを示すヒントになります。
- **学歴**：高学歴の顧客は、金融商品に対して異なる関心を持つことがあるかもしれません。
- **家族構成**：既婚か未婚か、子供がいるかどうかなどは、将来的な投資や貯蓄のニーズに影響します。

2. 経済状況に関連するデータ

顧客の経済的な余力や金融商品への興味を示す指標となります。
- **年収**：高収入の顧客は、投資や保険などの高額商品に興味を持つ可能性が高いです。
- **資産状況**：貯蓄額、投資額、不動産の所有状況などは、金融サービスのニーズを測る重要なデータです。
- **クレジットスコア**：信用力の高い顧客は、ローンやクレジットカードの販売ターゲットになります。

3. 取引履歴と銀行利用状況データ

過去の銀行取引は、顧客の行動パターンやニーズを予測するのに役立ちます。
- **口座の種類**：普通預金口座、定期預金口座、証券口座など、どのような口座を保有しているか。
- **口座残高**：預金残高や利用限度額の変動は、顧客の資産状況や投資意欲を示す指標です。

- **融資履歴**：過去のローンやクレジット利用履歴は、借入ニーズの推測に有用です。
- **過去のキャンペーン参加履歴**：テレマーケティングやプロモーションへの反応履歴は、顧客の関心を示します。

4. 顧客の行動データ

顧客が銀行とどのように関わっているかを知るための指標です。

- **インターネットバンキングの利用状況**：デジタルチャネルの利用頻度は、テレマーケティングを行う上で、リーチできる可能性を示します。
- **ATMの利用頻度**：銀行との物理的な接点が多いかどうか。
- **モバイルアプリの利用状況**：テクノロジーへの適応度を測る手がかりとなります。
- **クレジットカードの利用頻度**：利用頻度が高い顧客は、新たなカードやローンのターゲットになります。

5. 顧客のライフイベントデータ

大きなライフイベントは、顧客の金融ニーズを劇的に変える可能性があります。

- **住宅購入**：住宅ローンの需要が高まるタイミングです。
- **子供の誕生**：教育費用や保険商品に対するニーズが高まります。
- **退職**：年金や資産運用商品に対するニーズが出てきます。

6. 外部環境に基づくデータ

外的要因が顧客の行動に影響を与える場合もあります。

- **地域の経済状況**：住んでいる地域の経済動向や不動産価格が顧客のニーズに影響することがあります。
- **競合他社のキャンペーンや金融商品情報**：顧客が他社に流れる可能性があるかどうかを示します。

7. テレマーケティングに関する過去のデータ

過去のテレマーケティングの効果や反応履歴は非常に重要です。

- **過去の電話キャンペーン反応**：過去にどのようなオファーに応じたか、あるいは応じなかったか。
- **連絡可能時間帯**：顧客が電話を受け取りやすい時間帯や連絡手段。

8. 感情や顧客満足度のデータ

顧客が銀行に対してどのような感情を持っているかを把握するためのデータです。

- **NPS(ネット・プロモーター・スコア)**：顧客満足度やロイヤリティを示す指標です。
- **苦情や問い合わせ履歴**：顧客が過去にどのような問題を抱えていたかは、今後のエンゲージメントに影響します。

ここに挙げられたデータ項目は、筆者が見る限り、妥当なものばかりです。AIは、テレマーケティングに関する既存資料から学んで、ここにあるような有望な説明変数をピックアップしたものと思われます。

この例のようにプロンプトの抽象度が高くなるほど、ハルシネーションのリ

スクは高まります。一方で、繰り返し同じ質問をし、また少し怪しい話は問い詰めていくと、最後は ChatGPT は間違いを認めます。こういう慎重なやりとりをすることで、ハルシネーションのリスクは軽減できるはずです。

これらは、俗に「壁打ち」と呼ばれる ChatGPT の高度な活用方法の 1 バリエーションであると考えられます。読者の皆様も、ぜひ試してみてください[1]。

9.2 データ収集のツボ

データ分析プロジェクトを成功させるための最大のハードルは「分析に足るデータ収集ができるか」です。

Kaggle[2] で優秀な成績を収めた若手データサイエンティストが、その実績をひっさげて企業に中途採用で入社するも、数カ月で「こんなはずでなかった」といって退職する——。よく話に聞く事例です。なぜ、このようなことが起こるのでしょうか。

おそらく、その理由の半分程度は、若手データサイエンティストが、実業務におけるデータ収集の大変さをわかっていないことに起因しているのではないかと考えます。

Kaggle では、分析テーマは最初から決まっています。また。分析対象のデータはきれいな表形式でまとまっています。いってみれば、データ分析プロジェクトで一番大変なところがすべて解決し、お膳立てがそろったところからスタートしているのです。

実業務のデータ分析において、最も大変なのは、この状態までたどり着くことといって、過言ではありません。本節では、そのタスクにおいて注意すべき点をまとめました。

---

[1] このタスクを ChatGPT で実施する際に注意すべき点があります。業務でクリティカルなデータを一般向け ChatGPT にアップすることは会社のセキュリティ規定で禁止されていることが多いです。会社のセキュリティ担当者と相談して、データにはマスクをかけるなど、規定に違反しない使い方をすることには十分注意してください。
[2] インターネット上で実施されているデータ分析のコンテスト。分析対象データと目的が公開されており、各応募者はアルゴリズムを工夫して最も精度の高いモデルを作ることを競います。

9.2.1 データの存在確認

データ分析・AIプロジェクトの出発点は「XXXという業務課題をYYYとZZZというデータを使ってWWWという分析手法を適用すれば解決できるのではないか」という仮説です。

ここでYYYやZZZに該当するデータとは、ほとんどの場合、業務アプリのデータです。仮説を検証する最初のステップは、この仮説を満たすデータが存在するかを確認することになります。

単純なケースとしては、データは自分の組織内に存在し、簡単にその存在可否を確認できることもあります。この場合でも決して簡単ではないのですが、関係者をたどっていき目指すデータにたどり着くことが原理的に可能なはずです。

自社内には存在するが別組織にある場合は、データの所在を見つけることもアクセスすることも、より難しくなります。場合によっては、データが社外にある場合もあります。その場合、難易度はより高くなります。

いずれにしてもデータの所在を見つけない限り、データ分析は始まりません。データ分析プロジェクトの入り口で遭遇する、非常にハードルの高いタスクとなります。

注意しないといけないのは、データの名称だけで自分の欲しいデータであると判断できない点です。できるだけ早めに実データのサンプルを入手し、それが本当に自分が欲しいデータであることを確認することが、後工程で失敗しないための重要なポイントです。

9.2.2 データの利用許可

データの存在がわかっても、次のハードルがあります。それは、データの利用許可が得られるかです。昨今は個人情報保護が厳しくなり、顧客情報を無制限には使えなくなりました。データ分析で使うことの多い、顧客情報系のデータに関して、常に注意しないといけない点です。

データの機密性が高い場合、同じ組織、同じ社内であっても簡単に利用許可が下りない場合もあります。データのオーナーからの許可が下りない場合、

CDO[3] などにこの話を挙げて全社最適の観点で利用可否の裁定を仰ぐことが必要かもしれません。

対象データが社外に存在する場合、無料で使えることはむしろ少なく、利用するのにコストがかかる可能性があります。その場合、初期段階で費用対コストを見極める必要も出てくるでしょう。

9.2.3　データの意味理解

データは、単にデータそのものだけあれば分析できるわけではなく、「メタ情報」と呼ばれる「データの意味説明」に関する情報もセットで入手する必要があります。わかりやすい例でいうと、テーブル定義書やER図[4] といった資料の入手です。ほとんどの業務アプリでテーブル定義書はあると思いますが、ここで注意が必要な点があります。データ分析で本質的に必要な情報は、テーブル定義書に記載されている「項目の意味」よりさらに細かい「特定項目のコード値の意味」である点です。テーブル定義書には、ここまでの細かい情報が網羅されていないことは意外に多く、この場合、業務担当者にコード値の意味をインタビューすることが必要な場合もあります。

テーブル定義書の記載と実際の業務アプリの運用ルールが合っていない場合もあります。この場合も業務担当者へのインタビューが必要です。

以上の話をまとめると、**本当に意味のあるデータ分析をしたい場合、分析対象業務の担当者と何でも聞ける関係性を築くことは必須**と言えます。ここは、教科書に出ているデータサイエンスの世界とまったく別の、泥臭い世界なのです。

9.2.4　データの整備

分析対象のデータが、最初からきれいな一つの表形式になっていることはむしろ稀で、通常は複数のテーブル、場合によっては複数システムをまたがるデー

---

[3] Chief Data Officer の略。社内のデータ活用の責任者として企業で置かれることが多くなった役職です。
[4] Entity Relationship Diagram の略。テーブル間のキーの関係を図で示した資料。

タをキーで結合して「**データマート**」と呼ばれる分析対象のデータを作ります。対象データ件数が膨大な場合、データの結合自体、時間のかかるタスクとなりますし、SQL を使いこなすことも必須です。

いずれにしても、ここまでのことができて初めて、Kaggle と同じような「お膳立ての整った」データができた状態になったといえます。

9.2.5　データの質

分析対象のデータができても、そのまま分析に使えないケースもあります。データ分析の世界で俗に「汚いデータ」と呼ばれるデータがあるケースです。

このような場合「**データクレンジング**」と呼ばれるタスクが必要になるケースがあります。本書の 6 章の例題に出てきた「商品説明」の欄がこれに該当します。この例題では、項目名としては「商品説明」なのですが、その通りの内容になっていないケースが数多くあり、そのため、「商品名辞書」を作る必要がありました。「データクレンジング」とは多くの場合、この例のように時間のかかる地味なタスクとなります。

データの質が悪すぎて、企画段階で想定した分析がまったくできないこともあり得ます。そのリスクを軽減する唯一の方法は、できるだけ**早期に分析対象のサンプルデータを入手**し、詳細に**データの質に関する調査を先行して実施**することです。

9.2.6　データの量

ディープラーニングや XGBoost 系モデル[5] に代表されるように、機械学習はアルゴリズムによっては多くの件数のデータが必要な場合があります。データは質だけでなく量も必要ということです。

量が足りなくて分析ができないという問題を起こさないようにするためにも、企画段階でどの程度の件数のデータが入手できそうかを評価し、分析手法との整合性を確認することが望ましいです。

---

[5] どちらも精度が高いことで知られている機械学習のアルゴリズムです。

データの件数に関して、1点、注意すべき点があります。データ分析プロジェクトにおいては、分析対象を特定の領域に絞り込んだ上で分析することがよく行われます。この場合、「データの量」とは、絞り込みを行った後の件数を意味します。全体の件数が膨大であるため安心していたが、いざ、分析を始めたところ、絞り込み対象のデータ件数が少なくて、計画通りの分析ができなかったというのが、データ分析プロジェクトのあるある事例です。

もう一つ多いのが2値分類モデル構築を目的とした場合、「負例」は膨大な件数があるものの**「正例」の件数が極めて少ない**ケースです。例えば、クレジットカードの不正利用検知の予測モデル構築では、全体の件数が膨大にあるものの、検知したい不正利用の件数がごくわずかしかありません。そうしたケースが該当します。

こういうことを起こさないよう、**できるだけ早めにポイントとなるデータの件数を確認**することをお勧めします。

9.3　AIプロジェクト成功のツボ

データ分析プロジェクト成功のポイントは「データ収集」にあると、説明しました。では、AIプロジェクトにおいて、どのようなところがポイントになるのでしょうか。筆者の私見としてそれは**「客観的な評価基準の確立」**だと考えます。その点を含めたAIプロジェクト推進のツボについて、本節で説明していきます。

そもそも「AIプロジェクト」とは何なのでしょうか。定義があいまいな部分もあるので、本節では以下の条件を満たす案件と規定します[6]。

業務目的：従来**人が実施していたタスクの代行をAIがする**ことで**作業品質の向上・ワークロード削減・コスト削減**を目指す
対象データ：画像・音声・テキストなどいわゆる「**非構造化データ**」を対象と

---

[6] これ以外のAI活用パターンとして「今までできなかった新規のソリューションを作る」もありますが、議論をシンプルにするため、ここでは示した定義に絞り込みます。新規ソリューションに関しては9.5節で言及しているので、そちらを参照してください。

したタスク

この前提で、AIプロジェクトを推進するためのポイントを説明していきます。

9.3.1 AIに100%を期待しない

AIのプロジェクト経験が少ない方ほど「AIなら100%の精度が出せるはず」という考えを持ちがちです。しかし、現実問題としてAIで100%の精度を出すことは不可能です。

このような誤解はAIを利用したシステムを通常のITシステムと同じものと見ることから出ているのではないかと思います。ITシステムの場合、**「仕様通りに動かない」事象は「バグ」**であり、**「バグはどんなに稀な事象であっても1件でも存在してはならない」**というのが通常の基幹システム開発のポリシーだからです。

この考え方に基づくと、1件でもAIが誤判断をしたケースがある場合、AIシステムの本番化ができないことになります。「AIに100%は期待できない」ので、**未来永劫本番化ができない**のです。

世の中のAIプロジェクトのほとんどがPoCにとどまり、本番化できていない最大の理由はこの点にあるのではないかと考えます。

この壁を打ち破るためには、発想の転換が必要です。その足がかりとなるのが、次に紹介する**「客観的な精度評価」**です。

9.3.2 客観的な精度評価がAI推進の要

AI化推進プロジェクトにおけるあるある事例をご紹介しましょう。「現場の責任者はAIというものをあまり信用していない。そこで、1件でもAIの誤判断を見つけると、まだこういうケースがあるからAI本番化は時期尚早だと考える」――。

しかし、本当にそうなのでしょうか。**「ヒューマンエラー」という言葉がある通り、現行システムで業務に携わっている人間でもミスはある**はずです。

ここで重要なのが、人間とAIが対等に比較することのできる客観的な評価基

9章 データ分析・AIプロジェクトを成功させる上流工程のツボ

293

準の確立です。例えば、現場の作業者の人間を指導するスーパーバイザーの立ち位置の人に正解ラベルを作ってもらうことが考えられます。客観性をより強化するためには、2人以上のスーパーバイザーに独立して正解ラベルを作ってもらい、それを突き合わせるとより確実です[7]。

このようにして作った「正解ラベル」は「**信用するに足る本当に正しい正解ラベル**」になります。そして、業務担当をしている人間と AI のそれぞれにラベル付けをさせて正解率を計算し、**どちらが正解率が高いかを調べる**のです。このような客観的な基準を策定することで、今まで「絶対」と考えていた人間も一定の比率で間違いがあったことがわかると思います。

AI 化に際してどのような基準とするかは業務によりまちまちなので、個別に検討してください。「品質重視」ということであれば人間の平均精度を AI が上回ることが絶対条件になります。逆に「ワークロード削減・コスト削減」が主目的なのであれば、多少人間平均より精度が低くても AI 化を進める方針がマネージメントレベルから出されるかもしれません。

重要なのは、**客観的に評価可能な基準を策定し、評価結果の数字に基づいて意思決定が行われる**点です。業務の AI 化を本気で考える場合、これが必須のタスクであると筆者は考えます。

9.3.3 正解ラベルは通常業務で作るのが理想

教師あり学習を実プロジェクトで実施するにあたって最大の課題は、「**正解ラベルデータをどうやって入手するか**」です。

ほとんどの AI プロジェクトではプロジェクト内で「ラベリング」というタスクを起こし、そこで作ったデータを利用します。この方法はタスク自体にもコストがかかりますし、特に対象モデルがディープラーニングの場合、要件を満たす件数の学習データがなかなか作れない点が課題です。

このような場合、ラベリングタスクを業務プロセスに組み込むことができると、非常にいい解決策になります。業務で実施することにより、「多くの件数を

---

[7] これもあるある事例なのですが、こういうことをすると、実はスーパーバイザー間でかなり個人差があることがわかったりします。しかし、この機会に基準を統一できれば、それはそれでその後の品質向上に役立つはずです。

入手」という課題が自動的に解決できることが多いからです。

現場の作業者のラベリング結果は、当然、個人差があります。しかし、多くのデータを集めることで、平均的なきれいなデータに収束することがあります。まさに、このようなタスクにおいては**「数は力」**ということができるのだと思います。

業務と関連付けることで、元々 AI で目指していたのより粗い粒度のモデルしかできない場合であっても、この「数の力」に頼って、粒度を妥協するアプローチもありです。

また、従来の業務プロセスに一手間加えて、それにより正解ラベルを取得できるなら、ぜひ、その方法を検討してみてください。

9.4 データ分析・AI タスクとプロジェクト推進人材の関係

本節では、議論の対象を今までより広げます。読者は、自分が、自社の中でデータ分析・AI プロジェクトのリーダーに任命されたと考えてください。

プロジェクトのメンバーに関しては自社の他部門や、社外から中途採用で入社してもらうメンバーも候補に含めることができるものとします。このような状況で、どのような人材をメンバーに集めればいいか。この点を本節のテーマとします。

9.4.1 はじめにソリューショニングありき

ありがちな失敗事例から紹介します。「データ分析・AI プロジェクトを始めないといけない」ということで、どのようなソリューショニングなのかを考えずに人集めから始めてしまうケースです。

一口に「AI・データ分析人材」といっても、対象タスクの幅が広く、そのすべてのタスクを 1 人でカバーできることは極めて稀です。そのため、「高いコストをかけて中途採用で人材を採用したが、その社員は目的と合致しなくてすぐに退職した」みたいなことが起きがちです。

そのようなことを防ぐためにも、データ分析・AI プロジェクトを始める場合は、必ず**業務課題から出発して、その解決策としてのソリューショニングの枠**

9 章 データ分析・AI プロジェクトを成功させる上流工程のツボ

295

組みを最初に考えるようにしてください。

経験がない人にとって、業務課題からソリューショニングを考えるところが最も難しい点でした。しかし、今や生成AIと相談することで、実現可能性のあるソリューショニングを考えることは可能になってきています。

この段階でのゴールとすべき、具体的なソリューショニングは「顧客データからマーケティング施策を考える（クラスタリング）」「特定商品の日ごとの売上予測をする（購買予測）」「新商品の評判をネット情報から分析し改善に役立てる（評判分析）」「レントゲン画像から特定疾患の有無を判断する（画像による疾患判断）」みたいな粒度のものです。本書で紹介した4〜8章の例題が、まさにこのソリューショニングのサンプルになっています。こうした事例も参考に、**実業務に対してこの粒度で目標とするソリューショニングを特定できれば、次のステップに進むことができます**。

AIは同じテーマに対して何度でも付き合ってくれます。いわゆる「壁打ち」と呼ばれるアプローチにより、**自分の業務に対して有効と考えられるソリューショニングをしっかり考えるようにしてください**。

9.4.2　ソリューショニングの立ち位置を特定する

次のステップとして、そのソリューショニングの立ち位置を確認します。次に示す図9-1の中のどの場所に位置するかを調べてください。立ち位置の特定ができてから、人材を集める形にすれば、前項で説明した対象領域不一致による失敗の可能性は低くなるはずです。

図9-1　データ分析・AIの区分

ここでは、水色で示したタスクが、二つの軸に基づいて四つの領域に分けられています。

　二つの軸のうち、最初の軸は「目的」としての「データ分析」と「AI」です。それぞれを簡単に説明すると次のようになります[8]。

データ分析

　既知データを分析することで**知見を導出し、得られた知見を業務改善に活用**します。「知見導出」「業務改善」の2ステップがある点が特徴です。

AI

　未知データに対してモデルが予測をします。予測結果が信頼に足るものである場合、**予測結果そのものに価値がある**ケースが該当します。

　二つめの軸は分析対象のデータに関するものです。

構造化データ

　データベースに入っている、あるいは Excel で表現されるような表形式のデータを指します。「テーブルデータ」と呼ぶ場合もあります。

非構造化データ

　画像、音声、テキストといった、表形式では扱えないデータを指します。少し前まで、非構造化データに対してできることは極めて限定されていました。しかし、この数年のディープラーニングの発達で、この点は大きく変わり、現段階ではいろいろなユースケースが定義可能です。

　このレベルの分類であれば、データ分析・AI プロジェクトの経験がなくても容易に整理できると思います。しかし、ここで安心するのはまだ早いです。

　「人材」を議論するためには、もう一つ、別の軸が必要なのです。その点につ

---

[8] これはかなり乱暴な分類方法です。実際のユースケースにおいては、この分類でなりたたないケースもあるのですが、経験がない方にもわかりやすくするために簡略化したと考えてください。しかし、この考え方で、ほとんどのケースで困ることはないとも考えています。

いて、次項で説明します。

9.4.3 データ分析・AI人材を整理する

「人材」を議論するために必要なもう一つの軸とは何か。それを整理したのが、次の図9-2になります。

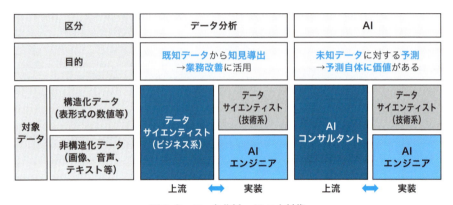

図9-2 データ分析・AIの人材像

図9-2を見ていただければ、三つめの軸が何であるか読み取れると思います。新たに加わったのは「上流工程を担う人材」「実装を担う人材」の軸です。

上流の意味するところを別の言葉で表現すると、**「データ分析・AIの技術的な世界と、実ビジネスの世界をつなぎ込む役割を担う人材」**ということになります。この役割を担う人材はプロジェクト立ち上げの段階と、最後に技術的な成果をビジネスに戻す段階でとても重要です。

9.2節で紹介した、「Kaggleで優秀な成績を収めた若手のデータサイエンティスト」は、この図で対応付けると、「データ分析の実装を担う人材」つまり「構造化データを対象とした、実装を得意とするデータサイエンティスト（技術系）」に該当します。そして、**こうした人が活躍できる前提は、上流の「構造化データを対象としたデータサイエンティスト（ビジネス系）」の人がいること**なのです。

このビジネスとの接点を担う人材は、必要なスキルが「データ分析」と「AI」

で異なるところがあります。

「データ分析」の場合は、分析で得られた結果から、知見を導出し、さらにビジネス上有効な施策を考えるところが最も重要な点です。このスキルは、**従来の「ビジネスコンサル」に極めて近い内容**です。なので、この役割の人材には**コンサルタント的な能力**が求められます。

「AI」の場合はどうでしょうか。この場合、最終的な目標は現行タスクの一部をAIで置き換えることと考えられます。その場合、AIの仕組みをITで実装することが必要です。つまり、**運用面を含めたITエンジニア的なスキル**が必要になってきます。

逆に、実装面では、今、説明した「データ分析」「AI」の区別はあまりないです。なので、実装を担う人材は「データ分析」「AI」の違いはあまり意識しなくていいです。一方で、このような人材の場合、対象データが「構造化データ」か「非構造化データ」かで、必要スキルは大きく異なります。図を簡略化するため、ここでは一つにまとめていますが、実は「テキスト」と「画像」でも必要スキルは大きく異なっており、人材を考えるときはここまで意識すべきかもしれないです。

以上で説明した人材に関する議論はやや複雑なものでした。しかし、この点を押さえられるかどうかで、その先のプロジェクトの進捗が大きく異なるはずです。ぜひ、しっかり理解した上で、具体的なプロジェクトの計画立案を進めるようにしてください。

9.4.4 生成AIを活用したデータ分析育成アプローチ

前項では、データ分析・AIプロジェクトを始めるにあたって必要な人材という観点で整理をしましたが、リーダーの立場からは人材の育成という観点も必要です。本項では、「**データ分析人材育成の目的でも生成AIを活用できるのでは**」という仮説を示します。

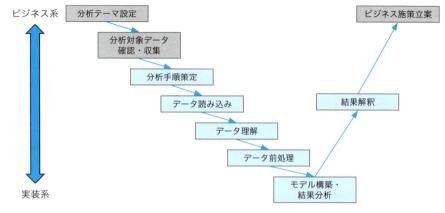

図 9-3　データ分析の標準プロセス（再掲）

　図9-3として1章で示したデータ分析の標準プロセスを改めて示しました。データ分析人材を育成することは、ここに示された各タスクを自立して実施できる人材を育成することに他なりません。このうち、具体的な実装タスクである「データ読み込み」「データ理解」「データ前処理」「モデル構築・結果分析」のあたりは、ChatGPTをアドバイザーにすることで、かなり育成にも役立てることができそうだというイメージは本書の4～8章の実習で持てたと思います。ここでは、より高度な経験が必要と考えられるそれ以外のタスクについて議論します。

　まず、分析プロジェクトの起点である「**分析テーマ設定**」について考えてみます。3.1節で示したように、既存データから逆算して、実現可能な分析テーマをChatGPTに依頼するアプローチがありえます。もちろん、100%正しい計画を作れるわけではありませんが、それでも従来のように何もない状態から出発するのと比べるとはるかに参考になる情報を得られます。この出発点を足場に、試行錯誤的に現場とのやりとりを進めることで、従来と比べてはるかに効率よく、上流工程のスキルを身につけられるはずです。この話は、分析後の工程である「**結果解釈**」「**ビジネス施策立案**」に関しても当てはまります。

　では、もう一つ、初級者にとって難関と思われる「**分析手順策定**」に関してはどうでしょうか。ここで、筆者は自分の経験に基づいた提案をしたいと思います。まえがきでも説明したように本書の実装コードのほとんどは5年前の書

籍「Python で儲かる AI をつくる」と同じものです。本書のプロンプトは、その実装コードからリバースして作ることができました。恐らくですが、もう一歩進んで、**「生成 AI に実装コードを示して処理内容を説明させる」ことにより、プロンプト相当の日本語を作成できる**と思います。そうすると、例えば Kaggle のようなサイトで公開されている高度なデータ分析プログラムを入力に、工程ごとの処理一覧を作れるはずです。**テーマごとにこのようなタスクを繰り返すことで、従来と比較してはるかに効率よく、「分析手順策定」のスキルが身につくはず**です。有識者の人材が不十分な状況でのデータ分析人材の育成に、ぜひ、このアプローチを取り入れていただければと思います。

9.5　従来 AI と生成 AI の関係

　本章で今まで説明してきた「AI」は、厳密にいうと**生成 AI が出てくる前の「従来 AI」を指している**と考えてください。読者もご承知の通り、**生成 AI の出現で AI の利活用可能な範囲は大幅に広がり**ました。多くの利用ケースのごく一部が「生成 AI を利用したデータ分析」であり、これが本書のテーマになっているという関係です。

　では、従来 AI と生成 AI はどういう点が違うのか。また、生成 AI の出現で AI の適用範囲はどうなったのか。このテーマは、それだけで本が 1 冊書けるくらい深いのですが、その概略を本節で説明します。

9.5.1　従来 AI と生成 AI の違い

　従来 AI と生成 AI の違いは何なのかを図 9-4 で示します。

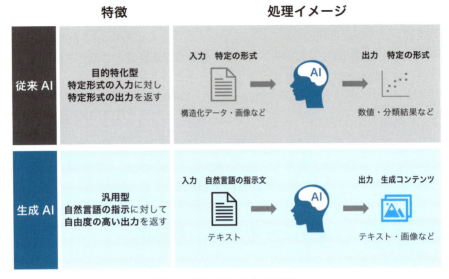

図9-4 従来AIと生成AIの違い

　従来AIは入力も出力も一定の型にはまったものである必要がありました。その点を、**目的特化型**という言葉で表現しています。目的特化型AIの典型例として、天気・気温・曜日などを入力として、その日のケーキの売り上げ個数を予測する「回帰モデル」や、写真を入力として、写っている動物が犬か猫かを判断するような振る舞いの「分類モデル」があります[9]。

　これに対して生成AIでは、特定の型に従う必要はありません。プロンプトと呼ばれる入力としての指示文は、人間同士のやりとりで使う自然言語そのもので大丈夫です。また、出力の自由度も非常に高いです。例えば次の図9-4では、「データ分析の勉強に取り組んでいる若手データサイエンティストの画像を描画してください」というプロンプトに対してChatGPT-4oが実際に描画した画像例を示しました。

---

[9] 本書の実習では7章で回帰モデル、8章で分類モデルの事例を学習しました。

図 9-5 ChatGPT-4o の描画例

　こうした挙動をまとめると、従来 AI の目的特化型と対比させ、生成 AI は**汎用型**と呼ぶことが可能です。

　同じ「AI」という用語でも、適用範囲が大きく異なることがわかります。生成 AI が出てきたことで、従来 AI が不要になるかというと、それは違います。**従来 AI の方が向いているユースケースは間違いなく存在**します。これからの時代、単に「AI」という表現をするのでなく、**「従来」「生成」どちらの AI なのか常に意識すること**が重要になると考えられます。

9.5.2　生成 AI の活用パターン

　このように自由度が高くなった生成 AI は、従来 AI と比較して活用範囲が広くなりました。本書で取り上げた「生成 AI と相談して効果的にデータ分析を行う」は、数多くの生成 AI 活用のほんの一部になります。

　では、もっと広く見たときに、生成 AI の活用パターンにどのようなものがあるのでしょうか。それを整理したのが次の図 9-6 です。

図 9-6　生成 AI の利用パターン

　本書で紹介してきた「生成 AI により効率的にデータ分析を行う方法」は、「**個人の能力・生産性の向上**」を目的とする利用パターンの一つと考えられます。より細かい活用ケースとしては「**プログラミング支援**」や「**アイデア出し**」が典型的でした。これ以外によく活用されるユースケースとして**文章の要約・校正・翻訳**などがあります。これらの利用パターンの場合は、生成 AI の UI を用いて会話的に利用する形になります。

　実はこれ以外の活用パターンもあります。一つは、9.3 節で紹介した「**業務改善**」に AI を使うパターンです。このパターンは、従来 AI でも適用可能ですが、生成 AI の能力を活用すると、従来 AI と比べて高い精度を出したり、きめ細かい自動化を実現したりすることが可能です。

　例えば、会社の代表アドレスに送られてきたメールを「商品問い合わせ」「不良品クレーム」「採用問い合わせ」「その他」などのカテゴリに自動分類するユースケースなどが検討可能です。メールの自動振り分け自体は、テキスト文を入力とする従来型 AI でもある程度実現できていたのですが、今まで苦手としていたのは、「分類があいまいなものを区別する」ことです。生成 AI の場合、「他の定義のどれにも当てはまらない、あるいは複数に当てはまってしまうものは、『人間処理』に分類してください」と追加プロンプトを加えることで、単純処理で

すむメールと、ややこしいメールを区別して、より精緻な処理をすることが可能です。

もう一つの活用パターンは「**新しい価値創造**」です。これは従来、業務観点ではやりたい、しかし技術的にできそうにないので諦めていたユースケースが、今後は実現可能性が出てきたということを意味しています。

想定しうる利用シナリオ例として、筆者が妄想している一つのユースケースをご紹介します。「コールセンターの音声データを全量テキスト起こしをして、アップセルにつながったやりとりのみを抽出、結果を分析して業務改善に活用する」というものです。このユースケースは、筆者がクライアントと会話すると出てくる、「業務観点でやりたいこと」です。コールセンターで音声のやりとりをすべて記録しているが、全然活用できていないので、こんなことで使えないかという話です。

一昔前は音声認識 AI の精度が悪かったので、そもそも絶対できないことだったのですが、近年の AI の発達で、かなり高精度の音声認識ができるようになりました。仮にこうやって顧客とのやりとりのすべてがテキスト情報になれば、ここから先は生成 AI の出番です。「アップセルのやりとり」の部分はプロンプトとしてはもう少し具体化する必要があると思いますが、これができたあかつきには、すべての顧客とのやりとりの中で、非常に少ない「アップセルにつながったやりとり」を抽出できるはずです。そして、それがわかれば、コールセンターのオペレーションを改善し、より売上向上につなげられるかもしれません。

9.5.3 生成 AI を活用したソリューショニング策定のポイント

生成 AI の登場で、AI の活用範囲が大きく広がりました。では、このような背景のもと、具体的な生成 AI のソリューショニングを策定するにあたってどのようなポイントがあるのでしょうか。この点に関して図 9-7 に整理しました。

	従来 AI	生成 AI
AI で可能な範囲	限定的	汎用的
AI ソリューション検討時のポイント	技術的実現可能性	業務観点で真の価値創出ができるユースケースの発見（費用対効果を含む）
AI ソリューション検討方法	ボトムアップアプローチ	トップダウンアプローチ

図 9-7　従来 AI と生成 AI のソリューション構築の進め方の違い

　従来 AI と生成 AI を比較した場合の最大の違いは適用可能な範囲です。従来 AI が限定的だったのに対して生成 AI は汎用的になりました。

　従来 AI では、この制約のため、**「どこに当てはめれば技術的に実現可能か」という実現可能性が最重要ポイント**でした。これは、ソリューショニングのアプローチとしては**ボトムアップアプローチ**ということができます。

　これに対して生成 AI はその汎用性から、実現可能性による縛りから解放されました。極論すると、**人間が単純作業でやっているほとんどのタスクは生成 AI で代替可能**といえるかもしれません。では、その場合、どうやって優先順位を設定するべきでしょうか。

　例えば AI 化の候補として年間 500 人日の削減が見込めるタスク A と年間 100 人日の削減が見込めるタスク B があったとします。この場合、多少難易度が高そうであっても、**見込める効果の高いタスク A の AI 化に着手すべき**です。このような考え方は従来 AI で主流であったボトムアップアプローチに対して**トップダウンアプローチ**ということが可能です。この考え方が、今後の AI 化の主流になっていくであろうと、筆者は考えています。

第4部

リファレンス編

講座1　データ分析のためのプログラミング入門
講座2　データ分析のための統計処理入門

Lecture 講座1 データ分析のためのプログラミング入門

講座 1 は、まったくプログラミング言語を知らない読者を対象にした Python 入門の資料です。

本書の本編でも説明している通り、今や ChatGPT の力を借りることで、Python プログラミングの知識はほとんどない状態でデータ分析ができるようになりました。しかし、Python がまったくわからなくていいかというと違います。ChatGPT がどんなコードを生成しているのか、**「コードを自ら記述できなくても読める力」は今でも必要**です。本講座は、必要最小限の努力で、そのような能力を身につけることを目標としています。

講座で利用する実習用資材

本講座で利用する実習用資材は、すべて下記リンク先のサポートサイトにアップしています。

https://github.com/makaishi2/profitable_data_analysis/tree/main/notebooks
短縮 URL：https://bit.ly/40TMO4j
QR コード

どの節で用いるものかはファイル名の先頭 6 文字で区別できるようになっています。例えば、講座 1.1 で用いる資材は「l01_01_xxx.xxx」となっています。講座の各節の冒頭でいちいち断りませんが、各節の資材を事前に必ずダウンロードし、さらに Google Colab にアップロードした状態で実習を進めてください。アップロードの手順は講座 1.1 で説明します。

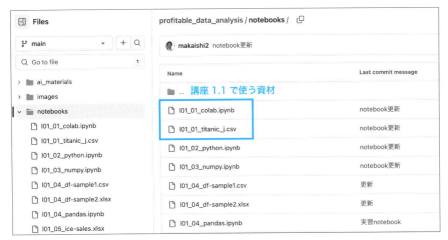

L1-0-1　サポートサイトに用意した資材の一覧

講座 1.1　Google Colab 入門

　Python を理解するには、Python の実行環境で試行錯誤をするのが一番です。現在、最も簡単にその試行錯誤ができるプログラミング環境が Google Colab です。

L1.1.1　Google Colab とは

　Google Colab は、米 Google 社が提供するクラウド上の開発環境です。その最大の特徴は、Gmail のアドレスを持っているユーザーであれば、事前セットアップ作業ゼロで即座に Python のプログラミングを始められる点です。単なる Python の実行環境ではなく、Jupyter Notebook と呼ばれる、プログラムの実行結果を自動的に保存してくれる環境なので、そうした点も便利な理由の一つです。

　Python 環境構築時のややこしい話としてライブラリ[1]の相性問題があります。標準的に利用するライブラリはそれぞれ独自のバージョンを持っており、ライブラリのバージョンが合わないとプログラムが動かないことがあるのです。Google Colab では、よく利用されるライブラリは最初から導入済みである上に、バージョンの相性についても検証済みなので、こうしたややこしい問題を意識することなくすぐに使えます。

---

[1] 目的に応じた関数やクラスの集合体をライブラリと呼びます。Python では、様々な用途のライブラリが存在していて、これらを取り込んで使うのが通常です。

L1.1.2　Google Colab の起動方法

それでは、早速、Google Colab を使ってみましょう。本書では、Gmail のユーザー登録まではすでに終わっている前提で、その次のステップから説明することにします。

Google Colab を利用するときは、認証の手間を省くため、Gmail にアクセスした状態から出発します。ブラウザは相性の良さを考慮して Google Chrome を利用します（図 L1-1-1）。

図 L1-1-1　ブラウザで Gmail にアクセスした状態

この状態で、①ブラウザ上部の「+」（図 L1-1-1 の青枠部分）をクリックして新しいタブを作り、②以下の URL を新しいタブから入力します（図 L1-1-2）。

https://colab.research.google.com/notebooks/welcome.ipynb?hl=ja
短縮 URL：https://bit.ly/3xNfTBq
QR コード

図 L1-1-2　新しいタブを作り URL を入力

そして Enter キーを押すと次のような画面になります。これが Google Colab の初期画面です。

図 L1-1-3　Google Colab の初期画面

この画面が表示されたら、左上の「ファイル」をクリックします。

図 L1-1-4　「ドライブの新しいノートブック」メニュー

さらに図 L1-1-4 のように「ドライブの新しいノートブック」を選択します。

図 L1-1-5　新規 Notebook 画面

その結果、図 L1-1-5 のような画面になっていれば、新規 Notebook の作成に成功しています。

L1.1.3　はじめての Python プログラミング

それでは、早速 Notebook 画面を使って、はじめての Python プログラミングをやってみます。キーボードから次のように「1 + 2」と文字をタイプし、次に Shift キーを押しながら Enter キーを押してください。

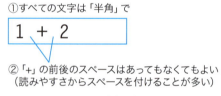

図 L1-1-6　文字入力の注意点

はじめてのプログラムなので、図 L1-1-6 に文字入力時の注意事項を記載しておきました。

① すべての文字は「半角」で[2]
②「+」の前後のスペースはあってもなくてもよい
　（読みやすさからスペースを付けることが多い）

の 2 点に注意した上で文字を入力し、最後に Shift キーを押しながら Enter キーを押してください。うまくいくと、次の図 L1-1-7 のような結果になります。

---

[2] 数字の 1 やプラス記号、ブランクはすべて全角文字も存在しますが、Python では半角文字しか認識しません。初級者が間違いやすい点なので注意してください。

図 L1-1-7 「1 + 2」の実行結果

もし、見た目「1 + 2」と入力したのに、エラーになってしまった読者は前述した「**すべての文字は「半角」で**」をチェックしてみてください。

無事、図 L1-1-7 と同じ結果を得られた読者は、「**はじめての Python プログラム**」を経験できたことになります。

図 L1-1-8　Notebook の各要素

ここで、上の図 L1-1-8 を使って Notebook の各要素の説明をします。図 L1-1-8 をよく見ると、やや灰色がかった矩形領域と、そうでない領域の 2 種類があります。灰色がかった領域のことを「**セル**」と呼びます。セルは **Notebook でのプログラムの実行単位**です。今の例では 1 行しかありませんが、複数行から構成されるセルも存在して、その場合は、複数行が上から順番に実行されることになります。

セルが実行済みの場合は、一番左に「[N]」の形式で数字が表示されます。N にあたる数字は、その Notebook 内で**何番目に実行されたセルであるか**を示しています。

セルの直下の白い領域には、**直前のセルの実行結果**が表示されます。今回は「3」というテキスト情報が表示されていますが、グラフ描画の結果などもこの領域に表示させられます。

現在カーソルのある、2 番目の「セル」はまだ実行されていないため、「[N]」形式の数値が表示されていません。そもそも Notebook を新規作成した時点では、このセルは存在しませんでした。どのタイミングでできたかというと、先ほど Shift + Enter キーを押したタイミングになります。このキー操作は「**現在選択されたセルを実行した上で選択セルを一つ先に移動**す

る。もし、最後のセルを実行した場合は、**新規セルを最後に追加**する」ということを意味していたため、このような動きになった次第です。

L1.1.4 「Shift + Enter」と「Enter」の違い

Notebook 上で「Shift + Enter」が、「**セルの実行**」を意味するという話をしました。では、Shift なしの単なる Enter だと、どのような動きになるのでしょうか？

論より証拠、今実行した「1 + 2」のセルで、カーソルを 2 の後ろにセットした状態で、「Enter」キーを入力してみてください。すると、次の図 L1-1-9 のように、セルの中に新しい行ができていることがわかります。

① カーソルを「2」の後ろに付ける

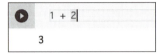

② 「Enter」キー

③ セルが 2 行になりカーソルは新しい行に移動

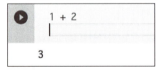

図 L1-1-9　セルの中で Enter キーを入力したときの動き

先ほど、一つのセルの中で複数行のプログラムを動かせるという話をしました。そのための操作が、今確認した単なる「Enter」キーということになります。また、③の状態で**バックスペースキー**を押すと、元の 1 行だけのセルの状態に戻せます。

L1.1.5 Notebook ファイル名の変更方法

今、操作している Notebook のファイル名は「Untitled.ipynb」という意味がわかりにくい名前です。このファイル名を自分の好きなものに変更するにはどうしたらいいでしょうか？

いくつかの方法があるのですが、一番簡単なのは、カーソルをタイトルの位置に付けて直接修正してしまう方法です。次の図 L1-1-10 でその様子を示します。

図 L1-1-10　Notebook ファイル名の変更方法

① 「Untitled」とその先のピリオドの間でマウスをクリックして、カーソルをピリオドの直前に移動します。これでファイル名が変更可能な状態になります。
② バックスペースキーを繰り返し押して「Untitled」の文字をすべて削除します。「.ipynb」の拡張子の部分は消してしまわないように注意してください。間違って消した場合は、キー入力で元の状態に戻します[3]。
③ 新しいファイル名を入力します。図 L1-1-10 の例では「はじめての Notebook」としています。このように日本語を使うことも OK です。
④ セルの中など、ファイル名以外の場所をクリックすると、入力した文字列が新しいファイル名として確定されます。

L1.1.6　Notebook ファイルの読み込み

　講座 1 と講座 2 では、実習用の Notebook を本書のサポートサイトに用意しています。その Notebook を Google Colab に読み込む手順を説明します。ここでは、講座 1.1 用の Notebook

---

[3] 拡張子を消してしまってもプログラム動作上は問題ないですが、Notebook を PC にダウンロードした後で（Colab のメニューから「ファイル」「ダウンロード」でダウンロードできます）、どういう種類のファイルだったのかを区別するために拡張子は残しておいた方が望ましいです。

である l01_01_colab.ipynb ファイルを読み込んでみることにします。ファイルは、下記のサポートサイトからダウンロードしてください。このとき、同時に「l01_01_titanic_j.csv」という CSV ファイルもダウンロードしておきます。

https://github.com/makaishi2/profitable_data_analysis/tree/main/notebooks
短縮 URL：https://bit.ly/3QdY2fa
QR コード

Google Colab 左上のメニューから「ファイル」「ノートブックをアップロード」を選択します。

図 L1-1-11　「ノートブックをアップロード」メニュー

次の画面になったら、Notebook ファイルのドラッグ・アンド・ドロップ、または「参照」をクリックして、アップロードしたいファイルを指定します。

図 L1-1-12　アップロードファイルの指定画面

次のような画面になれば、ファイルの読み込みに成功しています。

図 L1-1-13　Notebook 読み込み直後の画面

L1.1.7　Colab へのファイルアップロード

　ChatGPT では、ファイルのアップロードはクリップアイコンをクリックすることで簡単にできました。では、Colab の場合はどうするのでしょうか。その手順について説明します。

図 L1-1-13 の左側の、青枠で囲まれた「フォルダアイコン」をクリックします。
すると、次の図のように、左側の部分が変化します。

図 L1-1-14　フォルダアイコンクリック後の画面

　この青枠で囲んだ領域に、エクスプローラから先ほどダウンロードした l01_01_titanic_j.csv ファイルをドラッグ・アンド・ドロップします。次のような警告の画面が出ますが、OK とします[4]。

図 L1-1-15　ドラッグ・アンド・ドロップ後の警告画面

すると、次の図のように l01_01_titanic_j.csv ファイルがアップロードされた形になります。

---

[4] これから説明する手順でアップロードしたファイルは永続的に使えるものではなく、後日同じ Notebook を開くとなくなっています。アップロードしたファイルを永続的に使うためには Google ドライブとの連携が必要です。その手順はやや複雑なため、手順を知りたい読者は別の手段で調べるようにしてください。

図L1-1-16　CSVファイルアップロード後のColabの画面

　これで、図L1-1-14に示したPythonコードの3行目のコード「pd.read_csv('l01_01_titanic_j.csv')」が動かせる状態になりました。このセルを選択してShift+Enterを押してください。うまくいくと、図L1-1-17のように、CSVファイルを読み込んだ結果が表示されるようになります。

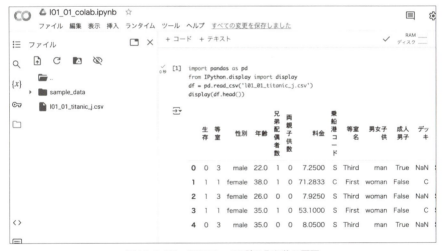

図L1-1-17　CSVファイル読み取り後の画面

L1.1.8　ChatGPTで生成したPythonコード利用時の注意点

　ChatGPTで生成したPythonコードをColabに読み込んで利用する場合、L1.1.7項で説明したファイルアップロード方法の違いの他に、生成コード自体にも一部見直しが必要です。その具体的なところを説明します。

ChatGPTで生成したPythonコードでは、CSVファイル読み込みの部分は、下記のように'/mnt/data/titanic_j.csv'のようなパス名付きになっています。

```
1   file_path = '/mnt/data/titanic_j.csv'
2   data = pd.read_csv(file_path)
```

これを、本講座のサンプルNotebookであるl01_01_colab.ipynbの実装のように、パス名なしの'titanic_j.csv'の形式に書き換えると、ChatGPTで生成したコードがColab上で動くようになります。

もう一つ、工夫が必要なのが、!pipコマンドでライブラリを導入するときです。例えば、序章の生成コード例0-3の次の箇所が該当します。

```
1   # 日本語の文字化け防止のために、日本語フォントを扱うためのライブラリをインストール
2   !pip install /mnt/data/japanize_matplotlib-1.1.3-py3-none-any.whl
```

この場合も、先ほどの手順に従い、whlファイルをGoogle Colabにアップロードした後、!pipコマンドの箇所を次のようにパス名なしに修正すると、Colabで動かせます。

```
1   # 日本語の文字化け防止のために、日本語フォントを扱うためのライブラリをインストール
2   !pip install japanize_matplotlib-1.1.3-py3-none-any.whl
```

ChatGPTでライブラリを導入するとき、「ライブラリファイルのアップロード」と「ライブラリファイルの導入」という2段階が必要なのは、ChatGPTのPython環境がセキュリティを担保する目的で、インターネットへの直接アクセスを禁止しているためです。ほとんどのケースにおいて、Colabでライブラリの追加導入が必要な場合、次のようにライブラリ名を直接指定した!pipコマンドでも可能です。

```
1   # 日本語の文字化け防止のために、日本語フォントを扱うためのライブラリをインストール
2   !pip install japanize_matplotlib
```

講座 1.2　Python 入門

　AI で生成されたコードの意味を理解するためには Python そのものの文法理解と、NumPy、pandas といったデータ分析で利用されるライブラリの理解の両方が必要です。本講座ではこのうち、Python そのものの文法について説明します。以下のサンプルコードは本書のサポートサイトから利用可能です。講座 1.1 と同じ URL ですが、改めて示しておきます。

https://github.com/makaishi2/profitable_data_analysis/tree/main/notebooks

　この URL にある l01_02_python.ipynb をダウンロードした後、講座 1.1 で示した手順によりこの Notebook を Colab にアップした上で、プログラムを実行しながら、以下の解説を読むようにしてください。

　この手順は、これ以降の講座でも同じです。

L1.2.1　基本的なデータ型

　どのプログラミング言語でも、データ型が重要です。この入門でも Python で標準的に扱えるデータ型の説明から始めます。

四つの基本型

　Python のデータ型には四つの基本型があります。他の多くのデータ型も、この基本型からできています。

整数型：整数を表現するのに用います
浮動小数点数型：浮動小数点数を表現するのに用います
文字列型：文字列を表現するのに用います
ブーリアン型：True または False の 2 種類の値（論理値）のみを取ります

　それでは、コード L1-2-1 で個々の基本型の定義を見ていきましょう。

コード L1-2-1　基本型変数の定義

```
 1   # 整数型
 2   # 数値表現が整数の場合、代入先変数は自動的に整数型になります。
 3   a = 1
 4
 5   # 浮動小数点数型
 6   # 数値表現に小数点が含まれると、代入先変数は自動的に浮動小数点数型になります。
 7   b = 2.0
 8
 9   # 文字列型
10   # 文字列はシングルクオート(')で囲みます。
11   # あるいはダブルクオート(")でもよいです。
```

講座 1　データ分析のためのプログラミング入門

```
12   c = 'abc'
13
14   # ブーリアン型
15   # True または False を取る変数の型です。
16   d = True
```

Pythonでは、JavaやCと同じで記号「**=**」が**代入演算子**です。「a = 1」の行の意味としては、「**変数aに整数値1を代入する**」ということになります。

Javaなどの言語では、変数は宣言するときに型（データ型）も明示的に指定します。Pythonでは、そのようなことはなく、どの値が代入されたかにより、変数の型が自動的に決まります。上のプログラムにより、変数aは整数型に、変数bは浮動小数点数型に、変数cは文字列型に、変数dはブーリアン型になります[1]。

print関数とtype関数

今、定義したaからdまでの変数にどのような値が入っているか、またどの型が設定されているかを確認します。変数の内容を見るには**print関数**を、型を調べるには**type関数**を利用します。まずは、整数型の変数aについて調べてみましょう。実装はコードL1-2-2になります。

コードL1-2-2　整数型の変数の値と型表示

```
1   # 整数型の変数aの値と型表示
2   print(a)
3   print(type(a))
```

```
1   1
2   <class 'int'>
```

変数aの値は1、型は「class 'int'」であることがわかりました。

次に浮動小数点数型の変数の値と型を表示します。実装はコードL1-2-3です。

コードL1-2-3　浮動小数点数型の変数の値と型表示

```
1   # 浮動小数点数型の変数bの値と型表示
2   print(b)
3   print(type(b))
```

```
1   2.0
2   <class 'float'>
```

---
[1] この後、変数aに2.0を代入すると、aの型は浮動小数点数型に変わります。このようにPythonの変数の型はどんどん変えられるのですが、通常は混乱のもとなので、そうした使い方は避けます。

変数 b の値は 2.0、型は「class 'float'」となっていることがわかりました。

次は文字列型で、実装はコード L1-2-4 です。

コード L1-2-4　文字列型の変数の値と型表示

```
1   # 文字列型の変数cの値と型表示
2   print(c)
3   print(type(c))
```

```
1   abc
2   <class 'str'>
```

変数 c の値は abc、型は「class 'str'」でした。

最後がブーリアン型で、実装はコード L1-2-5 になります。

コード L1-2-5　ブーリアン型の変数の値と型表示

```
1   # ブーリアン型の変数dの値と型表示
2   print(d)
3   print(type(d))
```

```
1   True
2   <class 'bool'>
```

　ブーリアン型の場合は、True か False のいずれかの値を取ります。この二つの単語は Python では予約語[2] となっています。変数 d の値は True、型は「class 'bool'」です。

L1.2.2　リスト

　リストは、複数の値を順番に並べて、全体を一つのまとまりとして扱うデータ構造[3] のことです。Java などのプログラミング言語の「配列」に近いものです。

　リストは、Python で複雑な処理をする際、最もよく利用されます。Python 固有の機能もいくつかあります。これらについて実習を進めていきましょう。

リストの定義

　最初に、リストを定義します。リストは、カンマ区切りで複数のデータを並べて、[] で囲んで定義します。コード L1-2-6 で確かめてみましょう。

----

[2] プログラミング言語側で予約されていて、変数名として利用できない単語をこう呼びます。
[3] 今まで「データ型」「データ構造」と呼んできた概念は厳密にいうと「クラス」と呼ばれるものに該当します。ここでは Python の利用方法に焦点をおいているためクラスの厳密な説明は省略します。詳しく知りたい読者は別の参考書を参照してください。

講座 1　データ分析のためのプログラミング入門

323

コード L1-2-6　リストの定義

```
1   # リストの定義
2   l = [1, 2, 3, 5, 8, 13]
3
4   # リストの値とtype
5   print(l)
6   print(type(l))
```

```
1   [1, 2, 3, 5, 8, 13]
2   <class 'list'>
```

　このコードでは、リストを定義した後で、リスト全体を print 関数に渡しています。Python
では、このような print 関数の使い方が可能で、リストの全要素を表示してくれます。type 関
数の出力結果は「class 'list'」となっています。

リストの要素数

　プログラムでリストを扱っていると、そのリストの要素数を知りたい場合がよくあります。
その方法を示すのが、次のコード L1-2-7 です。

コード L1-2-7　リストの要素数

```
1   # リストの要素数
2   print(len(l))
```

```
1   6
```

　Python ではこのような目的で len 関数が用意されています。この関数を呼び出すことで、
リストの要素数が 6 だとわかりました。

リスト要素の参照

　リストに対する操作でよくあるのが、リストの特定の要素にアクセスする処理です。次のコー
ド L1-2-8 にその方法を示します。

コード L1-2-8　リストの要素参照

```
 1   # リストの要素参照
 2
 3   # 最初の要素
 4   print(l[0])
 5
 6   # 3番目の要素
 7   print(l[2])
 8
 9   # 最後の要素 （こういう指定方法も可能）
10   print(l[-1])
```

```
 1   1
 2   3
 3   13
```

　特定の要素にアクセスするには、l[2] のように記述します。最初の要素のインデックスは 0 です。このため、l[2] は 3 番目の要素を意味します。

　Python 固有の参照方法もあります。それは三つめのコーディング例の l[-1] という書き方です。**「-1」とは「リストの最後」を意味します**。同様に l[-2]、l[-3] といった書き方も可能です。それぞれどの要素を指すのか、自分で考えた上で実際に試してみてください。

部分リスト参照 1

　リストの参照方法には Python 独特の文法がいくつかあります。その典型的な例がこれから説明する部分リスト参照です。これは l[(インデックス 1):(インデックス 2)] のように、コロンを挟んで二つのインデックス値を指定し、その範囲内の要素をすべて参照する方法です。言葉の説明だけではわかりにくいので、次のコード L1-2-9 で確認しましょう。

コード L1-2-9　部分リスト参照 1

```
 1   # リストの部分参照1
 2
 3   # 部分リスト インデックス:2以上 インデックス： 5未満
 4   print(l[2:5])
 5
 6   # 部分リスト インデックス:0以上 インデックス： 3未満
 7   print(l[0:3])
 8
 9   # 開始インデックスが0の場合は省略可
10   print(l[:3])
```

```
 1   [3, 5, 8]
 2   [1, 2, 3]
 3   [1, 2, 3]
```

このコードの最初は l[2:5] で、3 番目の要素である l[2] から始まり、6 番目の要素である l[5] の一つ手前、つまり l[4] までの部分リストが参照されます。次は l[0:3] で、l[0] から始まり、l[3] の一つ手前、つまり l[2] までの部分リストになります。最後の例では開始要素の値を省略しています。この場合、開始要素は先頭要素、つまり l[0] を意味するルールです。このため、l[0:3] と l[:3] は同じ結果を意味します。

部分リスト参照 2

部分リストの参照パターンをもう少しいろいろ見てみましょう。コード L1-2-10 がその実装です。

コード L1-2-10　部分リスト参照 2

```
1   # リストの部分参照2
2
3   # 部分リスト インデックス：4以上最後まで
4   # リストの長さを求める
5   n = len(l)
6   print(l[4:n])
7
8   # 最終インデックスが最終要素の場合は省略可
9   print(l[4:])
10
11  # 最初も最後も省略するとリスト全体になる
12  print(l[:])
```

```
1   [8, 13]
2   [8, 13]
3   [1, 2, 3, 5, 8, 13]
```

今回は「5 番目の要素から最後の要素」までを参照対象にしたいとします。今まで習った話で、先頭のインデックスを 4 にすることはすぐわかりますが、問題は「最後」の要素の指定方法です。このコードの最初では、配列の長さを返す len 関数を使って、最後の要素にあたるインデックスを調べています。

l[(インデックス 1):(インデックス 2)] の書き方では、先頭の (インデックス 1) 同様、後ろの (インデックス 2) も省略可能です。省略した場合は「最後の要素まで」という意味になります。2 番目の l[4:] は、この性質を利用したものです。確かに同じ結果が返ってきていて、実は、長さ n を調べる必要はなかったのです。

最後の例の l[:] では、先頭（インデックス 1）も終了（インデックス 2）も両方省略しています。この場合、元のリスト全体を意味します。リストのインデックスの場合、この書き方は（元の変数と同じなので）まったく意味がないのですが、講座 1.3 で解説する NumPy では重要な意味を持つ場合が出てきます。

タプル

リストとよく似たデータ構造として「タプル」と呼ばれるものがあります。コード L1-2-11 を見てください。ここにタプルの定義方法と典型的な利用方法を示しました。

コード L1-2-11　タプルの定義方法と典型的な利用方法

```
 1  # タプルの定義
 2  t = (1, 2, 3, 5, 8, 13)
 3
 4  # タプルの値表示
 5  print(t)
 6
 7  # タプルの型表示
 8  print(type(t))
 9
10  # タプルの要素数
11  print(len(t))
12
13  # タプルの要素参照
14  print(t[1])
```

```
 1  (1, 2, 3, 5, 8, 13)
 2  <class 'tuple'>
 3  6
 4  2
```

このコードを見ればわかるように、タプルとリストで異なるのはその定義方法です。リストは [] で囲んだのに対して、タプルでは () を使います。type 関数で型を表示すると「class 'tuple'」と返ってきます。要素数を len 関数で調べたり、t[1] のような形で要素を参照したりする点はリストとまったく同じです。

しかし、リストとタプルの振る舞いで決定的に異なる点が一つあります。それは、次のコード L1-2-12 でわかります。

コード L1-2-12　タプルへの代入

```
 1  t[1] = 1
```

```
 1  -------------------------------------------------------------------
 2  TypeError                                Traceback (most recent call last)
 3  <ipython-input-12-d6b0ce29b2aa> in <module>
 4  ----> 1 t[1] = 1
 5
 6  TypeError: 'tuple' object does not support item assignment
```

このコードは、事前に定義したタプルである t の特定の要素 t[1] を、別の値で書き換えようとしたものです。すると、上記のようなエラーになってしまいました。このように一度定義したタプルは、書き換えができないのです[4]。試してもらえばわかりますが、リスト変数の場合は、一度定義した内容を自由に書き換えられます。

Python では、実はいろいろなところで、意識することなくタプルが使われています。その一例をコード L1-2-13 とコード L1-2-14 で示します。

コード L1-2-13　二つの変数の組を新しい変数に代入

```
1  x = 1
2  y = 2
3  z = (x, y)
4  print(type(z))
```

```
1  <class 'tuple'>
```

このコードは変数 x と変数 y を (x, y) という形に表現して全体をまとめて新しい変数 z に代入しています。新しい変数 z の型は「class 'tuple'」です。これだけ見ると、なんの変哲もないコードに見えます。

次のコード L1-2-14 は、先ほどのコードで定義した新しい変数 z を利用した実装例です。

コード L1-2-14　二つの変数に同時に値を代入

```
1  a, b = z
2  print(a)
3  print(b)
```

```
1  1
2  2
```

なんと、a と b という変数に対して同時に代入できました。なぜこのようなことができたのでしょうか？

Python には**アンパッキング**と呼ばれる機能があり、**複数の変数へ同時に代入できる**のです[5]。アンパッキングが成立する具体的な条件としては以下になります。

- 代入式の左辺は「a, b」のように複数の変数をカンマで区切った形式
- 右辺はタプルのような複数要素からなるデータ（先ほど説明したリストでも可）
- 左辺と右辺の要素数が合致している

---

[4] このような性質をプログラミング言語の用語で「イミュータブル」といいます。
[5] 本書の 3.6.3 項で説明している train_test_split という関数は、このような機能を利用して、複数の変数に同時に値を返しています。

L1.2.3 辞書

リストと並んで重要なデータ構造に辞書（プログラミング言語によってはハッシュテーブルと呼ばれる場合もあります）があります。Python での辞書の扱い方について簡単に説明しましょう。

辞書の定義

最初は辞書の定義方法です。コード L1-2-15 に具体例を示しました。

コード L1-2-15　辞書の定義

```python
# 辞書の定義
my_dict = {'yes': 1, 'no': 0}

# print関数の結果
print(my_dict)

# type関数の結果
print(type(my_dict))
```

```
{'yes': 1, 'no': 0}
<class 'dict'>
```

このコードの一番上が辞書の定義方法です。Web システムで使われる「JSON」の書式と同じで、{} の囲みの中に、「キー値：値」の形式の並びをカンマ区切りで記述します。

print 関数の結果は、定義の内容がそのままです。type 関数で型を調べると「class 'dict'」でした。

辞書の参照

次のコード L1-2-16 で定義した辞書の参照方法を示します。

コード L1-2-16　辞書の参照方法

```python
# キーから値を参照

# key='yes'で検索
value1 = my_dict['yes']
print(value1)

# key='no'で検索
value2 = my_dict['no']
print(value2)
```

```
1  1
2  0
```

このコードの通り、辞書をキーで検索するには、my_dict['yes'] のように記述します。リストの参照と似ていてややこしいのですが、対象の変数が**リストの場合**（タプルでも同じ）[] の内部は**順番を意味する整数値**、対象の変数が**辞書の場合**は [] の内部は**キー値**が入ると考えてください[6]。

既存辞書への項目追加

一度作った辞書に新しい項目を追加する方法を示します。実装はコード L1-2-17 になります。

コード L1-2-17　既存辞書への項目追加

```
1  # 項目追加
2  my_dict['neutral'] = 2
3
4  # 結果確認
5  print(my_dict)
```

```
1  {'yes': 1, 'no': 0, 'neutral': 2}
```

今作った my_dict という辞書に新しいキー 'neutral' で項目を追加したい場合、「my_dict['neutral'] = 2」のような書き方をすればよいです。再度、my_dict 全体を print 関数にかけると新しい項目が追加されていることが確認できます。

L1.2.4　制御構造

今まで、「基本型」「リスト」「辞書」というデータ型を中心に Python の文法を見てきました。プログラミング言語としては、データ型と並んで制御構造が重要です。代表的な制御構造である「ループ処理」「条件分岐（if 文）」「関数」について、順に説明します。

ループ処理

Python では、ループ処理の方法が何通りかありますが、一番典型的なのは、リストを引数として、その要素一つひとつを処理するパターンです。その実装例をコード L1-2-18 で示します。

---

[6] [] の内部が文字列の場合は、自動的に辞書の参照となります。辞書のキー値は整数値も取り得るので、[] の内部が整数の場合は、辞書の参照とリスト（タプル）の参照の両ケースがあり得ます。

コード L1-2-18　ループ処理

```
1  # ループ処理
2
3  # リストの定義
4  list4 = ['One', 'Two', 'Three', 'Four']
5
6  # ループ処理
7  for item in list4:
8      print(item)
```

```
1  One
2  Two
3  Three
4  Four
```

　事前に用意した list4 というリスト変数に対して for item in list4: という書き方をすると、そこから先の制御構造の内部では、リストの各要素を item という変数名で参照できます。コード L1-2-18 では単純に各要素を print 関数で表示しただけですが、もっと複雑な処理もこの中で行えます。

　ここで非常に重要な文法上の決まりがあります。それは、Python では**制御構造の内部は行のインデント（字下げ）[7]により規定される**というルールです。Java など他の言語でも、人間がプログラムを組むときは、見やすさ、わかりやすさから制御構造の内部をインデントすることはよく行われます。Python では、この慣用的なルールを言語の文法として規定しているのです。こうするメリットは、他の言語で必要な制御構造の内部を示す括弧が不要になることです。この性質があるので、Python は他の言語よりシンプルにコードが書けます。一方で慣れないと、この文法を忘れてエラーを起こすので、この点は注意してください。

　コード L1-2-18 の中で print 関数だけ中途半端な（インデントした）場所から始まっているのは、このような深い意味があったのでした。

range 関数を使ったループ処理

　コード L1-2-18 のように、ループ処理対象のリストを使う場合の方法はわかったと思います。では、Java などでよく行われる（for i =0, i < N, i++）のような、整数値のインデックスでループ処理を回す場合はどうしたらよいのでしょうか？

　ここでよく使われるのが **range 関数**です。まずは、その実装をコード L1-2-19 で見ていきましょう。

---

[7] ブランクを入れて行の開始地点を右に寄せることを「インデント」と呼びます。

コード L1-2-19　range 関数を使ったループ処理

```
1  # range関数と組み合わせ
2  for item in range(4):
3      print(item)
```

```
1  0
2  1
3  2
4  3
```

　このコードを見ると、range(4) の結果が、この場所に [0, 1, 2, 3] というリストを指定したのと同じ結果になっていることがわかると思います。**range 関数**とは、まさにこのような**リストと同等のオブジェクトを生成する関数**です[8]。

　range 関数の引数を二つ、または三つ取ることもできます。それぞれどのような結果になるか、コード L1-2-20 とコード L1-2-21 で確認しましょう。

コード L1-2-20　引数二つの range 関数

```
1  # 引数二つのrange関数
2  for item in range(1, 5):
3      print(item)
```

```
1  1
2  2
3  3
4  4
```

　このコードの結果から、引数を二つ取る range 関数では、最初の引数は開始地点の整数値であることがわかります。

コード L1-2-21　引数三つの range 関数

```
1  # 引数三つのrange関数
2  for item in range(1, 9, 2):
3      print(item)
```

---

[8] Python 2.7のときは本当にリストを生成していたのですが、Python 3でデータの保持効率を上げるため特殊なオブジェクトになりました。しかし、コーディング時には「ここに[0,1,2,3]のリストがある」と考えてもらって問題ないです。

1	1
2	3
3	5
4	7

このコードの結果から、引数を三つ取る range 関数の三つめの引数は、整数の増分値であることも確認できます。

条件分岐（if 文）

ループ処理と並んで重要な制御構造は if 文による条件分岐です。Python ではどのような実装形式になるのか、次のコード L1-2-22 で確認してみましょう。

コード L1-2-22　if 文の実装例

```
1  # if文のサンプル
2  for i in range(1, 5):
3      if i % 2 == 0:
4          print(i, 'は偶数です')
5      else:
6          print(i, 'は奇数です')
```

1	1 は奇数です
2	2 は偶数です
3	3 は奇数です
4	4 は偶数です

このコードでは、先ほど説明した range 関数を使ったループ処理の内部に、if による分岐構造を入れて、2 重に入れ子になった処理構造を持たせています。

今まで説明していなかった文法として「i % 2」があります。「これは整数 i を 2 で割った余り」を意味しています。余りが 0 なら i は偶数、1 なら奇数なので、そのように分岐してメッセージを表示するプログラムになっています。

if による分岐の場合も、処理構造の内部はインデントで示します。このように制御構造が入れ子になったような場合は特に、Java などと比べて、Python はよりシンプルに書けることがわかると思います。

関数

プログラミング言語の制御構造として、ループ処理、条件分岐と並んで重要なものに関数があります。次のコード L1-2-23 では、Python での関数の定義方法と、呼び出しサンプルを示します。

講座1　データ分析のためのプログラミング入門

333

コード L1-2-23　関数定義と関数呼び出し

```
1   # 関数の定義例
2   def square(x):
3       p2 = x * x
4       return p2
5
6   # 関数の呼び出し例
7   x1 = 13
8   r1 = square(x1)
9   print(x1, r1)
```

```
1   13 169
```

　Python で関数を定義する場合、行の頭に def と書いてその後、「< 関数名 >(< 引数の並び >):」という書き方をします。引数が一つもない関数もあり得て、その場合、def func(): のような書き方になります。

　関数の場合も、**内部の処理はインデントします**。また、**値を戻すときは、return < 値 > と記述**します。

　関数の呼び出し方法に関しては、特に難しい点はないので、解説は不要と思います。上のサンプルで、square という関数は、数値の引数一つを入力として、その 2 乗の結果を返します。実際に 13 を引数として呼び出すと、その 2 乗の 169 が戻ってきています。

　Python では、前に説明したアンパッキングの仕組みをうまく使うことで、**複数の値を同時に返す関数**も作れます。次のコード L1-2-24 では、その実例をお見せします。

コード L1-2-24　複数の値を戻す関数

```
1    #   関数の定義例2
2    def squares(x):
3        p2 = x * x
4        p3 = x * x * x
5        return (p2, p3)
6
7    # 関数の呼び出し例
8    x1 = 13
9    p2, p3 = squares(x1)
10   print(x1, p2, p3)
```

```
1   13 169 2197
```

　これが、その関数 squares です。数値の引数一つを受け取って、2 乗を計算するところまでは前の関数と同じですが、もう一つ追加で 3 乗の値も計算しています。そして、return 文の中で (p2, p3) と要素が二つのタプルを戻しています。こういう形の関数の場合、受け取る方も p2、p3 と二つの変数を用意しておくと、結果的に**二つの値を同時に受け取れます**。Python な

らではの便利な関数の定義の仕方といえます。

L1.2.5 　その他の機能

ここまで、Python 独自の機能については、できるだけ詳しく説明しながら、Python の文法の基本的な部分をかけ足で説明してきました。ここでは、本書のサンプルコードに出てくる、Python のそれ以外の利用法について、簡単に説明します。

ライブラリの導入

Python が機械学習に便利な理由の一つは、様々なライブラリが利用できる点にあります。ライブラリを利用する場合、2 段階の準備が必要なことがあります。

最初は、ライブラリを Jupyter Notebook が稼働している OS 上にソフトウェアとして導入する段階です。NumPy や pandas といった、機械学習で非常によく利用されるライブラリはすでに OS 上に導入済みです。ところがあまり利用されないライブラリは、そのような状態になっていないことがあります。その場合、次のコード L1-2-25 のように、pip コマンドを使って導入します[9]。

コード L1-2-25　ライブラリの導入

```
1   # 日本語化ライブラリ導入
2   !pip install japanize-matplotlib | tail -n 1
```

```
1   Requirement already satisfied: setuptools in /opt/anaconda3/lib/python3.7/↴
    site-packages (from kiwisolver>=1.0.1->matplotlib->japanize-matplotlib) (4↴
    6.0.0.post20200309)
```

!pip と行頭に「!」が付いているのは、**Notebook 内から OS コマンドを発行する場合のルール**です。後半の「| tail -n 1」は省略可能ですが、省略するとライブラリ導入時のメッセージがたくさん表示されます。それを最後の 1 行だけにするためのおまじないと考えてください。このコードで導入している japanize-matplotlib とは、Matplotlib というグラフ用ライブラリを日本語対応にするためのもので、本書のサンプルコードでは標準的に利用しています。

ライブラリのインポート

OS 上にライブラリが導入済みであっても、すぐに利用可能なわけではありません。Notebook 上で利用するためには、もう一段階「インポート」という操作が必要です。その実装例を示しているのが、次のサンプルコード L1-2-26 です。ちなみに、このコードは、本講座実習のサンプルアプリで共通に定義している処理の一部です。

---

[9]本書の実習で用いる ChatGPT 内の Python 環境の場合、この手順は（1）ライブラリを whl ファイルの形で添付、(2) プロンプトでライブラリ導入の指示を出して、Python 環境に導入させる、の形となります。

コード L1-2-26 ライブラリのインポート

```
1   # 必要ライブラリのimport
2   import pandas as pd
3   import numpy as np
4   import matplotlib.pyplot as plt
5
6   # matplotlib日本語化対応
7   import japanize_matplotlib
8
9   # データフレーム表示用関数
10  from IPython.display import display
```

このコードを見ると import で始まっている行と、from で始まっている行の 2 通りがあります。

その違いですが、import で始めた場合は、**import したライブラリ（モジュール）に含まれている関数がすべて利用可能**になります。

逆に「from x import y」の形式では、「**x という名前のライブラリのうち y という関数だけを利用する**」という宣言になります。このコードの最終行の宣言により、「IPython.display」ライブラリの**「display 関数」が利用可能**ということになります。

また、「import pandas as pd」は、「pandas という名前のライブラリを pd という**別名**で利用可能にする」ということを意味します。冒頭 3 行の import 文は、機械学習のプログラミングで慣用的に利用されている別名定義です。このため、いつもこの別名を宣言するものと理解してください。

数値の整形表示

print 関数を用いて変数の内容を画面表示することはすでに説明していますが、より高度な変数表示方法として、例えば「浮動小数点数型のデータを小数点第 2 位まで表示する」などの話があります。Python でこのことを実現するには、いくつかの方法があるのですが、この中で最も便利な **f 書式**による方法をこれから説明します。

まず、コード L1-2-27 で、f 書式の基本的利用法を示します。

コード L1-2-27 f 書式の基本的利用法

```
1   # f文字列の表示
2   a1 = 1.0/7.0
3   a2 = 123
4
5   str1 = f'a1 = {a1}    a2 = {a2}'
6   print(str1)
```

```
1   a1 = 0.14285714285714285    a2 = 123
```

f書式は「'fxxx {a1} yyy {a2}'」のように、**シングルクオートまたはダブルクオートで囲まれたテキストの頭にfを付けた形**で表現します。テキストの内部には {a1} のように**変数名を中括弧で囲んだ表現**が認められます。この表現にした場合、変数の値が、中括弧の場所に展開される形になります。コード L1-2-27 の5行目の表現と、実際の str1 の出力結果を見比べて、中括弧の箇所でどのように展開されたのか確認してください。

次により高度な利用方法を示します。次のコード L1-2-28 を見てください。

コード L1-2-28　高度なf書式の利用法

```
1   # f文字列の詳細オプション
2
3   # .4f  小数点以下4桁の固定小数点表示
4   # 04  整数を0詰め4桁表示
5   str2 = f'a1 = {a1:.4f}   a2 = {a2:04}'
6   print(str2)
7
8   # 04e  小数点以下4桁の浮動小数点表示
9   # #x  整数の16進数表示
10  str3 = f'a1 = {a1:.04e}   a2 = {a2:#x}'
11  print(str3)
```

```
1   a1 = 0.1429   a2 = 0123
2   a1 = 1.4286e-01   a2 = 0x7b
```

f書式で数値データを表示する場合、「'f a1 = {a1:.4f}'」のように「**変数名 :(フォーマット書式)**」という書き方をすることで、数値データの書式をより細かく指定することが可能です。上のコード例では、浮動小数点数型の変数に対しては「固定小数点表示」と「浮動小数点表示」、整数型の変数に対しては「0詰め表示」「16進数表示」のパターンを示しました。「f書式で細かい書式設定が可能だ」という点だけを押さえてください。細かい文法は ChatGPT に教えてもらえば、いくらでも応用可能です。

講座 1　データ分析のためのプログラミング入門

337

講座 1.3　NumPy入門

　データ分析プログラムとは、結局そのほとんどが表データに対する操作です。NumPy[1]の特徴を一言でいうと、表形式のデータ間の計算を簡単にできるようにするツールです。実際のプログラムでは、この後の講座 1.4 で説明する pandas の機能を使うことの方が多いのですが、pandas の内部では NumPy が動いているので、ほとんどのデータ分析プログラムで NumPy が利用されていることになります。本節では、NumPy の中でも特に重要な機能を簡潔に説明します。

　講座 1.3 の実習では講座 1 の冒頭および講座 1.1 で説明した方法で Notebook のダウンロードおよび Colab へのアップロードが完了していることを前提としています。

L1.3.1　NumPy の定義

　まずは、NumPy のデータの定義と性質について紹介します。

ライブラリのインポート

　Python でライブラリを利用する場合は、import 文をプログラム内に記述して、どのライブラリを利用するか宣言する必要があります。そのための実装を、コード L1-3-1 で示します。

コード L1-3-1　ライブラリのインポート

```
1  # ライブラリのインポート
2  import numpy as np
3
4  # NumPyの浮動小数点の表示精度
5  np.set_printoptions(suppress=True, precision=4)
```

　ライブラリの名称は全部小文字で numpy です。このままの名称でも使えるのですが、**データ分析のプログラムでは np という別名で参照する使い方が標準的**なので、本書もその慣例に従います。5 行目のコードは NumPy の浮動小数点数データの表示形式を指定しています。デフォルトでは桁数が多くて見にくいので、本書では小数点以下 4 桁に統一しています。

NumPy データ定義

　ライブラリをインポートしたので、いよいよ NumPy データを定義できます。

　NumPy ではベクトルや行列などのデータが簡単に表現できます。実は、より複雑な 3 次元や 4 次元のデータも扱えるのですが、本書で扱うデータ分析の領域では 2 次元データの範囲で収まることが多いので、これから説明するコード L1-3-2 では、1 次元データであるベクトル

---

[1]「ナムパイ」と発音します。

と2次元データである行列[2]の利用法のみ解説します。

コード L1-3-2　NumPy データ定義

```
1  # NumPyデータ定義
2
3  # 1次元配列変数の定義
4  a = np.array([1, 2, 3, 4, 5, 6, 7])
5
6  # 2次元配列変数の定義
7  b = np.array([[1, 2, 3], [4, 5, 6], [7, 8, 9],[10, 11, 12]])
```

4行目では、NumPy の **1次元配列（ベクトル）を定義**するため、Python の**「リスト」を引数に array 関数を呼び出しています**。上の例では [1, 2, 3, 4, 5, 6, 7] が引数です。7行目では、**2次元配列（行列）を定義**するため、**リストのリストを引数に array 関数を呼び出しています**。上の例では [1, 2, 3]、[4, 5, 6]、[7, 8, 9] と [10, 11, 12] という四つのリストを要素とするリストが引数です。

内容表示

続いて NumPy の内容を print 関数で確認してみます。Python の print 関数は汎用的で、NumPy のような複雑なデータの内容も確認できます。コード L1-3-3 で実際に見ていきましょう。

コード L1-3-3　内容表示

```
1  # 内容表示
2
3  # 1次元配列変数の表示
4  print(a)
5
6  # 2次元配列変数の表示
7  print(b)
```

```
1  [1 2 3 4 5 6 7]
2  [[ 1  2  3]
3   [ 4  5  6]
4   [ 7  8  9]
5   [10 11 12]]
```

1次元配列の内容は「[1 2 3 4 5 6 7]」と表示されました。一見すると、リストの出力と似ていますが、リストの場合、要素間がカンマで区切られるのに対して、NumPy 配列は区切り

----

[2] 縦方向の「行」、横方向の「列」と2方向の広がりを持つ配列のことを「行列」と呼びます。数学の用語です。

339

文字がない点が特徴です。

その次の2次元配列は、教科書の行列と非常に似た形で出力されていることがわかると思います。括弧の回数はルールを守りつつ、見た目が行列に近づくよう、改行やインデントを工夫しています。

要素数の確認

行列やベクトルなどのデータでは、**要素数を調べることが重要**です。リストの場合は len という関数で調べられますが、NumPy データでは次のコード L1-3-4 のようにします。

コード L1-3-4　NumPy 配列の要素数の調べ方

```
 1  # 要素数の確認
 2
 3  # 1次元配列変数の表示
 4  print(a.shape)
 5
 6  # 2次元配列変数の表示
 7  print(b.shape)
 8
 9  # len関数の利用
10  print(len(a))
11  print(len(b))
```

```
 1  (7,)
 2  (4, 3)
 3  7
 4  4
```

NumPy 配列は、**shape という属性**を持っていて、1次元配列では「(7,)」、2次元配列では「(4, 3)」のように表示されます。2次元配列で最初の数字の4は行列の行の数を、次の3は列の数を表します。この形式なら3次元、4次元のデータであっても同じように表現できます。

NumPy 配列も len 関数は利用できます。上のコードの10、11行目がその例です。2次元配列では**最初の要素数である行数**が返されます。

L1.3.2　NumPy の操作

以上で、NumPy 配列の宣言方法と、その主要な情報の確認方法はわかりました。続いてNumPy 配列に対する様々な操作について説明します。

特定列の抽出

最初に説明するのは、2次元データに対する特定の列の抽出方法です。これは、実際のデータ分析プログラムの中で非常によく出てくる実装です。実装例をコード L1-3-5 に示します。

コード L1-3-5　2次元配列の特定列の抽出方法

```
1  # 特定列の抽出
2
3  # 0列
4  c = b[:,0]
5  print(c)
6
7  # [0,1]列
8  d = b[:,:2]
9  print(d)
```

```
1  # print(b)
2  [[ 1  2  3]
3   [ 4  5  6]
4   [ 7  8  9]
5   [10 11 12]]
```

```
1  [ 1  4  7 10]
2  [[ 1  2]
3   [ 4  5]
4   [ 7  8]
5   [10 11]]
```

　このコードは、4行3列の NumPy 配列 b（コード L1-3-5 の右上に値を示しました）に対する様々な部分参照方法を示しています。

　b[:,0] という参照形式で**重要なのはカンマの位置**です。2次元配列の要素を参照する場合、**カンマの前が行要素、カンマの後ろが列要素**の指定です。今の例では

　　行要素：「:」

　　列要素：「0」

になります。「:」とは（リストの参照と同じで）「最初から最後まで」つまり「すべての行」です。結論として「**すべての行要素の0列目を抽出したデータ**」が変数 c に代入されます。

　元の行列 b と抽出結果の [1 4 7 10] を見比べると、その通りの結果になっています。

　同じように b[:,:2] についても考えてみましょう。行要素は同じで「すべての行」です。今度の列要素は「:2」になっています。この表現もリストのときと同じで、0番目と1番目の要素を指します。つまり、変数 d は「すべての行要素の0列目と1列目を抽出したデータ」を意味することになります。

　ここまで、行の要素を元の状態に保ったまま、特定列を抽出する方法を説明しました。カンマの前のインデックスに対して同様の操作を加えると、特定行の抽出が可能です。紙面上で具体的な例は示しませんが、Notebook でいろいろなパターンを試してみてください。

reshape 関数

　NumPy では、reshape 関数を使って要素の順番を保ったまま、ベクトルを行列にするなど、形状を変更できます。コード L1-3-6 がその実装例です。

講座1　データ分析のためのプログラミング入門

341

コード L1-3-6　reshape 関数

```
1  # reshape関数
2
3  # lは数字の「1」でなくアルファベットの「l」
4  l = np.array(range(12))
5  print(l)
6
7  # 3行4列に変換
8  m = l.reshape((3,4))
9  print(m)
```

```
1  [ 0  1  2  3  4  5  6  7  8  9 10 11]
2  [[ 0  1  2  3]
3   [ 4  5  6  7]
4   [ 8  9 10 11]]
```

結果を見ると1次元ベクトルが3行4列の行列に変換されていることがわかります。

統計関数

NumPy では、配列型のデータに対して統計処理をする関数がいくつか用意されています。コード L1-3-7 ではその利用例を説明します。

コード L1-3-7　統計関数の利用例

```
1   # 統計関数
2
3   print(f'元の変数: {a}')
4
5   a_sum = np.sum(a)
6   print(f'和: {a_sum}')
7
8   a_mean = np.mean(a)
9   print(f'平均: {a_mean}')
10
11  a_max = np.max(a)
12  print(f'最大値: {a_max}')
13
14  a_min = a.min()
15  print(f'最小値: {a_min}')
```

```
1  元の変数: [1 2 3 4 5 6 7]
2  和: 28
3  平均: 4.0
4  最大値: 7
5  最小値: 1
```

統計関数としては、和を計算する sum、平均を計算する mean、最大値・最小値を計算する max、min などが用意されています。上のコードでは、元の配列 [1 2 3 4 5 6 7] に対して、それぞれの関数を呼び出した結果を表示しました。いずれも意図した結果になっています。

NumPy 変数間の演算

NumPy 配列では、二つの変数間の演算も簡単にできます。以下のサンプルコードではその実装例を示します。

最初のステップは二つの NumPy 配列の初期設定です。実装はコード L1-3-8 です。

コード L1-3-8　NumPy 配列の初期設定

```
1  # 二つのNumPy配列 ytとypの準備
2  yt = np.array([1, 1, 0, 1, 0, 1, 1, 0, 1, 1])
3  yp = np.array([1, 1, 0, 1, 0, 1, 1, 1, 1, 1])
4  print(yt)
5  print(yp)
```

```
1  [1 1 0 1 0 1 1 0 1 1]
2  [1 1 0 1 0 1 1 1 1 1]
```

次にやりたいことは、二つの NumPy 配列の yt と yp の各要素を比較して、同じかどうかの結果を、同じ構造の NumPy 配列 w に保存することです。Java などの言語だとループ処理が必要になります。これが Python / NumPy でどういう形になるか示したものが、次のコード L1-3-9 です。

コード L1-3-9　配列の各要素の比較

```
1  # 配列の各要素を同時に比較する
2  w = (yt == yp)
3  print(w)
```

```
1  [ True  True  True  True  True  True  True False  True  True]
```

このコードを見るとわかる通り、Python / NumPy では、たった 1 行「yt == yp」で実現できます。要素ごとに二つの変数値が等しいかどうかを調べた結果が 1 行で得られます。

このコードの変数 w は各要素がブーリアン型の NumPy 配列です。実はこのような変数に対しても、先ほど説明した統計関数が使えます。この場合、ブーリアン型の値は True:1 False:0 の整数値に自動変換された後、統計関数にかけられます。その実装をコード L1-3-10 に示しました。

コード L1-3-10　ブーリアン型の配列に統計関数を適用

```
1  # さらにこの結果にsum関数をかける
2  print(w.sum())
```

```
1  9
```

10個の NumPy 配列の要素のうち、一つだけ False で残りは True でした。True を 1 に、False を 0 に変換してすべて足すと、確かに 9 という結果になります。

コード L1-3-9 とコード L1-3-10 をまとめると、

「corr_num = (yt == yp).sum()」

というプログラムになります。これが、**yt が 2 値分類モデルの正解、yp が予測結果の場合、正解数をカウントするプログラム**です。

ブロードキャスト機能

NumPy 配列では、要素のサイズがあっていない変数間でも、片方の要素をコピーして、相手と同じサイズにできるのであれば、変数間の演算が可能です。このように、コピーで要素数の辻褄あわせを自動的にして演算する機能のことを**ブロードキャスト機能**と呼びます。その実例を次のコード L1-3-11 で示します。

コード L1-3-11　NumPy のブロードキャスト機能

```
1  # ブロードキャスト機能
2  print(a)
3  c = (a - np.min(a)) / (np.max(a) - np.min(a))
4  print(c)
```

```
1  [1 2 3 4 5 6 7]
2  [0.     0.1667 0.3333 0.5    0.6667 0.8333 1.    ]
```

このコードで計算対象の NumPy 配列 a には、[1 2 3 4 5 6 7] という値が入っています。次のコードに出てくる np.min(a) や np.max(a) は、1 や 7 という単なる数値です。しかし、この値をコピーすれば [1 1 1 1 1 1 1]、[7 7 7 7 7 7 7] と、a と同じサイズの配列にできます。このように要素数を自動拡張する機能が NumPy のブロードキャスト機能です。このコードはブロードキャスト機能が働くため、エラーにならず結果が出ます。ちなみにこのコードは、講座2.2 に出てくる**「正規化」と呼ばれるデータ前処理の実装**です。小数点以下の桁数が 4 桁になっているのは、本節の冒頭で説明した、表示オプション指定の効果です。

ユニバーサル関数

ブロードキャスト機能と似た、NumPy の便利機能として**ユニバーサル関数**があります。この機能を説明するために、次のコード L1-3-12 を見てください。

コード L1-3-12　ユニバーサル関数のサンプル

```
1  # ユニバーサル関数
2  print(a)
3  d = np.exp(-a)
4  print(d)
```

```
1  [1 2 3 4 5 6 7]
2  [0.3679 0.1353 0.0498 0.0183 0.0067 0.0025 0.0009]
```

　コード 3 行目の「np.exp(-a)」の箇所がユニバーサル関数を利用している箇所です。np.exp というのは NumPy の指数関数です。この指数関数は、「np.exp(-1)」のような呼び出し方もできるのですが、このコードのように、複数の要素を持つ **NumPy 配列を関数の引数とする**こともできます。その場合、NumPy 配列の各要素に対して np.exp の計算を行い、元と同じ shape の変数を返します。

　NumPy では、**ブロードキャスト機能**と、**ユニバーサル関数**の機能を活用することで、**ベクトルや行列に対する計算を、ループ処理なしに一気に行える**のです。

数値配列の生成

　次に説明するのは数値配列の生成コードです。実装はコード L1-3-13 を見てください。

コード L1-3-13　数値配列の生成

```
1  # 数値配列の生成
2  x = np.linspace(-5, 5, 11)
3  print(x)
```

```
1  [-5. -4. -3. -2. -1.  0.  1.  2.  3.  4.  5.]
```

　このコードは、**関数のグラフの描画で x 軸の値の一覧を作る**ときによく用います。linspace という関数を用いて [-5, 5] の間に 11 個の点を生成しています[3]。NumPy では、このような関数も用意されています。

---

[3] linspace関数の三つめの引数は区間を等間隔に分割するための杭の数と考えてください。区間を10等分したい場合、10+1で杭は11本打つ必要があります。間違えやすいのでご注意ください（植木算の話）。

講座 1.4　pandas 入門

pandas[1]は、データ分析で非常によく使われるライブラリです。大きく「データフレーム」と「Series」と呼ぶ二つのデータ構造を用います。この関係を図L1-4-1に模式的に示しました。

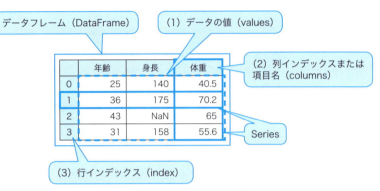

図L1-4-1　データフレームとSeriesの関係

データフレームは

(1) データの値
(2) 列インデックス（項目名）
(3) 行インデックス

の三つの構成要素からなります。

このうち「(1) データの値」の実体はNumPyです。データフレームの変数名をdfとすると**df.values**で参照できます。ここで、講座1.3で学んだNumPyの知識が役立ちます。

「(2) 列インデックス」は、RDBMSのテーブルでいうと「項目名」に該当します。列インデックスの一覧は**df.columns**で入手できます。列インデックスは、本書では項目名とも呼びます。

「(3) 行インデックス」はRDBMSでいうとユニークなID列と考えてください。行インデックスの一覧は**df.index**で取得できます。

データフレームでは、この「列インデックス」「行インデックス」の2方向のインデックスを活用して、表の中のどの要素にも効率良くアクセスできる仕組みが実現されているのです。

pandasでもう一つ利用されるデータ構造としてSeriesがあります。Seriesは、図L1-4-1に示したように、**「データフレームの中で特定の列または行の部分だけ抜き出したもの」**と考えてください。図L1-4-1では、「体重」列を抜き出したSeriesと1行目を抜き出したSeriesの例を太枠で示しました。

---

[1]「パンダス」と発音します。

L1.4.1 実習用データ準備

本講座の実習では、実習用の Notebook だけでなくデータもあらかじめ準備しておく必要があります。必要なデータは二つで、下記リンク先にある、CSV ファイルと Excel ファイルです。

ダウンロード元

https://github.com/makaishi2/profitable_data_analysis/tree/main/notebooks

ファイル名
l01_04_df-sample1.csv
l01_04_df-sample2.xlsx

この二つのファイルを、講座 1.1 に説明した手順に従って、Colab の Notebook ファイルが存在するフォルダにアップロードします。

L1.4.2 データフレーム定義

本講座で最初に説明するのはデータフレーム定義の実装コードです。その前提として、必要なライブラリをインポートします。実装はコード L1-4-1 になります。

コード L1-4-1　ライブラリのインポート

```
 1    # ライブラリのimport
 2
 3    # NumPy用ライブラリ
 4    import numpy as np
 5
 6    # pandas用ライブラリ
 7    import pandas as pd
 8
 9    # データフレーム表示用関数
10    from IPython.display import display
11
12    # データフレームでの表示精度
13    pd.options.display.float_format = '{:.4f}'.format
14
15    # データフレームですべての項目を表示
16    pd.set_option("display.max_columns",None)
```

前節で説明した numpy に追加で pandas というライブラリをインポートしています。pandas も慣用的に pd という別名で参照します。

もう一つ display という関数をインポートしています。この関数はデータフレームの内容をきれいに整形して出力してくれます。

13 行目の pd.options.display.float_format は、データフレームの内容を表示するときに小数点以下何桁まで出力するかを指定するオプションです。ここでは 4 桁を指定しています。

先ほど、データフレームの値の実体は NumPy（values）だという話をしました。これからデータフレームを定義しますが、その準備として NumPy 配列を作ります。実装はコード L1-4-2 です[2]。

コード L1-4-2　NumPy の 2 次元配列の準備

```
1  # NumPy2次元配列の定義
2  b = np.array([
3  [25, 140, 40.5],
4  [36, 175, 70.2],
5  [43, np.nan, 65.0],
6  [31, 158, 55.6],])
7
8  # 結果確認
9  print(b)
```

```
1  [[ 25.  140.   40.5]
2   [ 36.  175.   70.2]
3   [ 43.   nan  65. ]
4   [ 31.  158.   55.6]]
```

変数 b に 4 行 3 列の行列が NumPy 形式で定義されたことが、print 関数の結果からわかります。要素の一つに np.nan という値があります。これは NumPy としての NULL 値（値を持たない項目）を意味しています。これから紹介する機能の一部に NULL 値に対する処理があるので、あえてこのような要素を入れました。

これで準備は終わったので、いよいよデータフレームを定義します。具体的な実装はコード L1-4-3 になります。

コード L1-4-3　データフレームの定義

```
1  # データフレームの定義
2  df1 = pd.DataFrame(b, columns=['年齢', '身長', '体重'])
3
4  # 型表示
5  print(type(df1))
6
7  # display関数による整形表示
8  display(df1)
```

----

[2] 工夫すると、文字列型、数値型が混在するNumPyデータもできますが、説明をわかりやすくするため、ここではすべての要素は数値型である前提とします。

348

| 1 | `<class 'pandas.core.frame.DataFrame'>` |

	年齢	身長	体重
0	25.0000	140.0000	40.5000
1	36.0000	175.0000	70.2000
2	43.0000	NaN	65.0000
3	31.0000	158.0000	55.6000

データフレームは pd.DataFrame で生成し、列名として [' 年齢 ', ' 身長 ', ' 体重 '] を指定しています。データフレームの type 関数による型は「<class 'pandas.core.frame.DataFrame'>」です。display 関数を使うと、きれいに整形された表が表示されます。

データフレームで NULL 値は「NaN」と表記されます。NULL 値 NaN の型は浮動小数点数型です。

次のコード L1-4-4 では、図 L1-4-1 にあるデータフレームの三つの部品を確認しています。

コード L1-4-4　データフレームの各部品表示

```
1   # データフレームの各部品表示
2
3   # 列名
4   print('列名', df1.columns)
5
6   # 行名
7   print('行名', df1.index)
8
9   # データ本体
10  print('データ本体\n', df1.values)
```

```
1   列名 Index(['年齢', '身長', '体重'], dtype='object')
2   行名 RangeIndex(start=0, stop=4, step=1)
3   データ本体
4    [[ 25.  140.   40.5]
5    [ 36.  175.   70.2]
6    [ 43.   nan  65. ]
7    [ 31.  158.   55.6]]
```

実行結果を見ると、df1.columns に、[' 年齢 ', ' 身長 ', ' 体重 '] という列名のリストが入っています。df1.index の結果は少しわかりにくいですが、「0 から始まり 4 未満の整数の配列」を意味しているので、コード L1-4-3 の出力結果の行名リストと一致しています。df1.values の結果も、データフレームを定義するときに準備した変数 b と同じになっています。これで、図 L1-4-1 に示したデータフレームのイメージを実際に確認できました。

講座 1

データ分析のためのプログラミング入門

ファイルからのデータ読み込み

本書の実習がそうであったように、データフレームのデータは通常、CSV や Excel といった表形式のデータから読み込みます。その方法について説明します。

最初のコード L1-4-5 は CSV ファイルから取り込むケースです。

コード L1-4-5　CSV ファイルからデータフレームへの読み込み

```python
1   # CSVファイルからの読み込み
2
3   # 読み込み元ファイル
4   file1 = 'l01_04_df-sample1.csv'
5   # データ読み込み
6   df2 = pd.read_csv(file1)
7
8   # 結果確認
9   display(df2)
```

display 関数の出力結果はコード L1-4-3 の出力と同じなので省略します。

CSV ファイルの読み込みには pandas の read_csv 関数を利用します。関数の引数にはローカルファイル名を指定します。関数呼び出し一つで、項目名を含めてデータフレームがセットされます。

ChatGPT で添付ファイルを読み込む場合、ファイルは /mnt/data フォルダ配下に配置されるため、ファイル名の指定でそのパスもセットで指定されます。本節の実習では読み込み対象ファイルは Notebook と同じパスにアップされるため、パス指定が不要です。この点が、ChatGPT で生成したコードを Google Colab で実行する際に修正が必要な点となります。

データフレームの項目名を別の名称に置き換える処理がよく行われます。その実装例をコード L1-4-6 に示します。

コード L1-4-6　項目名の置き換え

```python
1   # df2をコピーしてdf3にする
2   df3 = df2.copy()
3
4   # ファイル読み込み後の列名変更
5   columns = ['age', 'height', 'weight']
6   df3.columns = columns
7
8   # 結果確認
9   display(df3)
```

	age	height	weight
0	25.0000	140.0000	40.5000
1	36.0000	175.0000	70.2000
2	43.0000	NaN	65.0000
3	31.0000	158.0000	55.6000

df3.columns に新しい列名のリストを代入すると、本体の値（values）はそのままで項目名だけが差し替わったことがわかります。

データフレームでは CSV だけでなく、Excel からも表データを読み取れます。その実装例をコード L1-4-7 に示します。対象が Excel の場合、pandas の read_excel 関数を利用します。

コード L1-4-7　Excel からの読み込み

```
1   # Excelファイルからの読み込み
2
3   # 読み込み元ファイル
4   file2 = 'l01_04_df-sample2.xlsx'
5
6   # データ読み込み
7   df4 = pd.read_excel(file2)
8
9   # 結果確認
10  display(df4)
```

この場合も出力結果は前と同じなので省略します。

L1.4.3　Series 定義

以上でデータフレームの定義方法と性質について一通り説明しました。次に pandas で利用されるもう一つのデータ型である Series を扱います。Series の基になるのは、NumPy の 1 次元配列です。そこで事前準備として、NumPy の 1 次元配列を定義します。実装はコード L1-4-8 です。

コード L1-4-8　1 次元 NumPy 配列の定義

```
1   # 1次元NumPy配列の定義
2   a = np.array(['男性', '女性', '男性', '女性'])
3
4   # 結果確認
5   print(a)
```

```
1   ['男性' '女性' '男性' '女性']
```

今までの NumPy 配列の要素はすべて数値でしたが、このように文字列も要素にできます。次にこの変数 a を用いて Series を定義します。コード L1-4-9 が具体的な実装です。

コード L1-4-9　Series の定義

```
1  # Seriesの定義
2  ser = pd.Series(a, name='性別')
3
4  print(type(ser))
5
6  print(ser)
```

```
1  <class 'pandas.core.series.Series'>
2  0    男性
3  1    女性
4  2    男性
5  3    女性
6  Name: 性別, dtype: object
```

type 関数の結果は「<class 'pandas.core.series.Series'>」となっています。Series の内容を print 関数で確認すると、0 から 3 までのインデックスもデータ構造に含まれていることがわかります。

Series のもう一つの作り方は、データフレームから特定の列で絞り込みをする方法です。次のコード L1-4-10 でその実装を見ていきましょう。

コード L1-4-10　データフレームから Series を生成

```
1  # データフレームからSeriesを生成
2  ser2 = df1['年齢']
3
4  print(type(ser2))
5
6  print(ser2)
```

```
1  <class 'pandas.core.series.Series'>
2  0    25.0000
3  1    36.0000
4  2    43.0000
5  3    31.0000
6  Name: 年齢, dtype: float64
```

冒頭の行の df1[' 年齢 '] とは、データフレームの変数 df1 を辞書として扱い、キー「' 年齢 '」で値を取得している形になります。これで「' 年齢 '」の列が Series として取得できます。本講座冒頭の図 L1-4-1 を見て両者の関係を改めて確認してください。

L1.4.4　データフレームと NumPy の関係

今まで説明してきたように、データフレームと、その内部に存在する 2 次元 NumPy 配列は相互に変換できます。データフレームを df1、2 次元 NumPy 配列を ar とすると、一方の変数を基にもう一方を作る方法は次のコード L1-4-11 のようになります。

コード L1-4-11　データフレームと NumPy の関係

```
1  # データフレームと2次元NumPy配列の関係
2
3  # データフレームから2次元NumPy配列を取得
4  ar = df1.values
5
6  # 2次元NumPy配列からデータフレームを生成
7  df5 = pd.DataFrame(ar)
```

もう一つ、データフレームと NumPy 配列の関係を示しましょう。コード L1-4-12 を見てください。

コード L1-4-12　データフレームの shape と len 関数

```
1  # データフレームのshapeとlen関数
2  # shapeとlen関数は、内部のNumPyの結果がそのまま返る
3
4  print(df1.shape)
5  print(len(df1))
```

```
1  (4, 3)
2  4
```

データフレームの shape 属性と、len 関数をかけた結果は、内部の NumPy 配列の結果がそのまま返ってきます。この二つの機能に関して、データフレームは NumPy 配列と同等に扱えます。

L1.4.5　データフレーム部分参照

データフレームに対する処理で非常によくあるのが、データフレームの部分集合に対するアクセスです。列方向に絞り込むケースと、行方向に絞り込むケースの両方があります。それらの実装方法について順に説明します。

最初にコード L1-4-13 で列方向に絞り込んでみます。

講座 1　データ分析のためのプログラミング入門

353

コード L1-4-13　列リストで部分表を抽出

```
1   # 列リストで部分表を抽出
2
3   cols = ['年齢', '身長']
4   df6 = df1[cols]
5
6   display(df6)
```

	年齢	身長
0	25.0000	140.0000
1	36.0000	175.0000
2	43.0000	NaN
3	31.0000	158.0000

　まず、絞り込む列名のリストを cols として定義しています。この cols を使って df1[cols] のように記述すると、二つの列のみに絞り込まれたデータフレームを取得できます。この実装は、データ分析で入力データを絞り込む際に、よく使われます。

　データフレームに対して df1['年齢'] のような形で参照すると Series が得られることはコード L1-4-10 ですでに確認しました。この結果の values 属性は、1 次元の NumPy 配列になります。その様子を示したのが次のコード L1-4-14 です。

コード L1-4-14　データフレームの特定列を NumPy 配列として抽出

```
1   # データフレームの特定列をNumPy配列として抽出
2
3   y = df1['年齢'].values
4   print(y)
```

```
1   [25. 36. 43. 31.]
```

　このコードは、学習データの中に入っている正解データを NumPy 配列として取得するときによく使われます。

　続いて、今度は行方向に絞り込んでみます。最初に説明するのは head 関数です。この関数は、データフレームを行方向に先頭 N 行だけに絞り込みます。引数を省略すると N=5 と見なされます。次のコード L1-4-15 で実装を確認しましょう。

コード L1-4-15　head 関数で行の範囲指定

```
1   # head関数で行の範囲指定
2   display(df1.head(2))
```

	年齢	身長	体重
0	25.0000	140.0000	40.5000
1	36.0000	175.0000	70.2000

今、対象にしているデータフレームは元々 5 行しかデータがないため、引数に 2 を明示的に指定しました。意図した結果が戻されています。

行の絞り込みは、次のコード L1-4-16 の方法でも可能です。

コード L1-4-16　行の範囲を数値指定

```
1  # 行の範囲を数値指定
2  display(df1[0:2])
```

	年齢	身長	体重
0	25.0000	140.0000	40.5000
1	36.0000	175.0000	70.2000

今度は「df1[0:2]」のような書き方をしています。この表記法はリストと同じで、「0 行目から 1 行目まで」を意味しています。その結果は、前の head(2) を呼び出した場合と同じになりました。

部分参照の最後に少し複雑な例題を試してみましょう。要件は、今実習対象にしているデータフレームに対して「年齢の値が奇数のものだけを抜き出したい」だとします。この例題は、機械学習の学習データを、正解データの値ごとにグループ分けしたいときなどで実際によく使われます。

最初のステップは、「年齢の値が奇数の場合 True、偶数の場合 False」となるような、Series データを作ることです。具体的な実装は、コード L1-4-17 になります。

コード L1-4-17　「年齢が奇数」を判定

```
1  # idx：「年齢が奇数」を判定
2  idx = (df1['年齢'] % 2 == 1)
3  print(idx)
```

```
1  0    True
2  1    False
3  2    True
4  3    True
5  Name: 年齢, dtype: bool
```

「df1[' 年齢 '] % 2 == 1」[3] というコードでは NumPy のブロードキャスト機能が使われています。最終的に idx には、元のデータフレームの行数と同じ次数の、ブーリアン型の値を持つ Series データが代入されます。

次のステップは、この idx を使って、元のデータフレームを絞り込む過程です。実装はコード L1-4-18 になります。

コード L1-4-18　idx で行を絞り込む

```
1  # idx で行を絞り込む
2  df7 = df1[idx]
3  display(df7)
```

	年齢	身長	体重
0	25.0000	140.0000	40.5000
2	43.0000	NaN	65.0000
3	31.0000	158.0000	55.6000

ブーリアン型の値を取る Series データである idx を使って df1[idx] とすると、データフレームの行単位の絞り込みができます。元のデータフレームと比較すると、年齢が奇数の 3 行が抽出されたことがわかります。

今は、説明のため 2 ステップを分けてコードを記載しましたが、通常は次のコード L1-4-19 のように 1 行でまとめて実装します。結果はコード L1-4-18 と同じなので省略します。

コード L1-4-19　絞り込み処理を 1 行で実装

```
1  # まとめて1行で表現
2  df8 = df1[df1['年齢'] % 2 == 1]
3  display(df8)
```

この実装は本書の実習の中でもよく出てくるものなので、ぜひ理屈から理解するようにしてください。

L1.4.6　データフレームの列削除と列追加

次にデータフレームの列を削除・追加する操作を説明します。データフレームの特定列を削除する実装はコード L1-4-20 になります。

---

[3] 「%」は余りを求める演算子です。奇数の場合、2で割ると1が余り、偶数の場合余りは0になります。

コード L1-4-20　データフレームの列削除

```
1   # df1をdf9にコピー
2   df9 = df1.copy()
3
4   # 列削除
5   df9 = df9.drop('年齢', axis=1)
6   display(df9)
```

	身長	体重
0	140.0000	40.5000
1	175.0000	70.2000
2	NaN	65.0000
3	158.0000	55.6000

　データフレームの drop 関数を使うのですが、**axis=1 で列方向の削除であることを明記する**点がポイントです[4]。この列削除の処理は、学習データから正解データの列を削除して、入力データだけを残すときによく使われます。

　次のコード L1-4-21 では「欠損値がある行を削除」します。

コード L1-4-21　欠損値のある行を削除

```
1   # df10にdf1をコピー
2   df10 = df1.copy()
3
4   # 欠損値のある行を削除
5   df10 = df10.dropna(subset = ['身長'])
6   display(df10)
```

	年齢	身長	体重
0	25.0000	140.0000	40.5000
1	36.0000	175.0000	70.2000
3	31.0000	158.0000	55.6000

　この実装ではデータフレームの dropna 関数を利用しています。引数の subset=[' 身長 '] は、特定の項目に対してだけ欠損値をチェックしたい場合に使います。この実装は、**学習データに欠損値がある場合の対応手段の一つ**です。

　データフレーム操作の最後として、データフレームに新しい列を追加して、データフレームを横に広げる操作を説明します。実装はコード L1-4-22 です。

----

[4] 行方向の操作は axis=0 になります。

コード L1-4-22　データフレームの列連結

```
1  # df11にdf1をコピー
2  df11 = df1.copy()
3
4  add_values = ['男性', '女性', '男性', '女性']
5  df11['性別'] = add_values
6  display(df11)
```

	年齢	身長	体重	性別
0	25.0000	140.0000	40.5000	男性
1	36.0000	175.0000	70.2000	女性
2	43.0000	NaN	65.0000	男性
3	31.0000	158.0000	55.6000	女性

　元のデータフレームの行数と、add_values の要素数がそろっている場合[5]、「df11[' 性別 '] = add_values」という書き方をすることで、データフレームに新しい列を追加可能です。この実装コードは、5 章の実習（Python 生成コード例 5-5-2）の中で、機械学習により求まったクラスタ ID を分析前のデータフレームに追加するときに用いています。

L1.4.7　データフレーム関数

　次にデータフレームのデータに対して利用可能な関数を説明します。

統計関数

　最初は特定の項目を抽出した後に統計処理関数を呼び出す処理です。実装はコード L1-4-23 になります。

コード L1-4-23　特定列に対する統計関数

```
1  #  特定列に対する統計関数
2  a_mean = df['年齢'].mean()
3  a_max = df['年齢'].max()
4  a_min = df['年齢'].min()
5
6  print(f'平均: {a_mean}  最大:{a_max}  最小:{a_min}')
```

```
1  平均: 33.75  最大:43.0  最小:25.0
```

　データフレームから列「年齢」を抽出した後で、mean 関数（平均）、max 関数（最大）、

----

[5] ブロードキャスト機能が動くので、要素のないスカラー値も可能です。

min 関数（最小）を呼び出しています。

　次の実装では、データフレーム全体に対して統計関数を呼び出します。実装と結果は、コード L1-4-24 です。

コード L1-4-24　データフレーム全体に mean 関数呼び出し

```
1  # データフレーム全体にmean関数呼び出し
2  print(df1.mean())
```

```
1  年齢    33.7500
2  身長    157.6667
3  体重    57.8250
4  dtype: float64
```

　ここでは統計関数の一つである mean（平均）関数を呼び出しました。その結果、列ごとの平均値がまとめて計算されました。

　実は、データフレームではもっと多くの統計情報を一気に知る方法もあります。それが次のコード L1-4-25 で示す describe 関数です。

コード L1-4-25　describe 関数呼び出し

```
1  # 項目ごとの統計情報取得
2  display(df1.describe())
```

	年齢	身長	体重
count	4.0000	3.0000	4.0000
mean	33.7500	157.6667	57.8250
std	7.6322	17.5024	13.0349
min	25.0000	140.0000	40.5000
25%	29.5000	149.0000	51.8250
50%	33.5000	158.0000	60.3000
75%	37.7500	166.5000	66.3000
max	43.0000	175.0000	70.2000

　コードの結果を見ると、三つの項目それぞれに対して、平均、最大、最小の他に多くの統計値が計算されています[6]。describe 関数は、データフレーム全体の傾向を調べるのによく使われます。

　データフレームを使って、機械学習モデルの構築や、データ分析をする際、特定の項目値の個数をカウントしたいことがよくあります。そのような場合に使われる value_counts 関数の

----

[6] decsribe 関数の出力のうち、平均、最小、最大以外の項目の意味については、講座 2.1 を参照してください。

利用例をコード L1-4-26 で示します。

コード L1-4-26　項目値の個数カウント

```
1   # 項目値の個数集計
2   df11['性別'].value_counts()
```

性別	count
男性	2
女性	2

　このコードでは、df11 の「性別」列で「男性」と「女性」がそれぞれ何個ずつあるかを value_counts 関数で調べました。今の例ではデータの行数が 4 行しかないので、人間が暗算でわかりますが、全体の件数が数百万件などになると、この関数が役に立ちます。

　データフレーム関数の最後に欠損値をチェックする方法を説明します。実際の機械学習では、すべてのデータがきれいにそろっていることはむしろ少なく、欠損値が含まれていることが通例です。その場合、まず欠損値がどの程度あるかを調べる必要があります。これから説明するのはそのための手順です。

　最初のステップは、コード L1-4-27 に示す isnull 関数の呼び出しです。

コード L1-4-27　isnull 関数の呼び出し

```
1   # NULL値チェック
2   display(df1.isnull())
```

	年齢	身長	体重
0	FALSE	FALSE	FALSE
1	FALSE	FALSE	FALSE
2	FALSE	TRUE	FALSE
3	FALSE	FALSE	FALSE

　この関数は、データフレームの要素ごとに NULL 値かどうかのチェックをします。NULL 値の場合は True、そうでない場合は False が戻されます。今の例では True は全体で一つだけでした。

　次のステップは、この要素ごとのチェック結果を項目単位で集計することです。実装と結果はコード L1-4-28 になります。

コード L1-4-28　列単位の欠損値集計

```
1   # 列単位の欠損値集計
2   print(df1.isnull().sum())
```

```
1   年齢      0
2   身長      1
3   体重      0
4   dtype: int64
```

　isnull 関数の結果にさらに sum 関数をかけると、列単位で欠損値の数がわかります。今の例では欠損値は「身長」列に一つだけありました。

groupby 関数

　データフレームで便利な関数の一つとして groupby 関数があります。これは SQL の GROUP BY 句と同じような働きをします。次のコード L1-4-29 でその実装例を示します。

コード L1-4-29　groupby 関数の利用

```
1   # groupby関数で性別の項目値ごとの集計
2   df12 = df11.groupby('性別').mean()
3   display(df12)
```

性別	年齢	身長	体重
女性	33.5000	166.5000	62.9000
男性	34.0000	140.0000	52.7500

　このデータフレーム (df11) の項目「性別」は、「男性」と「女性」のどちらかの値を持ちます。データフレームをこの値ごとにグループ分けし、各グループで今度は項目ごとの平均値を計算した結果が出力されています。こんな複雑な処理がたった 1 行の実装でできてしまう groupby 関数は慣れると非常に便利です。

map 関数

　データフレーム関数の最後に map 関数の説明をします。map 関数もいろいろな使い方がありますが、次のコード L1-4-30 は、最も単純なコード値の置き換えをするケースです。

コード L1-4-30 map 関数の利用

```
1  # map関数で男性/女性を1/0に置き換え
2  df13 = df11.copy()
3  mf_map = {'男性': 1, '女性': 0}
4  df13['性別'] = df13['性別'].map(mf_map)
5  display(df13)
```

	年齢	身長	体重	性別
0	25.0000	140.0000	40.5000	1
1	36.0000	175.0000	70.2000	0
2	43.0000	NaN	65.0000	1
3	31.0000	158.0000	55.6000	0

　元のデータフレームで「性別」の列は「男性」または「女性」の文字列値でした。しかし、文字列のままでは機械学習の入力にできないので、文字列を数値に変えたいというのが、この処理の内容です。そのため、{'男性': 1, '女性': 0}という変換テーブルを辞書[7]データで定義して、この辞書データを map 関数の引数にすると、望む変換結果が得られます。直感的に理解しやすい実装方式です。

set_index 関数

　データフレームのデフォルトの状態では、図 L1-4-1 にある通り、行インデックスは 0 から始まる連番の整数です。しかし、set_index 関数を使うと**特定の項目の値をインデックスにする**ことが可能です。

　まず、コード L1-4-31 で変更元データフレーム df11 の状態を改めて確認します。

コード L1-4-31 変更元データフレーム

```
1  # 元データフレームの確認
2  df14 = df11.copy()
3  display(df14)
```

	年齢	身長	体重	性別
0	25.0000	140.0000	40.5000	男性
1	36.0000	175.0000	70.2000	女性
2	43.0000	NaN	65.0000	男性
3	31.0000	158.0000	55.6000	女性

---

[7] 「辞書」が何かについては、講座1.2を参照してください。

コード L1-4-32 では、このデータフレームに set_index 関数をかけます。

コード L1-4-32　set_index 関数の利用

```
1   # set_index関数の利用
2   df14 = df14.set_index('性別')
3   display(df14)
```

性別	年齢	身長	体重
男性	25.0000	140.0000	40.5000
女性	36.0000	175.0000	70.2000
男性	43.0000	NaN	65.0000
女性	31.0000	158.0000	55.6000

コード L1-4-32 の 2 行目が、set_index 関数を呼び出している箇所です。引数に「'性別'」を指定することで、性別の項目が一番左に移動し、インデックスになっていることがわかります[8]。

このように「性別」をインデックスにすると、データフレームを「性別」の値で簡単に検索することが可能です。具体的な実装を、コード L1-4-33 で確認します。

コード L1-4-33　性別の値でデータフレームを検索

```
1   # df14をインデックスで絞り込み
2   df15 = df14.loc['男性']
3   display(df15)
```

性別	年齢	身長	体重
男性	25.0000	140.0000	40.5000
男性	43.0000	NaN	65.0000

「df14.loc['男性']」により、現在インデックスになっている**性別の値が「男性」であるものを検索する**という意味になります。df15 の出力結果が、その通りになっていることが確認できました。

データフレームのある項目が特定の値である行を検索する方法は、例えば query 関数を利用するなど、他の方法でも可能ですが、対象項目をインデックス化した後、**loc 属性により検索する方法が最もパフォーマンスもよく、簡単な方法**となります。

---

[8] データフレームでは、一番左の列が常に行インデックスを示します。コードL1-4-31とコードL1-4-32の結果を見比べると、一番左の数字だけの列がなくなり、代わりに「性別」が一番左の列に移動していることで、このことがわかります。

講座 1.5 Matplotlib 入門

5番目の講座は、Matplotlib[1] の入門です。Python によるデータ分析プログラムで「グラフ描画」を担っている重要なライブラリが Matplotlib です。便利なライブラリなのですが、多少クセがあり、何通りかの描画方式が存在します。本講座では、「簡単に済むものはできるだけ簡単に」ということを原則に、それぞれの描画方式を見ていきます。

L1.5.1 実習用データ準備

講座 1.4 と同様に、本講座の実習でも、実習用の Notebook だけでなくデータもあらかじめ準備しておく必要があります。必要なデータは下記リンク先にある Excel ファイルです。

ダウンロード元
https://github.com/makaishi2/profitable_data_analysis/tree/main/notebooks

ファイル名
l01_05_ice-sales.xlsx

このファイルを、講座 1.1 に説明した手順に従って、Google Colab の Notebook ファイルが存在するフォルダにアップロードします。

L1.5.2 グラフ描画の方式

Matplotlib のグラフ描画方式は大きくは次の三つに分類されます。

- **関数方式**：plt.xxx() の関数のみを利用する方式です。最も簡単にグラフを描画できます。
- **メソッド方式**：ax.xxx() という呼び出し方をする方式です。描画のために利用する変数 ax の内部関数は「メソッド」と呼ばれるため、上の関数方式と対比すると、この方式は「メソッド方式」と呼ぶことが可能です[2]。

  この方式を利用する目的はいくつかありますが、本講座ではそのうち代表的な「複数のグラフ領域を使う場合」を説明します。
- **データフレーム方式**：前節で紹介したデータフレーム（pandas というデータ分析用ライブラリの変数）と Matplotlib は密接な関係があり、データフレームの関数[3] から Matplotlib を間接的に呼び出せます。そのような利用方法をデータフレーム方式と呼ぶことにします。

---

[1]「マットプロットリブ」と発音します。
[2] plt.xxx() と ax.xxx() の書き方は見た目は同じように見えますが、plt がライブラリ名称であるのに対して ax は変数名です。このため、呼び出し方としては大きく異なることになります。
[3] この場合も厳密にいうと「メソッド」に該当します。

L1.5.3 ライブラリの利用

具体的な各方式の実装を見る前に、ライブラリの利用方法を確認しましょう。

通常、ライブラリの利用はインポート文で実施するのですが、今回はグラフに日本語を表示するため、その前に一手間必要です。それが次のコード L1-5-1 で示される日本語化ライブラリの導入になります。

コード L1-5-1　日本語化ライブラリの導入

```
1   # 日本語化ライブラリ導入
2   !pip install japanize-matplotlib | tail -n 1
```

「!pip」というのは講座 1.2 でも説明した通り、Google Colab 上で Python のコードでなく「pip」というライブラリ導入のための OS コマンドを直接実行することを意味しています[4]。「!pip install japanize-matplotlib」で「日本語化ライブラリ japanize-matplotlib を導入する」という意味になります。Google Colab では通常のデータ分析で必要なライブラリはほとんど事前導入済みなので、インポート文だけで使えるようになるのですが、この日本語化ライブラリは日本人だけに必要なライブラリなので、事前導入されていません。それでこの導入タスクが必要になります。

最後の「| tail -n 1」は**パイプライン処理**と呼びますが、導入コマンドの出力を最後の 1 行だけ確認するためのおまじないと考えてください。

次のコード L1-5-2 は、必要ライブラリのインポートと初期設定を実施します。

コード L1-5-2　必要ライブラリのインポートと初期設定

```
1    # 共通事前処理
2
3    # 必要ライブラリのインポート
4    import numpy as np
5    import pandas as pd
6    import matplotlib.pyplot as plt
7
8    # Matplotlib日本語化対応
9    import japanize_matplotlib
10
11   # データフレーム表示用関数
12   from IPython.display import display
13
14   # グラフのデフォルトフォント指定
15   plt.rcParams["font.size"] = 14
```

---

[4] 本書の実習で用いるChatGPT内のPython環境の場合、この手順は（1）ライブラリをwhlファイルの形で添付、（2）プロンプトでライブラリ導入の指示を出して、Python環境に導入させる、の形となります。

4、5 行目の NumPy と pandas については、すでに説明しています。

6 行目の「import matplotlib.pyplot as plt」が、本講座で主役となる Matplotlib のインポート文です。実は Matplotlib はいろいろなライブラリの集合体です。例えば 3 次元アニメーション用のライブラリも別に存在します。通常のデータ分析で用いる 2 次元グラフ描画機能は pyplot というライブラリに入っており、それをインポートして使うというのが 6 行目のコードの意味です。このライブラリも plt を別名で使うのがお作法なので、それに従っています。

9 行目では「import japanize_matplotlib」で、先ほど pip コマンドで導入した日本語化ライブラリをインポートしています。

L1.5.4　関数方式

それではグラフ描画の実装に入ります。本書で利用している公開データセットなどを使って描画します。

散布図表示 (scatter 関数)

最初に散布図と呼ばれるグラフを表示します。

利用するデータは「**アイリス・データセット**」です。3 種類のアヤメの花の花弁・がく片の長さの測定結果をデータセットにしたもので、データ分析で非常によく利用されます。そのため seaborn というデータ分析ライブラリで関数を呼び出すだけで、データを読み込めるようになっています。次のコード L1-5-3 では、その関数を利用しています。

コード L1-5-3　アイリス・データセットの準備

```
1  # データ準備
2  import seaborn as sns
3  df_iris = sns.load_dataset("iris")
4
5  # 結果確認
6  display(df_iris.head())
```

	sepal_length	sepal_width	petal_length	petal_width	species
0	5.1	3.5	1.4	0.2	setosa
1	4.9	3.0	1.4	0.2	setosa
2	4.7	3.2	1.3	0.2	setosa
3	4.6	3.1	1.5	0.2	setosa
4	5.0	3.6	1.4	0.2	setosa

次のコード L1-5-4 で目的の散布図を表示します。

コード L1-5-4　散布図表示

```
1   # 散布図x座標用Series
2   xs = df_iris['sepal_length']
3
4   # 散布図y座標用Series
5   ys = df_iris['sepal_width']
6
7   # 散布図
8   plt.scatter(xs, ys)
9
10  # 描画
11  plt.show()
```

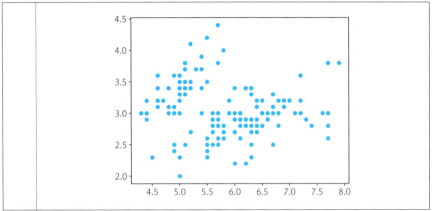

　2行目と5行目で散布図表示用のデータを準備しています。具体的には項目 sepal_length の列（図 L1-4-1 で説明した Series データ）を変数 xs に、項目 sepal_width の列を変数 ys に代入しています。

　8行目の「plt.scatter(xs, ys)」が、上のコードの本質的な部分です。事前に描画用データの準備さえできていれば、たったこれだけのプログラムで散布図を表示できます。x 軸と y 軸のスケール合わせや、値表示などはすべて自動でやってくれています。

　最後の行の「plt.show()」は、最終的な描画を指示するおまじないと考えてください。

関数グラフ表示（plot 関数）の単純ケース

　関数方式の二つめは plot 関数です。この関数は、単に点の位置をプロットするのでなく、連続する点と点の間を線分で結びます。引数として、細かく刻んだ x の値と、その x に対応した関数 f(x) の値を与えると、y=f(x) の関数グラフが出来上がります。

　コード L1-5-5 は、今説明したことを具体化した、グラフ描画のためのデータ準備のコードです。

コード L1-5-5　関数グラフ表示用のデータ準備

```
1   # データ準備
2
3   # シグモイド関数の定義
4   def sigmoid(x, a):
5       return 1/(1 + np.exp(-a*x))
6
7   # グラフ描画用x座標リスト
8   xp = np.linspace(-3, 3, 61)
9
10  # グラフ描画用y座標リスト
11  yp = sigmoid(xp, 1.0)
12
13  print(xp)
14  print(yp)
```

```
1   [-3.  -2.9 -2.8 -2.7 -2.6 -2.5 -2.4 -2.3 -2.2 -2.1 -2.  -1.9 -1.8 -1.7
2    -1.6 -1.5 -1.4 -1.3 -1.2 -1.1 -1.  -0.9 -0.8 -0.7 -0.6 -0.5 -0.4 -0.3
3    -0.2 -0.1  0.   0.1  0.2  0.3  0.4  0.5  0.6  0.7  0.8  0.9  1.   1.1
4     1.2  1.3  1.4  1.5  1.6  1.7  1.8  1.9  2.   2.1  2.2  2.3  2.4  2.5
5     2.6  2.7  2.8  2.9  3. ]
6   [0.04742587 0.05215356 0.05732418 0.06297336 0.06913842 0.07585818
7    0.0831727  0.09112296 0.09975049 0.10909682 0.11920292 0.13010847
8    0.14185106 0.15446527 0.16798161 0.18242552 0.19781611 0.21416502
9    0.23147522 0.24973989 0.26894142 0.2890505  0.31002552 0.33181223
10   0.35434369 0.37754067 0.40131234 0.42555748 0.450166   0.47502081
11   0.5        0.52497919 0.549834   0.57444252 0.59868766 0.62245933
12   0.64565631 0.66818777 0.68997448 0.7109495  0.73105858 0.75026011
13   0.76852478 0.78583498 0.80218389 0.81757448 0.83201839 0.84553473
14   0.85814894 0.86989153 0.88079708 0.89090318 0.90024951 0.90887704
15   0.9168273  0.92414182 0.93086158 0.93702664 0.94267582 0.94784644
16   0.95257413]
```

　ここでは関数として機械学習でよく利用される「**シグモイド関数**」[5]を取り上げました。x軸のリストは、講座1.3で説明したlinspace関数を利用して [-3, 3] の区間を60等分する形で準備しました。それぞれのx座標の値に対応するy座標の値は、11行目で一気に計算しています。ここではNumPyのユニバーサル関数の機能が使われています。

　これでデータの準備は完了したので、実際に関数グラフを描画します。実装はコードL1-5-6です。

---

[5] 本書の中で直接出てくることはありませんが、すべてのxに対して0から1の値を取る単調増加関数で、結果を確率値と解釈できる特徴を持っています。詳細を知りたい読者は機械学習の書籍を参照してください。

コード L1-5-6　関数グラフ描画

```
1  # グラフ描画
2  plt.plot(xp, yp)
3
4  # 描画
5  plt.show()
```

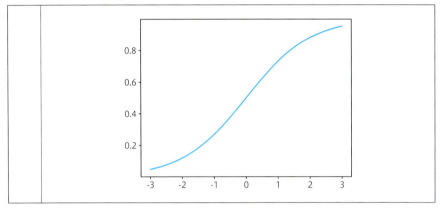

今度も実質的に「plt.plot(xp, yp)」の1行で関数グラフを表示できています。スケーリングやx軸y軸の軸表示を自動的にやっている点も同じです。

関数グラフ表示（plot関数）の複雑ケース

関数方式の三つめとして、今までより複雑なグラフ表示の例を示します。実装はコード L1-5-7 になります。

コード L1-5-7　複雑な関数グラフ描画

```
1   # 関数値計算
2   yp1 = sigmoid(xp, 1.0)
3   yp2 = sigmoid(xp, 2.0)
4
5   # ラベル付きグラフ描画 #1
6   plt.plot(xp, yp1, label='シグモイド関数1', lw=3, c='k')
7
8   # ラベル付きグラフ描画 #2
9   plt.plot(xp, yp2, label='シグモイド関数2', lw=2, c='b')
10
11  # 方眼表示
12  plt.grid()
13
14  # 凡例表示
```

```
15    plt.legend()
16
17    # 軸表示
18    plt.xlabel('x軸')
19    plt.ylabel('y軸')
20
21    # 描画
22    plt.show()
```

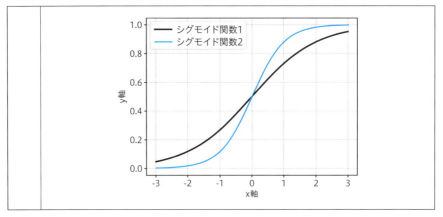

このグラフでは一つ前のグラフと比較して次のような点が違っています。

- 二つのグラフを同一領域に同時に表示している
- グラフの線の太さを変えている
- グラフごとに表示色(青と黒)を指定している
- 方眼表示をしている
- x軸とy軸に説明のテキストを表示している
- 凡例を表示している

それぞれの結果が、どの関数呼び出しの結果なのかはコードのコメントに記載しました。このように様々な設定をしたため、結果的に長いコードになりましたが、意味がわかれば単純な機能の組み合わせとわかります。実習で使われているグラフ表示のプログラムは、基本的にこの方式になっていることが多いです。

時系列のグラフ表示

関数方式の描画のより複雑な例として時系列データのグラフ表示を見ていきましょう。例によって、最初のステップはデータの準備です。コードL1-5-8がその実装になります。

コード L1-5-8　時系列データ準備

```
1   # データ準備
2
3   # アイスクリーム消費量
4   fn_ice = 'l01_05_ice-sales.xlsx'
5   df_ice = pd.read_excel(fn_ice)
6
7   # 結果確認
8   display(df_ice.head())
```

	年月	支出
0	2015-01-01	401
1	2015-02-01	345
2	2015-03-01	480
3	2015-04-01	590
4	2015-05-01	928

　ここで使っているのは、金沢市のアイスクリーム消費量の推移を示すデータです。出力結果から「年月」と「支出」という項目があり、「年月」が日付を意味していることがわかります。

　データの準備はできたので、時系列グラフを表示します。時系列グラフといっても、横軸がxの値から日付データ（項目「年月」）に変わるだけで、plot関数を使う点は前の例題と同じです。実装はコードL1-5-9になります。

コード L1-5-9　時系列グラフ表示

```
1    # サイズ指定
2    plt.figure(figsize=(12, 4))
3
4    # グラフ描画
5    plt.plot(df_ice['年月'], df_ice['支出'], c='b')
6
7    # 3カ月区切りの目盛にする
8    import matplotlib.dates as mdates
9    days = mdates.MonthLocator(bymonth=range(1, 13, 3))
10   plt.gca().xaxis.set_major_locator(days)
11
12   # x軸ラベルを90度回転
13   plt.xticks(rotation=90)
14
15   # 方眼表示
16   plt.grid()
17
18   # 描画
19   plt.show()
```

講座1　データ分析のためのプログラミング入門

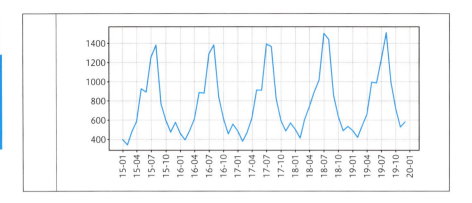

　このコードの特徴の一つはx軸の目盛表示を3カ月ごとの日付表記にしていることです。コードL1-5-9の8〜10行目でこのことを実現しています[6]。

　もう一つの特徴は、x軸ラベルを90度回転していることです。こちらについては、13行目の「plt.xticks(rotation=90)」で実現しています。

L1.5.5　メソッド方式

　条件によりplt.xxxの関数呼び出しだけで対応しきれない場合があります。そのような場合に利用するのが、メソッド方式です。メソッド方式の特徴は、描画前に描画対象を意味するaxオブジェクトを生成し、axオブジェクトに対する「メソッド」として各種描画機能を呼び出すことです。

複数グラフ領域への描画

　その典型的なケースは、複数のグラフ領域の描画をまとめて行うときです。具体的な事例を、次の実習で示します。図1-5-1を見てください。

---

[6] 実は9行目の「plt.gca」関数の戻り値は、この後で説明するaxオブジェクトそのものです。つまり、この実装コードのうち、8行目から10行目だけは、この後で説明する「メソッド方式」を使っているということになります。

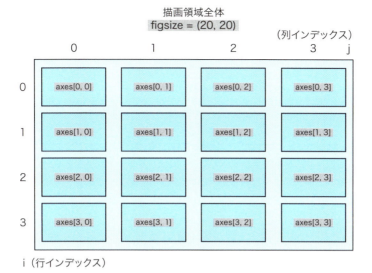

図 1-5-1　複数の描画領域

　これから実習で描画するグラフは、図L1-5-1のように4×4で計16個の描画領域を持っています。それぞれの描画領域は、axes[i, j]で取得できます。

　この実装コードはやや複雑なので、変数の初期設定部分と描画部分の二つに分けました。まずは初期設定部分で、次のコードL1-5-10になります。

コード L1-5-10　複数グラフの同時描画　初期設定部分

```
1   # 項目名のリスト取得
2   columns = df_iris.columns[:4]
3
4   # 4×4のNumPy配列取得
5   x = df_iris.values[:,:4]
6
7   # 花の種別を整数値にエンコード
8   from sklearn.preprocessing import LabelEncoder
9   label_encoder = LabelEncoder()
10  y = label_encoder.fit_transform(df_iris['species'])
11
12  # 項目数の計算
13  N = x.shape[1]
14
15  print(columns)
16  print(x[:5])
17  print(y[:5])
18  print(N)
```

```
1    Index(['sepal_length', 'sepal_width', 'petal_length', 'petal_width'], dtyp⮑
     e='object')
2    [[5.1 3.5 1.4 0.2]
3     [4.9 3.0 1.4 0.2]
4     [4.7 3.2 1.3 0.2]
5     [4.6 3.1 1.5 0.2]
6     [5.0 3.6 1.4 0.2]]
7    [0 0 0 0 0]
8    4
```

　それぞれの行でどんな処理をしているかは、記載したコメントを参照してください。8〜10行目の「エンコード」と呼ばれる処理がやや複雑な処理で、このコードにより、3種類の花の名称を0から2までの整数値に変換しています。

　次のコードL1-5-11で、この16個の描画領域それぞれに別のグラフを描画します。描画するグラフは、アイリス・データセットを基にした散布図としました。このデータでは四つの項目があるので、それぞれの項目の組み合わせで別の散布図が描画できる形になります。

コード L1-5-11　アイリス・データセットの散布図表示

```
1    # figsize計算用(1要素あたりの大きさ)
2    u = 5
3    # ax 領域の2次元配列をaxesとして取得
4    fig, axes = plt.subplots(N, N, figsize=(u*N, u*N))
5
6    for i in range(N):
7        for j in range(N):
8            # 描画対象axの取得
9            ax = axes[i, j]
10           # 散布図表示
11           ax.scatter(x[:, i], x[:, j], c=y, cmap='rainbow')
12           # タイトル表示
13           ax.set_title(columns[i] + ' vs ' + columns[j])
14           # 方眼表示
15           ax.grid()
16   # 隣接オブジェクトとぶつからないようにする
17   plt.tight_layout()
18
19   # 表示
20   plt.show()
```

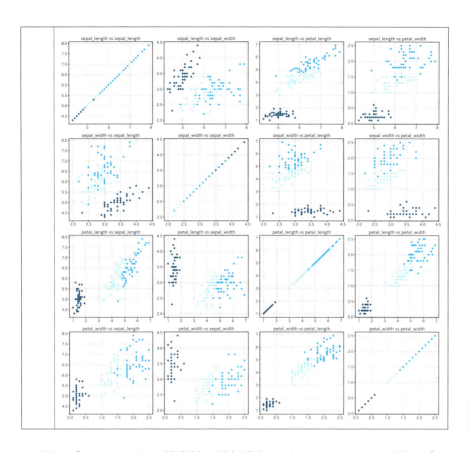

9行目の「ax = axes[i, j]」で描画対象の領域を特定します。そして、11、13、15行目の「ax.scatter」「ax.set_title」「ax.grid」のメソッド呼び出しがポイントです。メソッド呼び出し形式で描画機能を呼び出すことにより、どの領域への描画なのかが規定されることになります。

L1.5.6　データフレーム方式

本講座で最後に説明するのが、データフレームからグラフを描画する方式です。

データフレームを利用したヒストグラム表示

最初にデータフレームを利用したヒストグラム表示を実装します。コードL1-5-3で読み込んだアイリス・データセットを利用して、グラフを描画します。次のコードL1-5-12を見てください。

コード L1-5-12　データフレームのヒストグラム表示

```
1   # ヒストグラム表示
2   df_iris.hist(bins=20,figsize=(6,6))
3
4   # 隣接オブジェクトとぶつからないようにする
5   plt.tight_layout()
6
7   # 表示
8   plt.show()
```

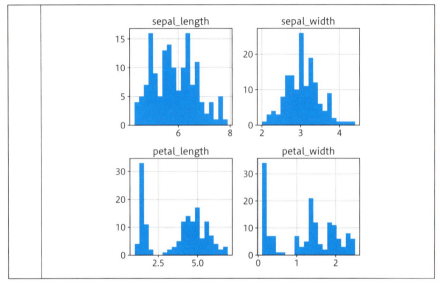

　ここでは、数値データを持つ四つの項目のヒストグラムを表示しています。今回も実質的な描画コードは「df_iris.hist(bins=20,figsize=(6,6))」の1行のみです。「bins=20」と「figsize=(6,6)」はグラフの体裁をきれいにするための追加パラメータです。

　データフレームにヒストグラム表示用の関数 hist が用意されていて、この関数が呼ばれると内部で Matplotlib が呼び出され描画が行われます。

　データフレームの hist 関数が有効なのは、項目値が数値である列のみです。コード L1-5-3 の結果と見比べるとわかりますが、今回は左の4項目がこれに該当します。残りの一番右の項目 species は値が文字列なので、ヒストグラム表示の対象からはずれています。

Series を使った棒グラフ表示

　上の例は、データフレームから描画関数を呼び出しました。同じ pandas のデータ構造である[7]、Series からもグラフを描画できます。本講座の最後にその具体例を確認します。

---

[7] 厳密にいうとクラスのことです。

事前準備としてコード L1-5-13 を実行します。

コード L1-5-13　value_counts による集計

```
1  # データ準備
2
3  # df_iris['sepal_width']の値別個数を集計し、上位5件を取得
4  counts_ser = df_iris['sepal_width'].value_counts().sort_index()
5
6  # 結果確認
7  print(counts_ser.head())
```

```
1  sepal_width
2  2.0    1
3  2.2    3
4  2.3    4
5  2.4    3
6  2.5    8
7  Name: count, dtype: int64
```

このコードでは、先ほどヒストグラムを表示したアイリス・データセットを含むデータフレーム df_iris から sepal_width 列を抽出します。さらに value_counts 関数を使って、項目値ごとの個数を調べ、キー順にソートし直した上で、先頭 5 行を表示しています。

それではこの集計結果をグラフに表示しましょう。具体的な実装はコード L1-5-14 です。

コード L1-5-14　value_counts の結果グラフ表示

```
1   # value_countsの結果を棒グラフ表示
2
3   # Seriesデータで棒グラフ表示
4   counts_ser.plot.bar(figsize=(6,6))
5
6   plt.grid()
7   plt.title('sepal_widthの分布')
8
9   # 隣接オブジェクトとぶつからないようにする
10  plt.tight_layout()
11
12  # 表示
13  plt.show()
```

講座 1

データ分析のためのプログラミング入門

377

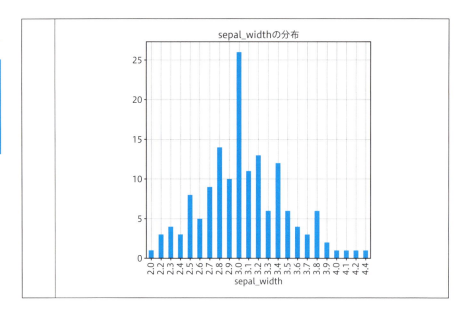

　今度のコードも実質的な実装は 4 行目の「counts_ser.plot.bar(figsize=(6,6))」だけです。bar が棒グラフ描画を意味します。こんなに簡単なコードで棒グラフを表示できました。

Lecture		
講座 2		**データ分析のための 統計処理入門**

講座 2 では、データ分析を進めるにあたって必要最小限の統計の概念とプログラミングについて解説します。講座 2.1 では、統計の概念について、講座 2.2 では統計処理のプログラミングについて説明します。

講座 2.1　統計入門

データ分析において必須の知識としてデータ尺度と、統計値の話があります。それぞれについて簡単に説明します。

L2.1.1　データ尺度

データ分析においては、それぞれのデータの項目値がどのようなデータ尺度を持つかを意識する必要があります。四つのデータ尺度に関して、次の表 L2-1-1 で示します。

表 L2-1-1　データ尺度の区別

データ型	尺度	特徴	例
文字列型※	名義尺度	カテゴリを区別するが順番は存在しない	血液型・性別など
文字列型※	順序尺度	カテゴリ間に順番が存在	松竹梅・甲乙丙丁など
数値型	間隔尺度	差は意味を持つが割り算は意味がない	温度（摂氏）・西暦
数値型	比例尺度	差も割り算も意味がある	長さ・金額

※　数値型の場合もありうる（性別を男性：1、女性：2 などコード値にした場合が該当）。

　データ分析にあたって最初に注目すべき点は、それぞれの項目のデータ型が文字列型か、数値型かです。

　文字列型の場合、例えば血液型なら 'A'、'B'、'O'、'AB' のように特定の項目値を取るはずです[1]。このように、特定の値を取ることを、統計の用語で「**カテゴリ値を取る**」といういい方をします。「データ分析の対象となる文字列型の項目はカテゴリ値を取る」ということになります。

　このような、カテゴリ値を取るデータ項目は、さらに**名義尺度**と**順序尺度**に分けることができます。名義尺度は、項目値の間に順序が存在しない項目です。血液型がその典型例になります。順序尺度は、「カテゴリ値を取る」という点においては名義尺度と同じなのですが、**項目値の間に順序性がある**点が、大きな違いです。例えば「松」「竹」「梅」の三つの項目値が順序

---

[1] 厳密にいうと例えば氏名や ID のような項目は特定の項目値をとりませんが、こうした項目を分析対象にすることはないので、ここでは除外して考えます。

講座 2

データ分析のための統計処理入門

379

を持っていることが、日本人であればわかるはずです。

　データ型が文字列型か数値型かで、データ分析の方法が異なることは直感的にわかります。しかし、なぜ、データ分析では、文字列型のデータを名義尺度と順序尺度という形でさらに細かく分ける必要があるのでしょうか。

　このことは、データ分析の手法と関わっています。データ分析では、データを「特定項目に対して特定の閾値より大きいか小さいかで二つのグループに分ける」[2] 手法が用いられることがあります[3]。

　もし、データが順序尺度である場合、順序を保った形で項目値を数値に置き換えることで、この手法が適用できます。例えば「松」「竹」「梅」の場合、松→3、竹→2、梅→1にすればいいなどです。

　しかし、血液型を数値に置き換えることを考えてください。例えばA→1、B→2、O→3、AB→4などと置き換えた上で、この数値が値として意味を持つ形にしてしまうと、本来、順序のない血液型に順序性の概念を加えてしまうことになります。上で示した「特定の閾値でグループ分け」をするとおかしな結果になることが想定されます。このようなことを避けるため、データ分析では一般的に、講座 2.2 で説明するワン・ホット・エンコーディングという手法を用いる形になります[4]。

　このように一見同じに見える文字列型のデータ項目も、その**データが名義尺度であるか順序尺度であるかにより、その後の処理方法が大きく異なります**。ですので、二つの違いは常に意識するようにしてください。

　データが数値型である場合も、**間隔尺度**と**比例尺度**に分けて考えることができます。区別の仕方ですが、二つの数値の割り算が意味を持つかどうかを基準にします。例えば気温がデータAで摂氏 20 度、データBで摂氏 10 度の値だったときに、「気温についてデータAはデータBの 2 倍である」という表現が意味を持つかを考えます。摂氏 0 度とは、水の融点から定まった便宜的な温度であり、絶対的な意味を持っていません。なので、「摂氏 20 度は摂氏 10 度の 2 倍である」という表現は意味を持たないことになります。これは**摂氏による気温が間隔尺度である**ことを意味します[5]。

　それでは、長さの場合はどうでしょうか。データAの長さが 20cm、データBの長さが 10cm であるとします。この場合、「長さについてデータAはデータBの 2 倍である」は意味を持ちます。なので、**長さは比例尺度**になります。

　この二つの違いは、本書の例題の中では特に意識する必要はありませんが、実業務でより深くデータ分析をする際には必要な場合が出てきます。例えば「年間売上金額」は比例尺度なので 1 年後の売上金額との比率で算出される「年売上成長率」が分析対象データとして意味を持

---

[2] 例えばプロジェクトメンバーを「身長170cm以上」「身長170cm未満」で分けることを指します。
[3] 本書の例題では取り上げていませんが「決定木」という分析手法がそれに該当します。7章と8章の例題で用いているlightgbmも動作原理としてはこの手法を用いており、やはりここで説明した原理を守る必要があります。
[4] 7章と8章の実習で用いているlightgbmはワン・ホット・エンコーディングなしに名義型データを扱うことが可能です。しかし、Pythonのデータ分析においては極めてまれな例で、通常は「Pythonで名義尺度データを分析する場合はワン・ホット・エンコーディングを使う」と考えてもらって結構です。
[5] 同じ温度でも「絶対零度」を基準とする温度の場合は、ゼロに絶対的な意味があるので、「2倍」は意味を持ちます。この場合は比例尺度になります。

ちます。これに対して間隔尺度である気温（摂氏）で日ごとの気温の間で変化率を求めた「日気温変化率」は、意味がないので分析対象として使ってはいけません。

L2.1.2　統計値

データ分析を行うにあたっては「統計」の知識が必要になってきます。この世界を深く理解するためには、何冊もの本が必要なくらい奥の深い世界です。説明を始めるときりがないのですが、ここでは、本書の実習のように、ChatGPT の助けを借りてデータ分析する場合の、必要最小限の統計値について説明します。

平均値・中央値・最頻値

「身長」や「体重」のような数値データの場合、「だいたいいくつだ」ということを意味する「代表値」を押さえることが重要です。読者もよく知っている「平均値」も代表値の一つですが、それ以外の代表値も存在し、目的によって使い分けます。ここからの説明では、5 人構成のあるプロジェクトメンバーの年齢である [29, 23, 32, 25, 61] の五つのデータを例に、それぞれの代表値の計算をしてみます。

平均値

最もわかりやすく、よく用いられる代表値です。計算の仕方もおなじみと思います。今回のように対象データが五つである場合、五つの数字をすべて足して、件数である 5 で割ります。

具体的な計算式としては　(29 + 23 + 32 + 25 + 61) / 5 = 34 となります。

中央値

データに例外値を含む場合、用いられることが多い代表値です。計算方法としては、対象データを小さい順に並べ替えて、ちょうど真ん中の値を調べ、これを中央値とします。

今回の例の場合だと並べ替えたデータは [23, 25, 29, 32, 61] です。真ん中（3 番目）の値は 29 なので、これが中央値になります。中央値が用いられるわかりやすい例として、日本の30 歳のサラリーマン 99 人と、大リーグの大谷選手の年収を分析対象として、代表値を求めたい場合を考えてみます。計算結果はほぼ（大谷選手の年収）/100 で、その金額は平均的な 30 歳サラリーマンの年収から大きくはずれたものになるはずです。こうした場合は、平均値でなく中央値を代表値として用いることで、本当の意味での代表的な年収を調べることが可能になります。

最頻値

もう一つの代表値の考え方として最頻値というものがあります。最頻値を算出する場合、本来連続的に変化しうる数値データをグループに分けます。例えば、今回サンプルで利用している [29, 23, 32, 25, 61] の場合、20 代、30 代、...、60 代のように年代でグループ化することが可能です。その次のステップとして、各グループの中で最も件数（頻度）の多いグループを調べます。今回の例の場合、3 件存在する 20 代になります。データ分布の偏りが極端な場合、中央値より最頻値の方が代表値として適している場合もあり、目的により使い分けることにな

講座2　データ分析のための統計処理入門

ります。

標準偏差

今まで紹介してきた三つの数値はいずれも、データそのものの値がだいたいいくつであるかを示すものでした。次に紹介する標準偏差は、データそのものでなく、データのバラツキ具合を示す指標値です。

計算方法としては、まず、個々の値と平均との差を計算します。今回の例の場合、元データが [29, 23, 32, 25, 61]、平均が 34 なので、差は [-5, -11, -2, -9, 27] となります。次にそれぞれの値を 2 乗し、データ件数で割ります。

結果は、((-5)^2 + (-11)^2 + (-2)^2 + (-9)^2 + 27^2)) / 5 = 192 になります。最後にこの結果のルートを計算します。その結果は約 13.9 です。この値は、個々の値がすべて平均値に近ければ小さく、逆に平均から離れている値が多ければ大きくなります。入試でよく使われる「偏差値」は、平均点と標準偏差の値から算出された指標値[6]となります。

パーセンタイル値

中央値の考え方をより拡張したものがパーセンタイル値です。中央値とは、特定の項目値を小さい順に並べたとき、ちょうど中間の順位の値を指すことは先ほど説明しました。このように特定の項目値を小さい順に並べたとき、最初の値とは最小値のことであり、最後の値とは最大値です。データの件数がもっと多い場合を考えると、全体の 1/4 の順位の値や、全体の 3/4 の順位の値を求めることもできます。この値はそれぞれ 25 パーセンタイル値、75 パーセンタイル値と呼ばれます。

また、この「パーセンタイル」の考え方を拡張すると、中央値とは 50 パーセンタイル値、最小値とは 0 パーセンタイル値、また最大値とは 100 パーセンタイル値になります。

統計学では、この五つの数値を総称してパーセンタイル値と呼びます。この五つの値は、特定項目のデータ分布を全体的に把握するのに便利であるため、いろいろな場面で用いられます。

例えば、箱ひげ図では、長方形領域が 25 パーセンタイル値と 75 パーセンタイル値の区間を示します。中央の横線が 50 パーセンタイル値です。また、上部と下部の「ひげ」にあたる部分が 0 パーセンタイル値と 100 パーセンタイル値を示しています。図 L2-1-1 に、箱ひげ図のサンプルを記載しました。

---

[6] 具体的には、自分の得点が平均点よりちょうど標準偏差の点数だけ高い受験者の偏差値は 60 です。

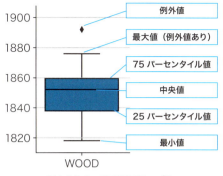

図 L2-1-1　箱ひげ図サンプル

　実際の箱ひげ図では、75 パーセンタイルと 25 パーセンタイルの間で示される長方形の幅の 1.5 倍を超える値は「例外値」という扱いで「ひげ」から除外され点として表現されます。図 L2-1-1 の 1900 の近くにある値は、その条件により例外値になったデータです。

　pandas の関数である describe 関数は、この五つの指標値をまとめて計算してくれる関数となっています。
　8 章の実習で出てくる describe 関数の出力例を表 L2-1-2 として示します。

表 L2-1-2　describe 関数の出力例

	年齢	残高	日	通話時間
count	4521	4521	4521	4521
mean	41.17009511	1422.657819	15.91528423	263.9612917
std	10.57621096	3009.638142	8.247667327	259.8566326
min	19	-3313	1	4
25%	33	69	9	104
50%	39	444	16	185
75%	49	1480	21	329
max	87	71188	31	3025

　この表の中で、min（最小値または 0 パーセンタイル値）から max（最大値または 100 パーセンタイル値）までの五つの行が、今説明したパーセンタイル値を示しています。
　ちなみに、この表の最初の行である count はデータ件数、mean は平均、std は標準偏差を示しています。本講座で説明した統計値のほとんどが、describe 関数でまとめて調べられることがわかります。

第4部 リファレンス編

講座 2.2 Python による統計処理（データ前処理・精度評価）

　本講座では、データ分析で最低限必要な Python プログラミングについて説明します。具体的な内容としては「データ前処理」と呼ばれる機械学習モデル構築の事前準備として必要なデータ加工方法と、「評価」と呼ばれる、機械学習モデル構築の後で、モデルによる予測の正確さを測る指標値の算出方法について、実装コード例を含めて説明します。

L2.2.1 実習用データ準備

　講座 1.4/1.5 と同様に、本節の実習でも、実習用の Notebook 以外にデータをあらかじめ準備しておく必要があります。必要なデータは下記リンク先にある三つの CSV ファイルです。

ダウンロード元
https://github.com/makaishi2/profitable_data_analysis/tree/main/notebooks

ファイル名
　l02_02_bank-j.csv
　l02_02_bridge.csv
　l02_02_day-j.csv

　このファイルを、講座 1.1 に説明した手順に従って、Google Colab の Notebook ファイルが存在するフォルダにアップロードします。

L2.2.2 データ前処理

　6 章以降の実習でわかる通り、機械学習モデル構築のためには、分析対象データに対して様々な加工を施すことが必要です。この処理を総称して**データ前処理**と呼びます。このタスクはモデル構築そのものよりはるかに工数がかかることが通例です。本項では、その中でも最もよく用いられる手法である欠損値対応、スケーリング、エンコーディングについて説明します。

欠損値対応

　データ分析において、最も意識しないといけないのは、欠損値データへの対応です。scikit-learn（サイキット・ラーン）という機械学習モデル構築用のライブラリを使えば、ほとんどのモデルは簡単に構築できるのですが、入力データである**説明変数**、学習時の正解データである**目的変数**は、それぞれ**欠けた値が存在しない状態である必要**があるのです。そのため、「欠損値」と呼ばれる、データ不備な状態をきれいな状態にするタスクが**欠損値対応**です。

データ読み込み・確認
　欠損値確認のためのサンプルデータを読み込みます。このデータは 4 章の実習で用いたもの

384

と同じです。

コード L2-2-1　データ読み込み・確認

```
1   # 分析対象データCSV
2   df1_fn = '102_02_bridge.csv'
3
4   # 分析対象データをdfに代入
5   df1 = pd.read_csv(df1_fn)
6
7   # 先頭5行の表示
8   display(df1.head())
```

ID	RIVER	LOCATION	ERECTED	PURPOSE	LENGTH	LANES	CLEAR-G
E1	M	3.00	1818	HIGHWAY	NaN	2.00	N
E2	A	25.00	1819	HIGHWAY	1037	2.00	N
E3	A	39.00	1829	AQUEDUCT	NaN	1.00	N
E5	A	29.00	1837	HIGHWAY	1000	2.00	N
E6	M	23.00	1838	HIGHWAY	NaN	2.00	N

ID	T-OR-D	MATERIAL	SPAN	REL-L	TYPE
E1	THROUGH	WOOD	SHORT	S	WOOD
E2	THROUGH	WOOD	SHORT	S	WOOD
E3	THROUGH	WOOD	NaN	S	WOOD
E5	THROUGH	WOOD	SHORT	S	WOOD
E6	THROUGH	WOOD	NaN	S	WOOD

欠損値確認

　欠損値対応の前に、欠損値の状況を確認します。3.6.2項で紹介した実習コードでは **isnull().sum()** 関数を用いて欠損値を確認しましたが、ここでは、MATERIAL に特化して確認をするため、別の方法を用います。具体的な実装は次のコード L2-2-2 です。

コード L2-2-2　欠損値を含めて MATERIAL の値ごとの件数をカウント

```
1   # 欠損値を含めてMATERIALの値ごとの件数をカウント
2   df['MATERIAL'].value_counts(dropna=False)
```

```
1              count
2   MATERIAL
3   STEEL     79
4   WOOD      16
5   IRON      11
6   NaN        2
7
8   dtype: int64
```

講座2　データ分析のための統計処理入門

385

value_counts 関数は、特定の項目の値ごとの件数をカウントする関数ですが、「**dropna=False**」というオプションを付けると、欠損値の件数も「NaN」としてカウントしてくれます。上の結果から、今、注目している項目である MATERIAL に関して 2 件の欠損値があるとわかりました。

削除

欠損値の対応で一番確実な方法は、欠損値のあるデータを行単位で削除する方法です。Python でこの処理をする場合、pandas の **dropna 関数**を利用します。実装コードは次の L2-2-3 になります。

コード L2-2-3　欠損値の除去

```
1  # MATERIALの欠損値を行ごと削除
2  df2 = df1.dropna(subset=['MATERIAL'])
3
4  # 欠損値を含めてMATERIALの値ごとの件数をカウント
5  df2['MATERIAL'].value_counts(dropna=False)
```

```
1           count
2  MATERIAL
3  STEEL     79
4  WOOD      16
5  IRON      11
6
7  dtype: int64
```

「subset=['MATERIAL']」のパラメータを付けることで、「MATERIAL の項目のみ欠損値対応をする」という意味になります。コード L2-2-2 の結果とコード L2-2-3 の結果を見比べると 2 件の NaN のデータがなくなっていて、意図した結果になっていると確認できます。

補填

欠損値の対応にもう一つの方法があります。それが、「特定の値で補填する」方法です。補填する値としては、数値データの場合、平均値や中央値、カテゴリデータの場合は最も件数の多い項目値がよく用いられます。欠損値の件数があまりに多く、データ件数が減りすぎてしまう場合に使われますが、補填により分析対象データにバイアスをかけてしまう危険があり、利用時には十分注意する必要があります。慣れないうちは極力この方法を用いない方が安全です。

Python でこの処理をする場合、pandas の **fillna 関数**を利用します。以下に実装例を示します。

コード L2-2-4　欠損値の補填

```
1   # MATERIALの欠損値を'STEEL'で補填
2   df3 = df1.fillna({'MATERIAL':'STEEL'})
3
4   # 欠損値を含めてMATERIALの値ごとの件数をカウント
5   df3['MATERIAL'].value_counts(dropna=False)
```

```
1              count
2   MATERIAL
3   STEEL      81
4   WOOD       16
5   IRON       11
```

fillna 関数の引数としては「{'MATERIAL':'STEEL'}」とパラメータを辞書形式で与えます。このパラメータにより「**項目 MATERIAL の欠損値を値 'STEEL' で補填する**」ということを意味します。

コード L2-2-4 の実行結果をコード L2-2-2 の実行結果と見比べます。すると、コード L2-2-4 の方が STEEL の件数が 2 件多く、逆に元々 2 件あった NaN の値がなくなっていることがわかります。これが、補填により欠損値対応をしたことを示しています。

スケーリング

欠損値対応と並んでよく利用されるデータ前処理がスケーリングです。スケーリングの目的は、数値項目のデータ分布を標準的な状態にそろえることです。

より具体的な目的を説明するために、例えば身長（単位 m）と体重（単位 kg）を項目として持つ社員データを使って、クラスタリング[1] でグループ化することを想定します。クラスタリングとは、結局のところ入力変数の N 次元の世界で、近い点同士をまとめてグループ化することに他なりません。身長の単位が m なのであれば、すべてのデータは ±0.3 程度の狭い領域に集まります。一方で体重の単位が kg なのであれば、こちらは数十の単位で離れていそうです。要するに全然違う種類のデータを集めて「近いか遠いか」を議論する場合、**それぞれのデータの「近さ」を標準化する**処理が必要なのです。これが**スケーリング**であると考えてください。

もう一つ、スケーリングが必要な場面があります。それはディープラーニング系のアルゴリズムでモデルを作るときの説明変数に対する加工です。経験上、**説明変数の大きさは絶対値にしたときに 1 程度の大きさであることが望ましい**とわかっているため、スケーリング処理をすることが多いです。

スケーリングの具体的な手法はいくつかありますが、ここでは代表的な手法として「**標準化**」と「**正規化**」について実装コードを含めて説明します。

---

[1] 5章の実習で取り上げた分析手法です。

8章実習データの読み込みと「残高」の確認

ここからの実習コードは8章で扱ったデータ（銀行で電話営業に用いる顧客情報）のうち、項目「残高」に対してスケーリングを行う立て付けとします。次のコードL2-2-5では、データの読み込みを行った後、項目「残高」のサンプル値と各種統計情報を調べています。

コード L2-2-5　データ読み込み・「残高」のデータ確認

```
1   # 分析対象データCSV
2   df4_fn = 'l02_02_bank-j.csv'
3
4   # データ読み込み
5   df4 = pd.read_csv(df4_fn)
6
7   # 先頭5行の表示
8   display(df4[['残高']].head().T)
9
10  # 残高の統計値確認
11  display(df4[['残高']].describe().T.iloc[:,1:])
```

	0	1	2	3	4
残高	1787	4789	1350	1476	0

	mean	std	min	25%	50%	75%	max
残高	1,422.66	3,009.64	-3,313.00	69.00	444.00	1,480.00	71,188.00

コードの8行目と11行目では、本来、**縦長に表示される結果を横長表示となるよう、工夫した実装**をしています。コードの中で「.T」は、表形式のデータフレームから行と列を逆転させた**転置行列**を作るときに用います。

スケーリング前の「残高」の値の分布を上の結果から確認し、この後で示すスケーリング後の結果と比較するようにしてください。

標準化

最初に紹介するスケーリング手法は「標準化」と呼ばれる手法です。これは、元のデータ分布を平均0、標準偏差1の標準正規分布と呼ばれるデータ分布に変換する手法です。次のコードL2-2-6では、項目「残高」に標準化をかけ、その結果と統計値を表示しています。

コード L2-2-6　標準化とその結果

```
1   # StandardScalerのインポート
2   from sklearn.preprocessing import StandardScaler
3
4   # StandardScalerインスタンスの生成
5   sc1 = StandardScaler()
6
7   df5 = df4.copy()
8   # 項目「残高」に標準化をかける
9   df5['残高'] = sc1.fit_transform(df5[['残高']])
10
11  # 先頭5行の表示
12  display(df5[['残高']].head().T)
13
14  # 残高の統計値確認
15  display(df5[['残高']].describe().T.iloc[:,1:])
```

	0	1	2	3	4
残高	0.12	1.12	-0.02	0.02	-0.47

	mean	std	min	25%	50%	75%	max
残高	0.00	1.00	-1.57	-0.45	-0.33	0.02	23.18

　下段の統計値のうち**平均（mean）：0、標準偏差（std）：1**である点に注目してください。上段のサンプル値や下段のパーセンタイル値からも確認できるように、標準化の処理を行うことで、元々広い範囲の分布を持っていた「残高」が、狭い範囲に押し込められたことがわかります。

正規化

　もう一つ、よく用いられるスケーリング手法が「正規化」です。こちらは、最小値：0、最大値：1になるようにスケーリングをかけます。こちらについても実装コードと結果例を見てみましょう。次のコード L2-2-7 になります。

講座2
データ分析のための統計処理入門

コード L2-2-7　正規化とその結果

```
1   # MinMaxScalerのインポート
2   from sklearn.preprocessing import MinMaxScaler
3
4   # MinMaxScalerインスタンスを範囲[0, 1]で生成
5   sc2 = MinMaxScaler(feature_range=(0, 1), copy=True)
6
7   df6 = df4.copy()
8   # 「残高」に正規化をかける
9   df6['残高'] = sc2.fit_transform(df6[['残高']])
10
11  # 先頭5行の表示
12  display(df6[['残高']].head().T)
13
14  # 残高の統計値確認
15  display(df6[['残高']].describe().T.iloc[:,1:])
```

	0	1	2	3	4
残高	0.07	0.11	0.06	0.06	0.04

	mean	std	min	25%	50%	75%	max
残高	0.06	0.04	0.00	0.05	0.05	0.06	1.00

　今度は下段の統計値のうち、**最小値（min）と最大値（max）**の値に注目してください。それぞれ **0** と **1** になっていて、他のパーセンタイル値も上段のサンプル値も、すべてその範囲に押し込められていることがわかります。これが、正規化の処理をかけた後のデータ分布になります。

エンコーディング

　Python で機械学習モデルを構築する場合、通常、scikit-learn と呼ばれるライブラリを利用します。scikit-learn 利用時の制約事項として、学習時の入力データである説明変数と、出力データである目的変数は、すべて数値である必要があります[2]。

　これに対して、通常のデータ分析ではカテゴリ型（文字列型）のデータがありえます。上述の scikit-learn の制約を満たすため、カテゴリ型のデータを数値型データに変換する必要が出てきます。このために実施するデータ前処理が**エンコーディング**です。

　エンコーディングの代表的な手法としては**ラベルエンコーディング**と**ワン・ホット・エンコーディング**があります。それぞれの実装と、結果例について、これから実習コードと共に説明します。

---

[2] これはあくまでPythonでデータ分析を行う場合の制約事項である点に注意してください。例えばIBM社のデータ分析ツールであるSPSS Modelerではこのような制約はないです。他にも、この制約がない言語・ツールは存在します。

例題で使うデータはスケーリングの例題と同じ 8 章の実習データですが、独立して動かせるように、改めてデータ読み込みから始めます。今回は「残高」でなく「学歴」の項目に対して加工を行います。実装はコード L2-2-8 です。

コード L2-2-8　データ読み込み・「学歴」のデータ確認

```
1   # 分析対象データCSV
2   df7_fn = 'l02_02_bank-j.csv'
3
4   # データ読み込み
5   df7 = pd.read_csv(df7_fn)
6
7   # 先頭5行の表示
8   display(df7[['学歴']].head().T)
9
10  # 学歴のカテゴリ値確認
11  display(df7[['学歴']].value_counts())
```

	0	1	2	3	4
学歴	primary	secondary	tertiary	tertiary	secondary

学歴	count
secondary	2306
tertiary	1350
primary	678

項目「学歴」のカテゴリ値としては 'primary'、'secondary'、'tertiary' の三つの値があることがわかりました。これから、この項目に対して二つのエンコーディング手法でエンコードをかけると結果がどうなるのか、実習コードも含めて見ていきます。

ラベルエンコーディング

最初に紹介するのは、8 章の実習でも紹介した**ラベルエンコーディング**です。実装コードは次のコード L2-2-9 になります。

講座2

データ分析のための統計処理入門

コード L2-2-9　ラベルエンコーディングの実装サンプル

```
1   # LabelEncoderのインポート
2   from sklearn.preprocessing import LabelEncoder
3
4   # LabelEncoderのインスタンス生成
5   le = LabelEncoder()
6
7   df8 = df7.copy()
8   # ラベルエンコーディングの実施
9   df8['学歴_ENC'] = le.fit_transform(df8['学歴'])
10
11  # 結果確認
12  display(df8[['学歴', '学歴_ENC']].head())
```

	学歴	学歴_ENC
0	primary	0
1	secondary	1
2	tertiary	2
3	tertiary	2
4	secondary	1

　コード L2-2-9 の実行結果を見ると、ラベルエンコーディングにより、'primary' → 0、'secondary' → 1、'tertiary' → 2 という数値（コード値）へ変換されていることがわかります。

　機械学習モデルの事前準備としてラベルエンコーディングを使う場合に注意点として、**名義尺度のデータに対して不用意にラベルエンコーディングをすると**、コード値の大小が意味を持ってしまい、**モデル構築に悪影響を与えてしまう**点があります。今回の実習の例ではたまたま「学歴」が順序尺度であり[3]、しかもエンコード後のコード値が本当の順番を正しく反映したものでした（これは本当に偶然）。なので、このままモデルを構築して大丈夫です。しかし、通常の名義尺度項目にラベルエンコーディングをしても、このようにはうまくいかないと考えてください。

　通常のカテゴリ変数は名義尺度であり、その場合、コード値の大小は意味を持ちません。scikit-learn でモデルを作る場合、このような形式の入力には対応していないので、この後で説明するワン・ホット・エンコーディングを用いる必要があります。

　Python でモデルを構築する場合の唯一の例外は **lightgbm でモデル構築**をする場合です。この場合、データフレーム上の**データ型で 'category' を指定**することで、**ラベルエンコーディングしたデータをそのまま「名義尺度」として扱わせることが可能**です。7 章と 8 章の実習で lightgbm を利用しているのは、このような理由があったのでした。

---

[3]「順序尺度」については講座 2.1 に解説があります。primary：初等教育（小学校）、secondary：中等教育（中学・高校）、tertiary：高等教育（大学以上）という項目値の意味まで考えると、この項目値が「順序尺度」であり、その並び順は上に示した通りであることが、客観的に示されます。

ワン・ホット・エンコーディング

前ページまでで説明した通り、Python で機械学習モデルを構築する場合、ラベルエンコーディングを利用するには、いくつかの条件を満たす必要があり、難しいです。これに対して、これから紹介する**ワン・ホット・エンコーディング**はどのようなケースでも適用可能なので、初級者にはわかりやすいエンコーディング方法と言えます。しかし、考慮点もあります。このエンコーディング方法を用いると、元々 1 項目だったものが、該当項目の項目値の数だけ増えてしまいます。多くの項目値を持つデータに対してワン・ホット・エンコーディングをかけると、説明変数の数が増えてしまうのです。むやみに説明変数の数を増やすことは、特に学習データ件数が不十分な場合、予測モデルの精度を下げる可能性があります。この点は、ワン・ホット・エンコーディング利用時に常に注意してください。

では、実装と変換結果のサンプルを見てみましょう。次のコード L2-2-10 になります。

コード L2-2-10　ワン・ホット・エンコーディングの実装サンプル

```
 1   df9 = df7.copy()
 2
 3   # df9: 項目「学歴」のみ抽出
 4   df9 = df9[['学歴']]
 5
 6   # df10: 項目「学歴」をワン・ホット・エンコーディング
 7   df10 = pd.get_dummies(df9, columns=['学歴'])
 8
 9   # df11: 比較のため、二つのデータフレームを横連結
10   df11 = pd.concat([df9, df10], axis=1)
11
12   # 結果の先頭5行を確認
13   display(df11.head())
```

	学歴	学歴_primary	学歴_secondary	学歴_tertiary
0	primary	True	False	False
1	secondary	False	True	False
2	tertiary	False	False	True
3	tertiary	False	False	True
4	secondary	False	True	False

7 行目の **get_dummies** 関数が、ワン・ホット・エンコーディングを実施している部分です。エンコード前とエンコード後の対応付けを見やすくするため、10 行目で二つのデータフレームを **concat 関数で横に連結**しました。

この実行結果を見てください。エンコード前の「学歴」という項目が「学歴_primary」、「学歴_secondary」、「学歴_tertiary」の三つの項目に分けられ、それぞれの項目値が True か

講座2　データ分析のための統計処理入門

393

False かで元の「学歴」と同じことを表現している形になります[4]。

項目数を項目値の数と同じに増やすことで、項目値を True/False の 2 値に限定している点がこのデータ加工の本質です。こうすることにより、**「コード値の大小が意味を持ってしまう」**という**ラベルエンコーディングの問題を解決**しているのです。

参考までにこの段階で各項目値は True/False のブーリアン型ですが、データフレームのブーリアン型変数は必要に応じて 1/0 の整数型に変換されるので、このままで機械学習モデルの入力にできます。

L2.2.3 評価

教師あり学習モデルを用いたデータ分析を実施する際に避けて通れないのが、評価の手法です。教師あり学習モデルの主目的が「未来の予測」である以上、「予測が実際とどの程度合っていたか」を**客観的数値により評価**しないと、**本番利用の可否判断ができない**のです。

ここでは、本書の実習でも取り上げている典型的な予測モデルである**回帰モデル**、**分類モデル**を対象に、最もよく用いられる**評価手法**と、その **Python 実装方法**について説明します。

回帰モデルの精度評価

回帰モデルの目的を改めて説明すると「数値を予測する」モデルです。つまり、「予測結果データ」と「正解データ」という二つの数値の系列（通常は予測は 1 回だけでなく複数回実施するので）を入力になんらかの数値を出力するというのが、精度を評価する関数の基本的な動きになります。いろいろな評価指標がある中で、最もよく用いられる次の二つの手法を紹介します。

RMSE (Root Mean Squared Error)

日本語表記としてはやや長いのですが「**二乗平均平方根誤差**」といいます。

この指標値の説明をする前に、途中経過としての **MSE**（Mean Squared Error、平均二乗誤差）について説明します。MSE は、正解値と予測値の差を計算し、その 2 乗を取ったあとでデータ件数で割って平均を計算します。求めたい値は予測結果と正解値の誤差平均なのですが、単純に差を取っただけで平均を計算すると正の値と負の値が打ち消し合ってしまいます。そのようなことを起こさないため、2 乗してから平均します[5]。

例えば、単位 (m) の身長を予測しているとすると、MSE の単位は (m^2) になってしまいます。そこで、MSE のルートを計算すると、単位が (m) に戻り、「平均的な身長の誤差」が考えやすくなります。この方式で算出されるのが **RMSE** (Root Mean Squared Error) です。

今、言葉で説明したことを数式で示すと、次のようになります。

---

[4] 厳密にいうと、最後の学歴_tetiaryは、他の二つの項目値がFalseである場合、自動的にTrueであることが決まるので不要です。また、get_dummies関数はこの不要な項目を作らないオプションも存在します。上の実装は説明を簡略化するためこうしていると考えてください。
[5] もう一つの考え方として絶対値を取る方法もあります。しかしこの方法は微分計算がややこしくなるため、微分計算が簡単で数学的な性質のいいMSEがよく用いられます。

$$\text{MSE} = \frac{1}{\text{N}} \sum_{k=1}^{\text{N}} (\hat{y}^{(k)} - y^{(k)})^2$$
$$\text{RMSE} = \sqrt{\text{MSE}}$$

R2 値（アール・スクエアと読みます）

今、説明した RMSE は、例えば予測対象が「身長」である場合、誤差が「身長として平均 0.15m ずれる」のように、**元の予測対象と同じスケール**でわかります。実業務に近い、わかりやすい指標と言えます。これに対して、「1 に近いほどモデルとして正確だ」という形で、**相対値として精度評価**する手法もあります。その代表的な手法が R2 値です。

R2 値は 1 から 0 までの値を取り、1 の場合はすべての予測結果が正解値とぴったり一致したことを意味します[6]。R2 値をどのように評価するのか、一般論で語るのは難しいのですが、次の表 L2-2-1 に評価の目安を示すので、参考としてください。

表 L2-2-1　R2 値の評価基準例

R2 の値	評価	説明
0.9 以上	非常に良い	データが回帰モデルに非常によく適合しており、高い予測精度が期待できる
0.7 ～ 0.9	良い	モデルはデータを比較的よく説明できており、実用的な予測が可能
0.5 ～ 0.7	普通	モデルはデータの一部の変動を説明できるが、改善の余地あり
0.3 ～ 0.5	やや不十分	モデルの説明力は低く、重要な説明変数が不足している可能性がある
0.3 未満	不十分	モデルの予測精度が低く、別の手法を検討する必要がある

実データでそれぞれの指標値の値を計算してみます。

次のコード L2-2-11 は、7 章の実習をそのまま再現したものです。細かい解説は 7 章を参照してください。ここでは、回帰モデルの正解値 y_test と予測値 y_pred があることを出発点とします。

コード L2-2-11　回帰モデルによる予測結果の導出

```
1   df12_fn = '102_02_day-j.csv'
2   df12 = pd.read_csv(df12_fn, parse_dates=['日付'])
3
4   # 「季節」「曜日」「天気」列をカテゴリ変数に変換
5   df12[['季節','曜日','天気']] = df12[['季節','曜日','天気']].astype('category')
6
7   # 目的変数 y を「登録ユーザー利用数」に設定
8   y = df12['登録ユーザー利用数']
9
```

[6] 原則はこの通りなのですが、外れ値などがある場合、R2 値が負の値をとることもあります。

```
10    # 説明変数 X を指定された項目を除いたデータフレームとして設定
11    X = df12.drop(['日付', '登録ユーザー利用数', '臨時ユーザー利用数', '全体ユーザー利用⏎
      数'], axis=1)
12
13    # データを訓練用とテスト用に分割するための基準日を設定
14    split_date = pd.Timestamp("2012-11-01")
15    train_dates, test_dates = (df12['日付'] < split_date), (df12['日付'] >= spli⏎
      t_date)
16
17    # 訓練用データとテスト用データに分割
18    X_train, X_test = X[train_dates], X[test_dates]
19    y_train, y_test = y[train_dates], y[test_dates]
20
21    # lightgbm回帰モデルのインポート
22    from lightgbm import LGBMRegressor
23
24    # lightgbm回帰モデルのインスタンスを作成
25    model = LGBMRegressor(num_threads=4, verbose=-1)
26
27    # モデルの学習を実行(scikit-learn互換のfit関数を使用)
28    model.fit(X_train, y_train)
29
30    # 構築したモデルを用いてテストデータ X_test に対する予測を実施
31    y_pred = model.predict(X_test)
```

　次のコード L2-2-12 は、先ほど示した RMSE の定義に基づいて、今回の予測結果を評価したものです。平均誤差の大きさを感覚的に知るため、目的変数である自転車貸出数の平均値と標準偏差も計算しています。

コード L2-2-12　RMSE の算出

```
1    # 平均値・標準偏差の算出
2    y_mean, y_std = y_test.mean(), y_test.std()
3
4    # 定義式に基づくMSEの計算
5    mse = ((y_test-y_pred)**2).mean()
6
7    # 定義式に基づくRMSEの計算
8    rmse = np.sqrt(mse)
9
10   # 結果確認
11   print(f'平均: {y_mean:.02f} 標準偏差: {y_std:.02f} MSE: {mse:.02f} RMSE: {rm⏎
     se:.02f}')
```

```
1    平均: 3969.23 標準偏差: 1495.18 MSE: 843866.38 RMSE: 918.62
```

平均が約 4000 台、標準偏差が約 1500 台であるのに対して、予測結果の平均的な誤差は 900 台強となりました。十分な精度とは言えませんが、ある程度意味のある予測結果と読み取れます。

RMSE の値は scikit-learn の関数を用いてもっと簡単に計算できます。次のコード L2-2-13 では、その実例を示します。

コード L2-2-13　ライブラリ関数を用いた RMSE の算出

```
1  from sklearn.metrics import mean_squared_error
2
3  # RMSEの計算
4  mse = mean_squared_error(y_test, y_pred)
5  rmse = np.sqrt(mse)
6
7  # 結果確認
8  print(f'MSE: {mse:.02f} RMSE: {rmse:.02f}')
```

```
1  MSE: 843866.38 RMSE: 918.62
```

ライブラリ関数を用いる場合も、途中経過として MSE を計算する必要がある点は、コード L2-2-12 の場合と同じです。結果の数値はコード L2-2-12 と一致しており、この計算方法で定義通りの RMSE 値が計算できることが確認できました。

次のコード L2-2-14 では R2 値の計算の例を示します。定義に基づく算出は、数式がやや煩雑になるので省略し、ライブラリ関数を使った事例のみとします[7]。

コード L2-2-14　R2 値の導出

```
1  from sklearn.metrics import r2_score
2
3  # R2値の計算
4  r2 = r2_score(y_test, y_pred)
5
6  # 結果確認
7  print(f'r2: {r2:.03f}')
```

```
1  r2: 0.616
```

R2 値も、MSE 同様に scikit-learn にライブラリ関数があるので、その関数を用いて算出し

---

[7] この点に関心のある読者は別途、統計の書籍を参考とされてください。

ています。R2 値は 0.616 となりました。先ほど示した表 L2-2-1 で確認すると「データの一部の変動を説明できるが、改善の余地あり」ということになりました。

分類モデルの精度評価

分類モデルの精度評価に関しては、8.6 節でかなり詳しく説明しました。ここでは、実装方法のまとめと、8.6 節で触れていない ROC 曲線、PR 曲線について説明します。

次のコード L2-2-15 は、8 章の実習をそのまま再現したものです。細かい解説は 8 章を参照してください。ここでは、分類モデルの正解値 y_test と予測値 y_pred があることを出発点とします。

コード L2-2-15　分類モデルによる予測結果の導出

```
 1  df13_fn = 'l02_02_bank-j.csv'
 2
 3  # CSVファイルを読み込み、データフレーム変数 df13 に代入
 4  df13 = pd.read_csv(df13_fn)
 5
 6  # 「直前接触日」列の値が -1 のものを 9999 に置き換える
 7  df13['直前接触日'] = df13['直前接触日'].replace(-1, 9999)
 8
 9  # 「月」列の英語表記を1から12の数字に置き換える
10  month_mapping = {
11      'jan': 1, 'feb': 2, 'mar': 3, 'apr': 4, 'may': 5, 'jun': 6,
12      'jul': 7, 'aug': 8, 'sep': 9, 'oct': 10, 'nov': 11, 'dec': 12
13  }
14  df13['月'] = df13['月'].map(month_mapping)
15
16  # 数値項目以外のデータ型をカテゴリ型に変換
17  numeric_columns = df13.select_dtypes(include='number').columns
18  difference_columns = df13.columns.difference(numeric_columns)
19  df13[difference_columns] = df13[difference_columns].astype('category')
20
21  from sklearn.preprocessing import LabelEncoder
22  # カテゴリ型の列のみをラベルエンコーディング
23  label_encoders = {}
24  for column in df13.select_dtypes(include='category').columns:
25      le = LabelEncoder()
26      df13[column] = le.fit_transform(df13[column])
27
28  # 説明変数Xと目的変数yに分離し、通話時間をXから除外
29  X = df13.drop(columns=['申込有無', '通話時間'])  # 通話時間と申込有無を除外してXを
作成
30  y = df13['申込有無']  # 目的変数yを作成
31
```

```
32    from sklearn.model_selection import train_test_split
33    # 説明変数Xと目的変数yを4:1の比率で分割し、乱数シードを123に設定
34    X_train, X_test, y_train, y_test = train_test_split(X, y, test_size=0.2, ➐
      random_state=123)
35
36    from lightgbm import LGBMClassifier
37    # lightgbm分類モデルを構築
38    # モデルを初期化。num_threads=4、メッセージ出力をオフ
39    model = LGBMClassifier(num_threads=4, verbose=-1)
40    model.fit(X_train, y_train)   # モデルの学習
41
42    # 構築したモデルを用いて、テストデータ X_test に対する予測を実施
43    y_pred = model.predict(X_test)   # 予測結果を y_pred に代入
```

混同行列表示

最初のサンプルコードは、分類モデルの精度評価で最初に作られる混同行列の表示方法です。次のコード L2-2-16 で示します。

コード L2-2-16　混同行列表示

```
 1    import seaborn as sns
 2    from sklearn.metrics import confusion_matrix
 3
 4    # 混同行列を作成
 5    cm = confusion_matrix(y_test, y_pred)
 6
 7    # 混同行列をヒートマップ表示
 8    plt.figure(figsize=(3, 3))
 9    # ヒートマップの描画
10    sns.heatmap(cm, annot=True, fmt='d', cmap='Blues', cbar=False,
11        xticklabels=["非申込", "申込"], yticklabels=["非申込", "申込"])
12    plt.xlabel("予測値")
13    plt.ylabel("正解値")
14    plt.title("混同行列")
15
16    # グラフを表示
17    plt.show()
```

講座2 データ分析のための統計処理入門

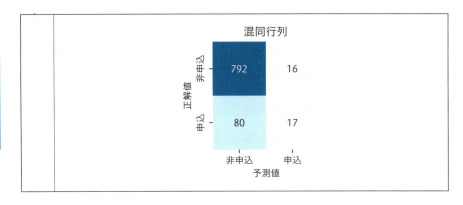

混同行列自体は、5行目の confusion_matrix を呼び出して作成できます。しかし、ここでできた結果は NumPy の行列です。この結果を9行目のように heatmap 関数を組み合わせてきれいに表示する手法がよく用いられます（ChatGPT も理解しています）。

適合率・再現率・F値の計算

正解値の比率がアンバランスなときに評価指標としてよく用いられるのが、適合率・再現率・F値です。その意味と活用方法については、8章で一度説明しているのでここでは触れません。次のコード L2-2-17 で具体的な実装方法についてのみ、改めて説明します。

コード L2-2-17　適合率・再現率・F値の算出方法

```
1   from sklearn.metrics import precision_score, recall_score, f1_score
2
3   # クラス1（申込あり）に対して、適合率、再現率、F値を算出
4   precision = precision_score(y_test, y_pred, pos_label=1)
5   recall = recall_score(y_test, y_pred, pos_label=1)
6   f1 = f1_score(y_test, y_pred, pos_label=1)
7
8   print(f'適合率: {precision:.03f} 再現率:{recall:.03f} F値:{f1:.03f}')
```

```
1   適合率: 0.515 再現率:0.175 F値:0.262
```

三つのどの指標値を計算する関数も sklearn.metrics に含まれています。このため、コード L2-2-17 の1行目のような書き方をすることで、三つの関数を同時にインポートすることが可能です。

関数利用時の注意点として、これらの関数はどちらの値を「正例（Positive）」とするかで、結果がまったく異なってしまう点があります。この指定はパラメータ pos_label で行います。デフォルト値は1なので、コード L2-2-17 では指定しなくても同じ結果になります。しかし、とても重要なパラメータなので、必ず指定するように習慣付けた方がいいでしょう。

PR 曲線

2 値分類モデルでは、予測結果が内部的に、0 から 1 の間の浮動小数点数で出力されるものがあります。こうしたモデルは、0 と 1 の出力を区別する閾値（デフォルトは 0.5）を変えることで「正例」「負例」の数を変えることができます。8 章の実習で利用している lightgbm は、このようなことができるモデルの一つです。

このようなモデルにおいて、閾値を変化させたとき、(precision, recall) の値がどうなるかを、2 次元グラフ上でプロットしていきます。そして点を結ぶと、曲線ができあがります。こうしてできた曲線のことを **PR 曲線**と呼びます。論より証拠で、今、扱っている事例で PR 曲線を描画してみましょう。

次のコード L2-2-18 になります。

コード L2-2-18　PR 曲線の描画

```
 1  from sklearn.metrics import precision_recall_curve
 2
 3  # クラス1に対する予測確率を算出
 4  y_pred_proba = model.predict_proba(X_test)[:, 1]   # クラス1の確率を取得
 5
 6  # クラス1に対するPR曲線のデータを取得
 7  precision, recall, thresholds = precision_recall_curve(y_test, y_pred_prob
    a, pos_label=1)
 8
 9  # PR曲線を描画
10  plt.figure(figsize=(4, 4))
11  plt.plot(recall, precision, label="PR曲線 (クラス1)")
12  plt.xlabel("再現率 (Recall)")
13  plt.ylabel("適合率 (Precision)")
14  plt.title("PR曲線 (クラス1: 申込あり)")
15  plt.legend(loc="lower left")
16  plt.grid()
17  plt.show()
```

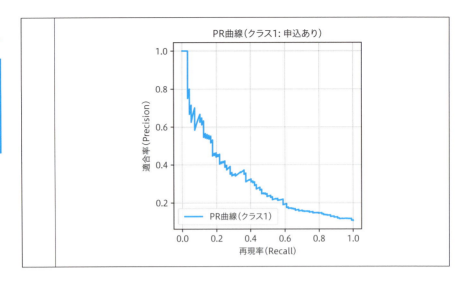

コード L2-2-18 の中で、4 行目の **predict_proba 関数**の呼び出しがポイントです。普通の predict 関数の場合は、閾値 0.5 で振り分けた 0 または 1 の値のみが出てくるのに対して、この関数の呼び出しでは、途中段階の確率値が取得できます。この確率値を 7 行目のように **precision_recall_curve 関数**にかけると、precision と recall のいろいろな閾値における値を計算することができます。この値をグラフで描画すると、PR 曲線と呼ばれるものになるのです。

基本的に**適合率と再現率はトレードオフの関係**にあります。上のグラフから、その関係性を確認することが可能です。8 章で説明したように、正例と負例の数がアンバランスな場合の予測モデルでは、ユースケースによって適合率重視と再現率重視が変わってきます。つまり、同じモデルであっても、閾値を調整することで、ユースケースに合った振る舞いを実現することが可能になります。

ROC 曲線

PR 曲線と同様に、0/1 振り分けの閾値を変化させることで描画可能なもう一つの曲線として、ROC 曲線を紹介します。

ROC 曲線の説明のためには「**真陽性率**」と「**偽陽性率**」から説明する必要があります。

8 章で示した図 8-3 を図 L2-2-1 として改めて示します。

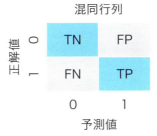

図 L2-2-1　混同行列の4象限

　この図で示すと、真陽性率とは TP/(TP+FN) で計算される値です。この計算式は前に見たことがあると思った読者は正しくて、この定義は再現率と同じです。同じ式の呼び方が2通りあると考えてください。
　偽陽性率とは FP/(FP+TN) の式で示される値です。「負例」全体を分母として、「負例」のデータが誤って「正例」と判定されてしまう比率を示しています。まずは、コード L2-2-19 で、実装コードと結果のグラフを見てみましょう。

コード L2-2-19　ROC 曲線の描画

```
from sklearn.metrics import roc_curve

# クラス1に対する予測確率を算出
y_pred_proba = model.predict_proba(X_test)[:, 1]  # クラス1の確率を取得

# ROC曲線のデータを取得
fpr, tpr, thresholds = roc_curve(y_test, y_pred_proba, pos_label=1)

# ROC曲線を描画
plt.figure(figsize=(4, 4))
plt.plot(fpr, tpr, label="ROC曲線 (クラス1)")
plt.plot([0, 1], [0, 1], 'k--', label="ランダム予測")
plt.xlabel("偽陽性率 (FPR)")
plt.ylabel("真陽性率 (TPR)")
plt.title("ROC曲線 (クラス1: 申込あり)")
plt.legend(loc="lower right")
plt.grid()
plt.show()
```

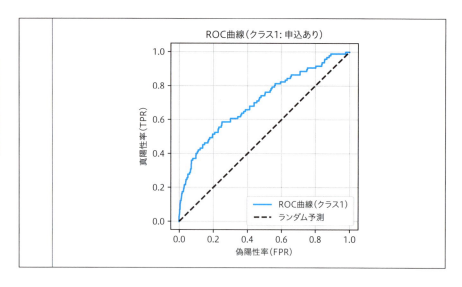

図L2-2-1とコードL2-2-19のグラフを見ながら次のことを考えます。

通常0.5の値が用いられる0/1振り分けの閾値を1.0から出発して徐々に小さな値にしていきます。閾値1.0の開始時点ではTPに該当するデータもFPに該当するデータもないので、どちらの値もゼロです。これは上の図でいうと点(0.0, 0.0)であることを意味します。ここで閾値の値を1.0から少し小さくしていきます。最初は正例、つまりTPのデータ件数の方が多いはずです。これが、上のグラフで0に近いところの傾きが1より大きいことで示されています。さらに閾値を減らしていくと、段々負例、つまりFPの混入比率が高まっていきます。最終的に閾値が0.0になると、どちらの比率も100%になります。つまり、上の図でいうと点(1.0, 1.0)になったことを意味します。

ROC曲線の特徴として、モデルの精度が高いほど、比率0のとき（閾値1.0のとき）の傾きが大きくなります。結果的にこの曲線より下の面積も広くなります。このことからROC曲線下の面積の広さでモデルの性能を調べることが可能になります。scikit-learnには、この面積を調べる関数も用意されています。次のコードL2-2-20でその呼び出し例を示して、当講座を締めくくりたいと思います。

コード L2-2-20　ROC AUC の算出サンプル

```
from sklearn.metrics import roc_auc_score

# ROC曲線下の面積(AUC)を算出
roc_auc = roc_auc_score(y_test, y_pred_proba)

print(f'ROC AUC:{roc_auc:.03f}')
```

```
ROC AUC:0.707
```

R2 値のときと同様に ROC AUC 値についても、評価の目安を表 L2-2-2 に示します。この表によると、今回の予測結果は「モデルの分類性能は平均的で、改善の余地がある」ということになります。

表 L2-2-2　ROC AUC 評価の目安

AUC の範囲	評価	説明
0.9 ～ 1.0	非常に良い	モデルの分類性能が非常に高く、優れた予測能力を持つ
0.8 ～ 0.9	良い	モデルは良好な分類性能を示し、実用的な予測が可能
0.7 ～ 0.8	まあまあ	モデルの分類性能は平均的で、改善の余地がある
0.6 ～ 0.7	良くない	モデルの分類性能は低く、再検討や改善が必要
0.5 ～ 0.6	失敗	モデルの分類性能はランダムな推測とほぼ同等で、実用的ではない

索 引

数字

2 値分類モデル	80, 242
25 パーセンタイル値	252, 382
75 パーセンタイル値	252, 382

A

add_edge	208
apriori 関数	200, 203
array 関数	339
association_rules 関数	200
astype (関数)	226, 261
Augmented Intelligence	27
axis	357

B

Bank Marketing Dataset	70, 75, 242
bar	378
Bike Sharing Dataset	69, 213
Breast Cancer Wisconsin Dataset	80

C

CDO	290
ChatGPT-4o	2
ChatGPT Plus	2
Claude	2
columns (属性)	261, 346
confusion_matrix (関数)	276, 400
contour 関数	109
copy	357
count	383

C（続き）

CSV (ファイル)	83, 316, 347

D

DataFrame	349
def	334
describe 関数	252, 254, 359, 383
df.columns	128
display (関数)	336, 347, 349
drop_duplicates 関数	193
dropna 関数	127, 357, 386
drop 関数	265, 357
dtypes	94

E

ER 図	84, 290
Excel (ファイル)	83, 347
exp	345

F

False	323
fillna 関数	386
fit_predict 関数	154
fit_transform	392
fit 関数	101
float_format	348
from	336
f 書式	336
F 値	270, 400

G

gca 関数	372
Gemini	2

get_dummies 関数 ････････････････ 393
Gmail ････････････････････････････････ 309
Google Chrome ････････････････････ 310
Google Colab ･･･････････････ 11, 309
groupby 関数 ･･･････････････ 186, 361
GROUP BY 句 ･･･････････････････ 361

H

head 関数 ････････････････････ 91, 354
heatmap ･･････････････････････････ 400
hist ･･････････････････････････････････ 376

I

idxmax ･･････････････････････････････ 199
if 文 ･･････････････････････････････････ 333
import（文）････････････････ 336, 338
index ･･････････････････････････････････ 346
ipynb ･･････････････････････････････････ 315
isnull 関数 ･････････････････ 95, 360
isupper ････････････････････････････ 196

J

japanize-matplotlib ･･････････ 335, 365
JSON ････････････････････････････････ 329
Jupyter Notebook ･････････････････ 309

K

Kaggle ････････････････････････････ 288
K-means ･･･････････････････ 60, 153

L

LabelEncoder ･････････････ 373, 392
len 関数 ････････････････ 324, 340, 353

lightgbm ･･･････････ 216, 218, 219, 230,
231, 247, 248, 259,
267, 392, 401
linspace（関数）･･･････････ 345, 368
loc 属性 ････････････････････････････ 363
LogisticRegression ････････････ 101

M

map 関数 ･･････････････････ 259, 361
Matplotlib ･･････････ 105, 335, 364
max（関数）･････････････ 343, 358
mean（関数）･････････ 343, 358, 383
mean_squared_error ･･････････ 397
min（関数）････････････ 343, 359
MinMaxScaler ･･････････････････ 390
MonthLocator ･･･････････････････ 371
MSE ･･･････････････････････････････ 394

N

Notebook ･･････････････････････ 313
NULL 値 ･･････････････････････ 348
NumPy ･･･････････ 321, 338, 346
num_threads ･････････････ 231, 268

O

Online Retail Dataset ･･･････ 67, 169
OS コマンド ･････････････････ 335

P

pandas ･････････ 321, 338, 346, 364
parse_dates ･･･････････････ 221
PCA 分析 ･････････････････ 161
pd ･･････････････････････････････ 347
pip（コマンド）････････････ 335, 365
PI 値 ･･････････････････････ 212

407

plot 関数 ···································· 367
plt ··· 366
PoC ··· 293
precision_recall_curve 関数 ········ 402
predict ································· 102, 233
predict_proba 関数 ···················· 402
predict 関数 ······························· 272
print 関数 ·································· 322
PR 曲線 ····································· 401
pyplot ·· 366

Q

query 関数 ·································· 363

R

r2_score ···································· 397
R2 値 ····························· 217, 236, 395
range 関数 ·································· 331
read_csv 関数 ···························· 350
read_excel 関数 ························· 351
replace 関数 ······························· 257
reshape 関数 ······························· 341
return ·· 334
RMSE ································· 236, 394
roc_auc_score ··························· 404
ROC 曲線 ··································· 402

S

scatterplot 関数 ························· 106
scatter 関数 ······························· 366
scikit-learn ···· 99, 231, 267, 384, 390
seaborn ·············· 106, 129, 131, 366
select_dtypes 関数 ······ 250, 252, 261
Series ································· 346, 351
set_index 関数 ··························· 362

set_major_locator ····················· 371
shape ······················· 93, 340, 353
show ··· 367
sklearn.metrics ·························· 400
SQL ·· 361
sqrt ··· 396
StandardScaler ·························· 389
std ·· 383
sum（関数）················ 95, 343, 361

T

T ·· 388
tight_layout ······························ 374
timestamp 型 ····························· 229
train_test_split 関数 ···················· 99
True ·· 323
type 関数 ·································· 322

V

value_counts（関数）··· 148, 359, 386
values ······································· 346

W

whl ファイル ······················· 88, 232
Wholesale customers dataset
·· 65, 141

X

XGBoost ··································· 291
x 軸ラベル ································· 235

あ

アイリス・データセット ············· 366
アソシエーション分析 ····· 61, 67, 168
アップセル ································· 305

アプリオリ（分析） ………… 172, 201	
アルゴリズム ……………………… 86	
アンパッキング …………………… 328	

い

イミュータブル …………………… 328
インデックス …………… 186, 325
インデント …………………… 331
インポート …………………… 347

え

エンコーディング ………… 262, 390
エンコード …………………… 374

お

折れ線グラフ …………………… 52

か

回帰モデル …… 62, 69, 212, 217, 394
過学習 ………………………… 85
学習フェーズ …………………… 49, 62
確信度 ………………… 170, 203
拡張知能 ……………………… 27
可視化 ………………………… 87
可視化手法 ……………………… 104
仮説検証型 ……………………… 57
仮想 Python 環境 …………………… 2
カテゴリ型 ……………… 259, 390
カテゴリ値 ……………………… 379
カテゴリデータ ……………… 247
カテゴリ変数 ……………… 216, 225
壁打ち ………………………… 296
間隔尺度 ……………………… 379
関係グラフ …………… 37, 67, 206
関数グラフ ……………………… 367

き

キーバリュー型 ……………… 259
機械学習 ……………………… 47
機械学習モデル …………… 140, 384
基準日 ……………………… 228
汚いデータ ……………………… 191
行インデックス ……………… 346
教師あり学習 ……………… 48, 62
教師あり学習モデル ……… 62, 69, 70, 80, 85
教師なし学習 ……………… 48, 59
偽陽性率 ……………………… 402
業務改善 ……………………… 304
業務シナリオ ……………… 47
行要素 ……………………… 341
行列 ……………………… 338

く

クラス ……………………… 91
クラスタリング ……… 48, 59, 65, 140
グループ分け …………………… 355
訓練データ …………… 85, 99, 217, 266

け

結果解釈 ……………… 27, 42
欠損値 …… 84, 94, 147, 180, 357, 360
欠損値確認 …………………… 122
欠損値除去 …………………… 126
欠損値対応 …………………… 384
決定木 ……………………… 15
決定境界 …………………… 107

こ

コールセンター ……………… 305
構造化データ …………………… 297

項目値の件数 ··················· 147
故障予知モデル ················ 242
個人情報保護 ··················· 289
コンテキスト ···················· 32
混同行列 ················ 71, 247, 269

さ

再現率 ············· 247, 270, 400, 402
最小値 ······················ 251, 382
最大値 ······················ 251, 382
最頻値 ······················ 254, 381
散布図 ··················· 54, 128, 366

し

軸 ······························ 56
シグモイド関数 ·················· 368
時系列グラフ ·········· 217, 223, 371
時系列分析モデル ················ 63
次元圧縮 ··················· 60, 161
支持度 ························ 170
支持度の閾値 ··················· 172
辞書 ·················· 198, 259, 329
指数関数 ······················ 345
自然言語理解能力 ················ 41
指標値 ························ 384
シャッフル ····················· 100
重要度 ························ 247
重要度分析 ········· 69, 71, 218, 237,
                    276, 278
従来 AI ························ 301
順序尺度 ··················· 225, 379
条件分岐 ······················ 333
上流工程 ······················ 298
真陽性率 ······················ 402

す

数値項目 ······················ 221
スケーリング ··················· 387

せ

正解ラベルデータ ··············· 294
正規化 ············· 143, 214, 344, 389
制御構造 ······················ 330
整数型 ························ 322
生成 AI ························ 301
生成コード ······················ 11
精度 ·························· 270
精度評価 ··········· 87, 103, 269, 272
正例 ······················ 292, 400
説明変数 ········· 49, 62, 85, 97, 227,
                    264, 266, 384
セル ·························· 313

そ

増分値 ························ 333
ソリューショニング ·········· 284, 295
ソリューションシナリオ ············ 46

た

第一四分位数 ··················· 252
第三四分位数 ··················· 252
タイタニック・データセット ········· 5
縦持ち形式 ····················· 176
タプル ························ 327

ち

中央値 ············· 55, 251, 381, 382
チューニング ············· 87, 109, 216

つ

積み上げ棒グラフ ……………… 51, 157

て

データ型 ……………………… 84, 93
データクレンジング ………… 191, 291
データ尺度 …………………………… 379
データセキュリティ ………………… 18
データの意味理解 …………… 123, 124
データフレーム ………… 37, 91, 346
データフレーム関数 ……………… 358
データ分析環境 ……………………… 17
データ分析スキル …………………… 28
データマート ………………………… 291
データ前処理 ……… 84, 96, 125, 256,
　　　　　　　　　　 344, 384
データリーク ………………………… 264
データ理解 ………………… 26, 41, 84
テーブル定義書 ……………… 84, 290
ディープラーニング ……………… 387
適合率 ………… 247, 270, 400, 402
テキストエディタ …………………… 3
テストデータ ……… 85, 99, 217, 266
テレマーケティング ……………… 287
転置行列 ……………………………… 388

と

トップダウンアプローチ ………… 306

な

名寄せ ………………………………… 168

に

二乗平均平方根誤差 ……………… 394
日本語化ライブラリ ………… 105, 365

は

パーセンタイル値 ………… 251, 382
パイプライン処理 ………………… 365
箱ひげ図 ……… 54, 64, 131, 252, 382
発見型 …………………………………… 57
ハルシネーション …………… 39, 287
汎用型 …………………………………… 303

ひ

ヒートマップ …………………………… 55
ヒートマップ表示 …………………… 160
非構造化データ ……………………… 297
ビジネス施策立案 ……… 27, 42, 135
ヒストグラム ………… 53, 151, 221
日付型 ………………………………… 228
日付データ …………………………… 220
ピッツバーグ・ブリッジ・
　データセット ……………… 64, 114
ヒューマンエラー ………………… 293
評価 …………………………………… 384
標準化 ………………………………… 388
標準正規分布 ………………………… 388
標準偏差 …………………… 251, 382
比例尺度 ……………………………… 379

ふ

ブーリアン型 ………………… 323, 343
不正検知モデル ……………………… 242
浮動小数点数型 ……………………… 322
部分リスト参照 ……………………… 325
負例 …………………………………… 292
ブロードキャスト機能 …………… 344
プロンプト …………………………… 2
プロンプトエンジニアリング …… 31
分析手法 ………………………………… 47

411

分析テーマ設定 ……………… 26, 41, 74
分析手順策定 ……………… 26, 41, 78
分類モデル ………… 29, 63, 70, 398

へ
平均値 ……………………………… 381
平均二乗誤差 …………………………… 394
ベクトル ……………………………… 338
別名 ……………………………… 336, 347
偏差値 ……………………………… 382

ほ
棒グラフ ……………………… 50, 378
ボトムアップアプローチ ………… 306

ま
マーカー ……………………………… 129
マーケティング施策 …………… 67, 68

め
名義尺度 …………… 225, 379, 392
メソッド ……………………………… 364
メソッドチェイン ………………… 95
メソッド呼び出し ………………… 375

も
目的特化型 ……………………… 302
目的変数 ……… 49, 62, 85, 96, 227, 264, 266, 384
文字列型 ……………………………… 323
モデル構築 ……………………… 86, 100

ゆ
ユニバーサル関数 …………… 344, 368

よ
横持ち形式 ……………………… 176
予測フェーズ ………………… 49, 62
予測モデルの構築 ……… 49, 230, 267

ら
ライブラリ ……………………… 309
ラベリング ……………………… 294
ラベルエンコーディング
…………………… 258, 262, 391
乱数シード値 ………………… 100

り
リスト ……………………………… 323
リフト値 ………………… 170, 203

る
ループ処理 ……………………… 330

れ
例外値 ………………… 381, 383
列インデックス ……………… 346
列要素 ……………………… 341

ろ
ロジスティック回帰モデル ……… 100

わ
ワン・ホット・エンコーディング
…………………… 259, 262, 393

本書で利用する実習用コンテンツの入手先	本書の サポートサイト
本書のサポートサイト「https://github.com/makaishi2/profitable_data_analysis#readme」（短縮URL：https://bit.ly/413smOw）において、Apache License 2.0 で公開しています。	

訂正・補足情報について

本書のサポートサイト「https://github.com/makaishi2/profitable_data_analysis#readme」（短縮URL：https://bit.ly/413smOw）に掲載しています。

ChatGPTで儲かるデータ分析

2025年3月24日　第1版第1刷発行

著　　者	赤石 雅典
発 行 者	中川 ヒロミ
編　　集	安東 一真
発　　行	株式会社日経BP
発　　売	株式会社日経BPマーケティング 〒105-8308　東京都港区虎ノ門4-3-12
装　　丁	小口翔平＋畑中茜（tobufune）
制　　作	株式会社JMCインターナショナル
印刷・製本	TOPPANクロレ株式会社

ISBN　978-4-296-07100-5
©2025　Masanori Akaishi　Printed in Japan

●本書に記載している会社名および製品名は、各社の商標または登録商標です。なお本文中に™、®マークは明記しておりません。

●本書の無断複写・複製（コピー等）は著作権法上の例外を除き、禁じられています。購入者以外の第三者による電子データ化および電子書籍化は、私的使用を含め一切認められておりません。

●本書籍に関するお問い合わせ、ご連絡は下記にて承ります。なお、本書の範囲を超えるご質問にはお答えできませんので、あらかじめご了承ください。ソフトウエアの機能や操作方法に関する一般的なご質問については、ソフトウエアの発売元または提供元の製品サポート窓口へお問い合わせいただくか、インターネットなどでお調べください。

https://nkbp.jp/booksQA

日経BP 書籍のご案内

ビギナーもベテランもこの1冊でイチから理解！
「最短コースでわかる」シリーズ

最短コースでわかる ディープラーニングの数学	最短コースでわかる PyTorch&深層学習 プログラミング	最短コースでわかる Pythonプログラミングと データ分析
ディープラーニングの本質の理解に欠かせない数学を、高校1年生レベルから復習しながら解説。Pythonで実装したコードを使って、ディープラーニングの動作原理が最短で学べます。	「PyTorch」でディープラーニングプログラミングができるようになる本。ビギナーにもわかりやすいようにアルゴリズムを原理から解説。AI開発者の羅針盤となる独習ガイドです。	Pythonのホントの基本から、分析用ライブラリの使い方、データ分析の実践例までを一気に学べます。プログラミング経験がない方もこの1冊で現場で使えるデータ活用力が身につきます。
赤石雅典 著 ●A5判／344ページ ●定価:**3190**円（10%税込） ●978-4-296-10250-1	赤石雅典 著 ●A5判／584ページ ●定価:**4070**円（10%税込） ●978-4-296-11032-2	赤石雅典 著 ●A5判／408ページ ●定価:**3190**円（10%税込） ●978-4-296-20112-9